新时代高校思想政治教育融合机制研究

白留艳　赵旭英　蔡艳宏　著

吉林大学出版社

·长春·

图书在版编目（CIP）数据

新时代高校思想政治教育融合机制研究 / 白留艳，
赵旭英，蔡艳宏著. —— 长春：吉林大学出版社，
2021. 11

ISBN 978－7－5692－9701－0

Ⅰ. ①新… Ⅱ. ①白… ②赵… ③蔡… Ⅲ. ①高等学
校－思想政治教育－研究－中国 Ⅳ. ①G641

中国版本图书馆 CIP 数据核字（2021）第 252166 号

书　　名	新时代高校思想政治教育融合机制研究
	XINSHIDAI GAOXIAO SIXIANG ZHENGZHI JIAOYU RONGHE JIZHI YANJIU
作　　者	白留艳　赵旭英　蔡艳宏　著
策划编辑	黄忠杰
责任编辑	矫　正
责任校对	殷丽爽
装帧设计	亿博林轩
出版发行	吉林大学出版社
社　　址	长春市人民大街 4059 号
邮政编码	130021
发行电话	0431－89580028/29/21
网　　址	http://www.jlup.com.cn
电子邮箱	jdcbs@jlu.edu.cn
印　　刷	三美印刷科技（济南）有限公司
开　　本	787mm×1092mm　1/16
印　　张	15.75
字　　数	370 千字
版　　次	2022 年 5 月　第 1 版
印　　次	2022 年 5 月　第 1 次
书　　号	ISBN 978－7－5692－9701－0
定　　价	48.00 元

前　言

党的十九大报告已经明确指出，中国特色社会主义进入了新时代，这是中国发展新的历史定位。中国进入新时代，意味着中国社会的各领域都将经历一次重大变革，迎来新的发展，高校思想政治教育领域也不例外。新时代为高校思想政治教育注入了新的活力，同时，也给思想政治教育提出了一个新的要求，那就是要不断提升高校思想政治教育的质量。高校要以学生为中心，以学校实际的思想政治教育开展情况为基础，不断探索并总结具有鲜明时代特点和自身特色的高校思想政治教育质量提升的有效路径。

在新时代，我们身处百年不遇的世界大变局，高校思想政治教育工作在面临发展机遇的同时，也面临着极大的挑战，仍然有许多问题亟待解决。首先，部分教师对新时代党的教育方针的丰富内涵认识不深。在新时代，党的教育方针的核心要义、丰富内涵发生了变化，但是教师并未意识到这种变化，因此，在实际的教学过程中，其并未将体育、美育、劳育融入高校思想政治教学的所有环节中，这导致思想政治教育的实效性不高。其次，思想政治教育的亲和力和针对性不强。从宏观层面上来看，高校并没有真正掌握思想政治教育的规律，因而在开展思想政治教育活动中总是侧重显性教育，对隐性教育的认识并不深入。从微观层面上来看，高校没有真正把握不同年级、不同专业的学生的特点，采取一刀切的方式对其进行教育，显然，这无法保证教育的效果。最后，思想政治教育主体间的协同育人意识不强、合力不够。一方面，许多思想政治理论课教师只能独自开展思想政治教育活动，专业教师没有挖掘课程中思政教育元素的意识，辅导员也因为平时工作繁忙无暇顾及学生的思想动态；另一方面，思想政治教育工作主体没有形成共同开展思想政治教育活动的默契。

其实，高校思想政治教育形势依然严峻，思想政治教育主体间的融合问题只是其中之一，如果深入挖掘的话，就可以发现其他思想政治教育要素之间的融合也存在动力不足的问题。从这一点出发，我们可以找到当前高校思想政治教育发展的新路径——建立高校思想政治教育融合机制。这一机制的建立，将进一步加深各思想政治教育要素之间的联系，使其在各自优化的基础上发挥合力，共同推动高校思想政治教育的发展。

鉴于高校思想政治教育发展的严峻性，以及高校思想政治教育融合机制建立的必要性，笔者在总结前人优秀研究成果以及自身丰富教学经验的基础上，对新时代高校思想政治教育融合机制问题进行了探究。本书共分为十三章，主要可以从三个层面展开：第一，介绍了高校思想政治教育融合机制的基础性内容，提出了高校思想政治教育融合机制的基本概念、理论依据，揭示了高校思想政治教育融合人机制运行中存在的问题，简要论述了高校思想政治教育协同融合创新问题；第二，介绍了思想政治教育各要素之间的融合问题，主要包括思想政治教育者与教育对象的融合、思想政治教育者与教育介体的融合、思想政治教育与教育环境的融合创新；第三，具体探讨了新时代高校思想政治教育融合机制问题，通过高校思想政治教育与网络育人、国家安全教育、党建工作、党史教育、心理健康教育、劳动教育、传统文化、创新创业教育、校园文化等方面的融合展开研究。

　　本书从融合角度探究高校思想政治教育是高校思想政治教育研究的一个创新点，研究成果对高校思想政治教育改革有一定的指导作用。不过，由于时间仓促以及笔者水平有限，书中不少观点可能存在不当之处，恳请各位专家批评指正。

目 录 □ □ □

第一章　高校思想政治教育融合机制概述

对高校思想政治教育融合机制中相关要素及内涵的辨析，是研究高校思想政治教育融合机制的基础，对高校思想政治教育融合机制基本概念进行深入了解，可以指导我们更好地构建高校思想政治教育融合机制。本章将分析新时代高校思想政治教育面临的机遇与挑战，阐述高校思想政治教育融合机制的基本概念和理论依据，总结该机制运行过程中存在的不足，对高校思想政治教育协同融合创新问题进行探究。

第一节　新时代高校思想政治教育面临的机遇与挑战

一、新时代高校思想政治教育面临的机遇

（一）全球化带来的机遇

在全球化进程中，资本、技术、人才等各类要素在全球范围内流动，推动了经济、政治、文化的深入交流。大学生以各种形式与途径参与全球化，增加了对世界其他国家发展现状的直观认识，开阔了大学生的国际视野。国与国之间的经济、文化、科技交流与学习，使大学生有机会、有条件对比中西方的发展道路、理论、制度、文化，了解各自的发展优劣，有利于增强大学生对中国特色社会主义的道路自信、理论自信、制度自信、文化自信。

1. 全球化有利于增强中国特色社会主义道路自信

当前，中国经济总量跃居全球第二，综合国力大幅度提升，对比西方国家近年来经济发展与社会治理所面临的各种困境，反观中国经济快速发展所取得的成果，可以增强大学生对中国特色社会主义道路的自信。可以说，中国过去几十年走出了一条不同于西方、却更加成功的现代化之路，并取得了巨大的成就。

这条道路的成功，开启了多元化发展道路的时代，是对人类社会发展规律的新探索，为全世界特别是广大发展中国家提供了一条可借鉴的发展道路。历史和实践雄辩地证明，西方现代化道路并非放之四海而皆准的"普世道路"，中国特色社会主义道路符合中国国情，指引中国人民走向繁荣富强，增进人民的福祉，为破解人类面临的共同难题提供了"中国方案"。无疑，中国的崛起使大学生更加坚信中国特色社会主义道路的正确性。

2. 全球化有利于增强中国特色社会主义理论自信

经济全球化使现代化中西方理论能够放在一起充分比较，以此发现优劣之处。大学生认识到自由主义、民主主义这些曾经作为探索中国发展道路的西方理论方案行不通，通过对近年来中国改革开放取得的成果研究，以及对比世界其他发展中国家发展的现状，认识到中国特色社会主义理论体系因为指导了中国人民实行改革开放，所以具有科学性、人民性和开放性，为当代中国指出正确的发展道路和方向，迎来了中华民族伟大复兴的光明前景。

特别是党的十九大以来，习近平总书记站在时代发展和战略全局的高度，在改革发展稳定、内政外交国防、治党治国治军等方面发表了一系列重要讲话，形成了一系列治国理政的新理念新思想新战略，深刻回答了党和国家发展的重大理论和实践问题，为理论自信增添了新的底气。这些更加坚定了大学生对中国特色社会主义理论的自信。

3. 全球化有利于增强中国特色社会主义制度自信

中西方不同国家的交流，为大学生开展制度比较研究提供了机会。通过比较世界各国的社会制度，大学生可以认识到中国特色社会主义制度是历史的选择、人民的选择，是中国共产党领导中国革命、建设和改革的经验智慧结晶，是当代中国立足国情、继承传统、人民至上、包容互鉴、求同存异的最新成果。虽然西方的自由民主制度曾推动了历史的发展，但也存在很多弊端。

近些年，一些发展中国家照搬"西方自由民主制度"纷纷失败，西方传统工业化道路导致了日益严重的全球生态环境问题，第三波"民主化浪潮"国家出现了政治混乱与发展停滞，"民主之春""英国脱欧公投"等运动中西方民众对其民主制度不断质疑和批判。历史和现实表明，西方自由民主制度并不完美，也绝不是人类社会制度的终结者；而中国特色社会主义制度经历了实践检验，显示出巨大优势，随着时间推移，它独特的世界性价值正赢得越来越多世人的认可。显然，全球化提供了便利的条件使学生能够比较研究，能够发现和认识到中国特色社会主义制度的科学性、优越性、先进性。

4. 全球化有利于增强中国特色社会主义文化自信

全球化促进了我国文化的繁荣发展，丰富了人民群众的文化生活，加快了我国文化的对外传播。中西文化交流愈加频繁，尤其在互联网快速发展的条件下，大学生通过电脑、手机等就可以充分了解西方文化。通过学习和对比，大学生能够认识到中国特色社会主义文化既传承了中华优秀传统文化的精粹，又吸收了西方先进文化的养分，还继承和发扬了中国共产党领导创造的革命文化和社会主义先进文化；认识到西方自由民主文化是基于基督教文明与资本主义精神的，而中国历史文化传统和国情有其独特性，中国文化的发展必须走独立自主道路，不能照搬照抄西方的自由民主文化，探索中国社会发展不可能脱离特定的历史条件和文化传统。

全球化给中国文化的对外传播提供了条件和平台，提高了中国文化的对外影响力，彰显了中国文化价值。随着全球化推进，文化多样化深入发展，大学生对中国文化在世界范围内的影响力有了全新的认识，增强了中国特色社会主义文化自信。

(二) 市场经济带来的机遇

随着社会主义市场经济的改革与发展，公平竞争意识、自由平等意识、民主法制意识等观念进一步深入大学生心中，社会主义市场经济使受教育者的主体地位明显得到提升，这些观念和意识逐步改变了教育者和受教育者之间的传统地位，师生之间的互动性得以加强，大学生分析与解决问题的能力得以提升，有更多的机会把理论与实践相结合。教育者和受教育者的共同参与度提高，有利于更好地开展思想政治教育。

1. 社会主义市场经济有利于增强师生之间的互动

在社会市场经济地位没有确立以前，尤其是在计划经济时代，思想政治教育方法较为单一，主要是教育者向受教育者灌输理论，受教育者处于被动地位，教育者和受教育者之间的地位不对等。市场经济中的平等、自主、参与、竞争等意识深入人心，当代大学生主体地位意识显著增强，受教育者在学习中更愿意突出自己的地位，更希望与老师开展互动，更乐于把自己的观点在课堂上进行分享；在教学活动中，学生的参与性、积极性、需求性也较高，思想政治教育的第一课堂和第二课堂变得更加活跃，这些都增加了思想政治教育的实效性。

2. 社会主义市场经济为大学生提供理论与实践相结合的机会

随着市场经济的发展，经济越繁荣，大学生越有机会参与市场经济实践活动，在参与过程中，获得大量的学习素材、资料、案例。学生把课堂理论和社会实践相结合，二者之间互相作用，相互影响：在课堂学习中，学生能够思考社会中的各类现象和问题；在社会生活中，有更多机会把课堂所学知识运用到对现象的分析、对问题的解决上。

不仅如此，社会主义市场经济的发展提升了大学生分析与解决现实问题的能力。大学生作为受教育者，除了在校园内获得理论知识、科学方法外，还从与其他公民的交往中汲取了生活经验，提高了工作技巧，提升了职场能力等。总之，市场经济的发展使大学生积极参与市场活动的意识显著提高，分析与解决问题的能力得到了整体性的发展。

3. 社会主义市场经济为思想政治教育提供了物质基础

思想政治教育活动作为教育活动的有机组成部分，需要赖以生存和发展的物质基础。经济发展得越好，生活水平越高，大学生就越有信心学习、参与思想政治教育活动，对国家制度、党的政策认可度越高，思想政治教育效果越佳。

反之，如果经济发展停滞不前、持续下滑，生活水平得不到保障，大学生就业率低或社会失业严重，学生就越没有动力和信心学习及参与思想政治教育活动，只会关注与就业有关的专业知识，对于政治理论课漠不关心，思想政治教育活动开展的效果就会越来越差。

社会主义市场经济的发展使社会物质产品、精神产品更加丰富，这增强了大学生对生活的信心和对未来共产主义美好社会的向往。社会主义市场经济的发展为思想政治教育创造了不可或缺的物质基础，为思想政治教育活动带来了新的生命力。

(三) 科技革命带来的机遇

科学技术发展日新月异，新科技革命以信息技术的广泛应用为标志，数字化、网络化、信息化成为社会经济发展的大趋势。我国互联网用户，尤其是移动互联网用户发展迅猛。互联网推动了服务型政府建设及信息公开，互联网构建了透明的公益新生态。互联网普及率持续提高，中国网民规模已经相当于欧洲人口总量。大量数据从不同侧面折射出我国互联网发展的新成果、新趋势、新动向，此处不再赘述。

1. 新科技革命使获取信息、接受教育、传播文化更加便捷

大学生利用互联网了解世界、参与政治,思想政治教育工作者借科技手段开展工作,新科技革命为思想政治教育提供了前所未有的发展优势和机遇,给思想政治教育带来深远的影响。科技成果的广泛使用创新了思想政治教育教学的新手段。思想政治教育活动作为一种实践活动,与其他任何社会实践活动一样,因为工具的创新、手段的更新为思想政治教育活动提供了便捷途径,从而提升了思想政治教育的时效性、实效性。

科技革命实现了从理论到实践的转化,最终通过生产活动创造出人们所需的商品,课堂所需要的各类多媒体设备、电脑和移动终端设备,以及为教学服务的各类网站、App、微博、微信等平台,为思想政治教育提供了极其便利的手段,改变了传统的板书、课本讲授方式。新科技不断地融入思想政治教育工作中,通过大数据可以实现智能化的思想政治理论课教学,如 VR 技术为大学生提供了诸如"重走长征路"等虚拟现实体验。各类教学内容、图片、音频、视频借助于新的技术展现给学生,在最短的教学时间里输出最大化的教学内容。这些科技成果在思想政治教育活动中呈现出生动、直观、交互等特征,深受学生喜爱,增强了大学生思想政治教育的时效性、针对性、灵活性,创新了思想政治教育的手段,与当前高校思想政治教育发展的新情况、新形势相融合。

互联网的创新发展丰富了大学生思想政治教育的新载体。互联网技术的发展和应用为大学生的政治参与提供了载体,开辟了渠道。随着无线通信、数字电视和移动互联网等信息技术的发展,国家的政治生活和社会生活都增加了透明度,公众能够利用大众传播媒介较为有效地监督政府,表达诉求,影响政府的决策过程。

2. 科技发展使公民的科学文化素质和参政能力普遍提高

科技发展带来物质生活条件的改善、劳动方式的改变,使公民的科学文化素质和参政能力普遍提高,并有充足的时间参与政治生活。互联网技术的快速发展,催生了网络论坛、QQ 群、微博、微信、可留言新闻面板等,这些平台均是当代大学生网络活动的重要场所。

每个平台都可以见到不同的观点,经常能够看到一篇在微信朋友圈广泛传播的、阅读量超过 10 万次的文章,这些文章中有社会评论、政治见解、经济分析、热点探讨,使大学生有更多的机会获悉不同的政治知识与见解、各类新旧思想观念、各种角度的分析和评论。互联网不仅提供了传播下载平台,而且提供了输入上传入口,大学生有机会发表个人的政治见解以及对各类事件的看法。

3. 科技生活方式的变革拓展了大学生思想政治教育的新空间

互联网技术促成了一种新的大学生学习与生活方式,改变了他们之间的交流方式与互动关系。它使每一个个体都能够与其他个体相互关联,通过交往与结合,个体的力量变得更强大。在互联网时代,社会就像一张无形的网,将每个个体、组织、集团都纳入其中,且能够保持有序、高效、低成本运行,因此互联网时代的特征被概括为大数据、跨界、高效、创新、信息共享。

思想政治教育活动的空间随着互联网触角的移动,深入社会各个领域,波及社会各个阶层。互联网所能到达的地方,就会有思想政治教育活动的身影。电台、报纸、电视、移动客户端纷纷出现在互联网上,尤其是移动互联网的快速发展,使人们随时可观看各类新闻资讯;通过关注主流媒体或报刊的电子版、微信公众号、移动客户端,就可以看到时政

快讯、时事评论。科技革命使思想政治教育的空间得以拓展，大学生得以实现政治认知与参与。新科技革命催生的互联网，尤其是移动互联网，正以一种新的方式不断地拓展思想政治教育的空间，使思想政治教育效果得到了质的飞跃。

可见，新科技革命为思想政治教育的发展提供了历史新机遇，互联网、信息技术、数字化等促进了受教育者自身素质的提高，教育者能够借用新科技成果，开展思想政治教育活动，创新思想政治教育手段，丰富思想政治教育载体，拓宽思想政治教育空间。它以一种不可估量的力量推动着思想政治教育活动向前发展。

二、新时代高校思想政治教育面临的挑战

高校思想政治工作存在的问题制约着大学生思想政治教育的发展。科学认识这些挑战是加强大学生思想政治教育的关键。全球化、经济市场化、新科技革命在给思想政治教育提供机遇的同时，也带来了诸多挑战。全球化影响了大学生对中国特色社会主义道路、理论、制度、文化的认同，中国经济社会转型过程中的负面因素对思想政治教育产生了消极影响，新科技革命加大了思想政治教育的引导与疏导难度。

（一）全球化背景下高校思想政治教育的新挑战

在推进对外开放与融入全球化过程中，西方社会思潮、意识形态、错误价值观涌入国内，西方文化必然与中国特色社会主义主流文化发生碰撞，对大学生思想政治教育构成了新挑战。

1. 对社会主义道路认同的挑战

西方借助全球化加快推进"和平演变"等敌对活动，东欧剧变、苏联解体给国际共产主义运动带来了灾难性的打击，社会主义阵营锐减为中国、朝鲜、古巴、老挝、越南五个国家，除中国外，其他四个社会主义国家综合国力较弱，在国际上的政治、经济影响力较低，国际共产主义运动的低潮助长了资本主义敌对势力的气焰。全球化为西方敌对势力推行西化提供了便利，这势必削弱大学生对中国特色社会主义道路的认同。

此外，西方发达国家一直致力于将普通制造加工业等产业链的低端部分转移到发展中国家，这就使一些高消耗、高污染、高排放、以牺牲生态环境为代价的企业项目进入中国，对我国经济转型发展、生态文明建设构成不利因素，影响了大学生对中国特色社会主义道路的认同。

2. 对社会主义理论认同的挑战

在围绕中国如何改革与发展的过程中，有关政治经济制度的主张始终存在各种讨论和交锋，在某些时期，意识形态领域的斗争依然激烈。在具有影响力的社会思潮中，既有旧的，也有新的，这些思潮以各种形式通过互联网、书籍等媒介得以传播和影响，干扰了当代大学生对主流意识形态的认知和理解。全球化裹挟各种不同社会思潮冲击中国主流意识形态，影响了大学生对中国特色社会主义理论的认同。

新自由主义、民主宪政、民主社会主义等思潮长期冲击我国主流意识形态。历史虚无主义沉渣泛起，使大学生陷入历史虚无主义的理论陷阱和话语陷阱，大学生很容易被"普世价值"的字眼或表象所迷惑，陷入西方学说的圈套中。近年来，"民主宪政"也在互联网上兴风作浪，有些学生对西方理论缺乏深入了解，经常将其与民主混为一谈。这些

都直接干扰了大学生对党和国家的理论、路线、方针、政策的认可和践行，影响了大学生对中国特色社会主义理论的认同。

3. 对社会主义制度认同的挑战

当今世界各国环境复杂多变，西方敌对势力不断地对中国特色社会主义制度进行丑化、矮化，试图颠覆中国共产党的执政地位。一些境内外敌对势力互相勾结，从事有组织、有目的的反华活动，挑起民族矛盾、攻击社会主义国家制度，阴谋推动和平演变，在不同程度上动摇了大学生对中国共产党的信任、对社会主义制度与共产主义的信仰，影响了大学生对中国特色社会主义制度的认同。

敌对势力有意虚无、丑化社会主义制度，往往借助于互联网等手段，把丑化党的理论、污蔑社会主义制度的观点糅合进文章，通过微博、微信等平台实施分化活动，刻意宣传和强化个别恶劣的形象，抹黑共产党员在民众心目中的良好形象，进而降低、削弱、否定共产党执政能力的合法性；同时通过各种手段宣扬西方议会民主、多党制和三权分立制度，不明真相或意志不坚定的大学生受其蛊惑，削弱了大学生对中国特色社会主义制度的认同。

4. 对社会主义文化认同的挑战

随着资本主义企业文化、商品文化的输入，国内消费观念及文化观念遭到冲击，出现了"以洋为尊""以洋为美""唯洋是从"的现象。以强大经济实力为后盾的西方文化使一些人出现文化自卑心理，更有甚者热衷于"去思想化""去价值化""去历史化""去中国化""去主流化"，缺乏对中国特色社会主义文化的自信。

西方资本观念、消费观念进一步入侵，利用非主流、错误的价值观冲击社会主义核心价值观，个人主义、享乐主义、利益至上等思想不断影响大学生，受西方文化的潜移默化影响，出现盲目崇拜海外文化的现象，侵蚀了大学生对民族传统文化和社会主义文化的认可。不仅如此，随着中国对外开放的深入，怀有政治意图或宗教色彩的境外民间组织也在增多，资本主义国家的中文媒体对华影响也在加大，大学生被这些组织或媒体偏颇、错误的观点所迷惑，长此以往，会从各个层面影响大学生对中国特色社会主义文化的认同。

(二) 经济社会转型带来的不同问题

1. 负面影响

社会环境变迁增加了大学生个体特征的复杂性，各类民生问题给思想政治教育带来难题，多元价值观挑战社会主义核心价值观，贪污腐败现象削弱党和政府的威信与公信，给思想政治教育带来消极影响。

社会环境变迁给思想政治教育带来冲击。社会加速变迁、转型成为社会发展的常态，引起了社会环境、校园环境、家庭环境发生新变化，增加了大学生个体特征的复杂性，给大学生思想政治教育带来了难度和挑战。当代大学生所处的社会环境与以往大为不同，社会性因素导致大学生价值取向发生变化、偏移，转型过程中的消极因素，会感染、波及、影响大学生。

受社会环境变迁的影响，在大学校园里，不同学生来自不同经济收入、职业背景的家庭，受其家庭和社会的影响，产生了不同的价值观念和行为习惯。其经济收入、消费能力包括知识积累、家庭生活方式等也存在较大差异，学生之间存在一定的隔阂和价值观念冲突，出现了大学生价值追求多样化的现象；学生中间存在消费攀比、铺张浪费等现象，形成了不良的生活作风。随着城市化进程，农村人口向城市流动，农村子女出现留守现象，家庭育人功能逐步转移给老年人，家庭教育功能严重缺失，短板现象严重；城市小区建设呈封闭式，传统的邻里关系弱化，睦邻友好关系被逐渐消解，传统的尊老爱幼等观念也遭受冲击。

2. 各类难题

随着社会主义市场经济体制的改革，所有制结构和分配方式发生了深刻的变化，加之区域因素、政策因素影响，居民收入差距加大并呈现分化状态，随之而来的是各类民生社会问题的出现。当前，我国经济增长进入新常态，具体看来，房价、城市治理、留守儿童、医疗卫生、乡村教育、扶贫攻坚等问题依然突出。

民生问题既是经济问题、社会问题，又是政治问题。我国经济社会转型期的民生问题，是国家和政府要面对的重要问题，民生问题能否得到解决，体现出我国政府是否有足够的政治意志和政治决心，民生问题的解决关乎全面建成小康社会，也反映着党和政府落实以人民为中心的思想和治国理念。

突出的民生问题给思想政治教育带来难题，财富分配不均、利益格局调整、社会结构分化、社会矛盾突出，这些关乎生存的民生问题有待于高度重视并逐步解决。民生问题解决的好坏，直接体现党的执政能力、执政水平是否到位和执政地位是否稳固。

3. 多元化价值观

随着我国社会主义市场经济的发展，资产阶级的自由主义、个人主义、享乐主义、利己主义等价值观不断冲击、挑战社会主义核心价值观，对社会发展产生负面作用。这些资产阶级价值观对大学生的价值观、人生观的形成产生不利影响，误导他们做出错误的行为；在价值判断上，往往将西方价值观视为价值标准；在判断一个人是否成功时，往往用金钱多少、地位高低进行衡量，分辨不清人生的真正价值。

贫富差距过大容易引发人们思想震荡、价值真空与信仰缺失。西方价值观与社会主义核心价值观交织并存，价值多元主义、价值相对主义以及价值虚无主义对大学生社会主义核心价值观培育工作构成极大的挑战，导致价值观多元化倾向，这对思想政治教育来讲，无疑加大了复杂性，增加了难度。随着我国经济社会转型深入推进，这些多元化的西方价值观将对大学生的世界观、人生观、价值观产生较大的影响。

（三）新科技革命带来的挑战

新科技革命在推动社会经济发展的同时，也给大学生思想政治教育发展带来了新的挑战。在新一轮科技革命中，互联网影响深远并引发了数据革命。数据革命给人类社会带来的变革将更为彻底，更为激烈，速度更快，机遇更多，风险也更大。信息化、网络化加大了思想政治教育引导与疏导的难度，挑战大学生甄别信息的能力，学生个人的不良生活习惯也给错误思潮以可乘之机。

1. 信息化、网络化加大思想政治教育难度

移动互联网发展迅速，给信息的获取、传播带来了极大的便利，大学生使用互联网浏览新闻、发表评论、互动跟帖，没有时空的限制与约束。然而，信息化、网络化导致各类信息鱼目混珠，有些文章所反映的价值观或意识形态是我国当前的价值观或意识形态格格

不入的，大学生却难以分清。比如，互联网上某些文章抨击国有企业，反对公有制；有些抨击集体主义价值观，歪曲唯物辩证法等；一些人对流传的负面消息和图片进行二次甚至多次的解读、编写，在网上产生极坏的影响。

微博、微信等大学生常用的媒体平台因其信息量巨大、内容繁杂、鱼目混珠，对大学生的政治倾向和价值观都有误导作用。这些自媒体平台出现之后，网络缺乏审查主体，法律法规和监管不到位，对各类文章的审核、审查严重缺位，文章只要不是赤裸裸的违法，一般就能在网上传播，所以，经常可以看到各类文章在网上大行其道，宣传资本主义价值观、意识形态、政治观念，这加大了思想政治教育引导难度。

2. 挑战大学生甄别信息的能力

互联网为信息发布与共享提供了畅通的渠道，成了人们获取各类信息的工具，尤其是近年来移动终端设备的发展带动了移动互联网的飞跃发展。大学生使用手机可以获取各类信息，由于他们处于理论知识的学习阶段，知识体系和思维方式处于积累过程中，对社会缺乏深入的认知和理解，尚未形成一套成熟的知识系统与思维体系，缺乏对事件和问题的科学分析和辩证看待的能力，在复杂化的网络内容面前，难以完全分清与剔除负面消息，会不可避免地受到互联网的负面影响，这就给错误思想、思潮以可乘之机。

互联网信息传播中还充斥着大量的西方政治意识形态、社会负面消息、谣言、低俗信息等内容，如宣扬私有化，鼓吹多党制、三权分立，宣扬西方的生活价值观，编造历史虚无主义。它们都借助移动互联网等来增强其影响力，企图以话语内容的复杂化消解马克思主义的权威性。如果大学生识别不出其目的与真相，就会被其所迷惑，影响价值观，这给大学生思想政治工作带来了严峻的挑战。

3. 依赖网络的行为习惯给错误思潮以可乘之机

大学生通过搜索引擎检索信息，通过门户网站获取新闻资讯，通过微博发表与寻找问题，通过微信朋友圈、QQ 空间发布生活与工作动态、在线交流等。互联网成为大学生的生活必备品，找学习资料，解答疑难问题，查找作业、论文、调查报告等都离不开网络，过分依赖网络的习惯已经在大学生中普遍存在。过分依赖网络就是过于信任网络内容，把网络中的文章、图片、视频等内容视为符合客观实际的、正确的内容，这就容易让错误的、似是而非的内容影响自己。

事实表明，网络上充斥着低级写手，有些内容违背事实，有些内容生搬硬套，有些内容纯粹为了商业利益来吸引眼球。从政治角度看，有些文章带有特定的政治目的，只是以各种形式进行华丽的包装，掩人耳目。如果大学生过于依赖网络，久而久之，这些内容就会侵入大学生的头脑，导致其对事情的是非曲直难以辨析，对课本上的内容排斥，甚至反感。

（四）高校思想政治教育中存在的问题

高校思想政治教育的客观条件在不断变化，外部冲击力度加大，从其教育工作本身来看，也面临不少问题。

1. 思想政治教育工作存在的问题

思想政治工作不仅体现在教学上，还体现在党建工作、团务工作、学生工作中。高校党建工作普遍存在基层组织弱化、党员培养教育不到位的现象；共青团、学生工作中也存在重业务、轻思想、轻政治建设的现象；在对党员、团员、学生工作的考核中，量化手段不足，流于形式化的现象严重；队伍思想状况不够稳定，党员身份淡漠化，基层党组织活动形式单调、流于表面化。

部分高校对思想政治教育问题意识不足，对思想政治教育的理论研究和实践活动不够。院系层面，中层领导班子关于思想政治教育重要性的认识淡薄，教学管理工作、学生工作中思想政治教育融合度不够。学校层面，在统筹全局性思想政治教育工作中，对本校大学生思想政治教育理论研究工作引导不足和激励不足，在具体的实践活动中又缺少必要的支持。一些中层领导自身对思想政治教育知识结构、储备以及认识的偏差，导致思想政治教育活动开展效果不佳，重视常规的业务性工作，却忽略了大学生思想政治教育工作。

2. 思想政治理论课教学方法需要创新

"灌输论"作为我国思想政治教育的主要教学方法，在过去很长一段时间，尤其是在计划经济时期起到很大的作用，但是随着改革开放和市场经济的发展，大学生个体特征发生较大变化，"灌输论"已经表现出弊端，如果不能有效创新教学方法，思想政治教育的效果就会大打折扣。高校思想政治理论课存在课堂教学模式僵化、学生厌学、教学效果不佳的实际情况，学生对思想政治理论课的学习存在应付心理，迟到、早退、旷课，考试前临时突击；有些学生把思想政治理论课仅仅作为考研的学习内容，"及格万岁"心理严重；长期以来，思想政治理论课教师上课时信心不足。

有些思想政治理论课老教师，教学形式单一，照本宣科，缺乏互动，教学技能停留在多年以前的状态，显然，这种情况下的教育效果就会严重下降。就其内容来讲，也存在一定的问题，"两课"教材与高中的政治课内容相差无几，形式单一，内容单调，容易引起学生反感。如果对理科学生讲课采取文科的方式方法，千篇一律，不注重学生特点，不加以区别对待，就会制约思想政治理论课效果。

中国社会发展中遇到的矛盾不断增加，各类新问题不断涌现，面对这些问题，思想政治教育如何给予合理的解释，能够给出何种令人信服的答案，也是摆在思想政治理论课教师面前的重要难题。

3. 辅导员履行思想政治工作的能力有待提高

辅导员在大学生思想政治教育中扮演的角色至关重要，其常规业务工作的繁重，造成履行思想政治工作的精力不足。高校辅导员直接从事大学生日常管理，扮演着学业的导师、职业的规划师、心灵的雕塑师等角色，但从实际情况看，辅导员因业务工作繁忙，被安排和布置的工作较多，对大学生的思想建设和政治培养不够，这些实际情况制约了辅导员思想政治教育功能的发挥。

各高校在招聘、引进辅导员的时候，没有对专业做严格的要求，理工类或非思想政治教育专业类辅导员的思想政治教育工作能力存在不足。高校辅导员业务工作涉及招生、就业、资助、党建、评优评先、学科竞赛，涉及学生生活、管理的方方面面，每日忙于处理各类学生事务，思想政治教育科研能力弱化。重点大学信息化建设水平较高，学生的自主管理能力较强，而普通本科、高职院校学生自主管理能力相对较弱，辅导员几乎需要每日处理大量事务，对工作的系统思考、理论总结及培训不足，对思想政治工作科学研究更是少之又少，缺乏经验的总结和科研的凝练，思想政治教育工作创新能力就会提升缓慢。

第二节 高校思想政治教育融合机制的基本概念和理论依据

一、高校思想政治教育融合机制的基本概念

（一）思想政治教育融合机制

一直以来，西方高校在对学生思想教育的研究中并没有采用"高校思想政治教育"的概念，他们主要采用的是"公民教育"，或者只是单纯的"思想教育"。我国之所以会出现"高校思想政治教育"的概念是马克思主义中国化发展的结果。

西方社会在对高校教育机制进行研究时，一方面，教育理论和教育实践的双重目的性是他们一直关注的重点，理论和实践相结合是高校教师对学生进行思想教育活动所采用的重要方法；二是积极鼓励和推动高校大学生进行自我教育，并且形成了相关的机制，即促进各个个体能动性和主体性的发挥是其构建机制的基本原则。

任何时代背景下，以人为本都应该是高校思想政治教育融合机制建设的主旋律。高等教育面对的是学生，但是绝大多数的主体中心论都是围绕高校教师在展开，因此，现在需要做的就是引导高等教育的主体理论向学生参与理论的转变，只有指导理论中含有学生参与的内涵，才能在实践中充分调动学生的积极性和行动力。我们需要通过建立专业化的队伍，推动大学生主体性的发挥以及机制中各要素之间的协同。

高校思想政治教育活动作为教育活动大系统中的一部分，其效果的实现是其系统内部和外部各要素协同作用的结果，这里将其系统的要素分为高校思想政治教育的主体、高校思想政治教育的客体、高校思想政治教育的环体、高校思想政治教育的介体，并且对四个子系统进行了更加细致的描述和划分。比如，将高校思想政治教育的主体分为高校思想政治理论课教师、辅导员、校团委等。对系统中各要素的划分，既体现了高校思想政治教育系统中各个要素的职能，也进一步明确了各个要素应该承担的责任。

在对高校思想政治教育机制各要素之间的普遍联系和运作方式的研究中，有学者将其协同机制概括为各要素由于彼此之间的固有联系而形成的运转方式。还有学者在此基础上进一步指出：高校思想政治教育作为一个主系统，它是由各个非主系统构成的一个集合体，以及彼此之间的运转关系所组成的有效集合。这些观点对当下的研究具有重要的启发意义。结合时代特点可以对目前的高校思想政治教育机制的内涵进行总结，即思想政治教育机制，是指思想政治教育机制所形成的相对稳定的关系及其内部运作的过程和模式，思想政治教育体系的构成要素在相互作用的过程中体现出一种协同的规律。

我国高校思想教育理论课既是对马克思主义关于人的全面发展理论的贯彻和落实，也是我国建设中国特色社会主义的重要组成部分。高校是一个对各个学科中的基础性问题展开研究和讨论、并且不断探寻建立各个学科之间普遍联系的场所，思想政治教育学科也不例外。因此，从本质上来说，高校思想政治教育融合机制的建立也是我国建设中国特色社会主义的重要组成部分。

（二）高校思想政治教育融合机制的运行特征

1. 整体性

整体性概念的鼻祖是英国著名学者佩里·希克斯（Perry Hicks）。他从社会治理的角度阐述了整体性的思想，开辟了学术界对于整体性研究的先河。整体性的特点告诉我们，需要运用整体性思维去认识事物、整理自己的所思所想，从整体出发去构建高校思想政治教育融合机制。高校思想政治教育是一个由多种要素组成的整体，每一个要素都是整体的一部分，只有以整体性的视角看待、发展我国高校思想政治教育，才能让各个要素和整体的职能得到合理的发挥：既要用高校思想政治教育理论课的内容整体去创新高校思想政治教育实践活动整体，又要用实践整体去创新理论课的内容。

2. 互动性

互动性，即高校思想政治教育系统中主客体要素在运作过程中呈现彼此之间的双向互动、双向交流的特点。高校思想政治教育活动是一种对大学生的思想理念进行升华的活动，思想只有在碰撞中才能产生火花。互动性的特点可以促进教育主客体发现其所表达出来的观点和态度的科学性和合理性，以及和别人之间的差异性，从而更好地敦促其不断提高自己的语言表达、丰富自己的知识结构。互动性的概念最初是在幼儿教育中得到运用。高校思想政治教育活动应该设立一个良性的师生互动机制，真正形成"教师是主导、学生是主体"的教育模式。

由此可知，高校思想政治教育融合机制指的是其中各个要素之间的协同与合作，这里说的协同不是各个要素丧失独立性的协同，协同以及协同机制的理念是建立在机制中各个要素相互独立的前提之下的，因为只有相互独立，彼此之间才能因为需求差异而产生矛盾，有了矛盾才有协同的必要，协同机制才有构建的必要。

二、高校思想政治教育融合机制的理论依据

（一）协同学

20 世纪 60 年代，德国著名物理学家赫尔曼·哈肯（Hermann Haken）在对物理系统以及化学系统的研究中发现了协同学的基本框架。赫尔曼·哈肯在对物理学系统和化学系统中出现的现象进行观察和研究时，发现其所观察的各个子系统中的各要素都会通过自组织将其运作状态由无序变成有序。由此推论，世界上绝大多数的事物和系统都是在以"自组织"理论和核心的协同学理论的指导下进步和发展的。这里说所的自组织，即非人工后天推动。1971 年赫尔曼·哈肯在其团队研究的基础上，出版了名为《协同学》的著作，此书不管是在当时的物理学界还是其他学科领域，都引起了极大的反响。直至今天，《协同学》一书中所表达的思想和方法论对各学科的研究依旧有巨大的指导作用。

协同学，即事物之间相互合作、相互协调，共同促进其整体结构的形成和功能的发挥，因此协同学又可以称为"协同合作之学"。这里的协同、合作有两层含义，其一是要发现系统中各个要素之前的联系、总结其中所包含的规律性，其二是合理利用系统内部和外部各要素之间的联系，推动各要素之间合力的形成和更好的发挥。我国高校思想政治教育活动作为我国教育系统中一个重要的子系统，既有教学系统的普遍性特征，也有其自身

区别于其他系统的特点。高校思想政治教育活动能够取得今天丰硕的成果，与高校思想政治教育内部各要素之间的协同作用的发挥有着莫大的关系。

（二）系统论

1932年，美国著名的理论生物学家贝塔朗菲（L. V. Bertalanffy）在对抗体的研究中创造性地提出了"抗体系统论"的概念，从而奠定了系统论最初的模型，但是，当时该发现并没有引起学术界足够的重视。直至1968年，贝塔朗菲将系统论作为一门独立的学科而不是其他学科的子学科向社会各界进行系统介绍时，才在学术界引起了极大的轰动，改变了以往学者们的思维模式。

整体观念是系统论最核心的内容。系统的整体性不是不是系统中各个要素机械的汇总，系统整体发挥的效用势必会大于系统中各个要素效用的简单相加，也就是我们所说的1+1>2。同时，系统中某一个要素的好坏并不能对整个系统的好坏起决定性的作用，系统论对以往学术界"局部决定整体"的观点进行了系统性的改良和升华。

在系统论的指导下，可以这样理解，教育系统作为一个大的系统，其内部各要素可以依靠本身特有的属性不断地进行自我升华，从而共同推动教育系统整体性的发挥。但是由于瞬息万变的外环境，有时教育系统整体的协同性、系统性的发挥，会滞后于社会的发展以及系统中主客体的思维的转变和需求的变化。因此，需要建立一个良好的协同机制，不断调整高校思想政治教育系统中各要素之间的结构，促进教育系统中各个要素以及整体的系统性的发挥。

（三）人的全面发展理论

人的全面发展理论指出，每个人的自由全面发展是人类解放的终极追求，一个人如若想认识自己最完整的本质，实现自身自由且全面的发展是必经之路。人在发展的过程中，对周围的环境和自身对人的发展的内涵的界定，往往对其发展的质量产生决定性的影响。这一论断明确了人的发展和外环境之间的联系，即外环境和人的协同发展的协同是实现人的全面发展的必然条件，即"人的本质不是单个人所固有的抽象物，在其现实性上，它是一切社会关系的总和"[①]。

新时代背景下，习近平同志在前人研究的基础上，结合我国的具体国情和社会主义发展的实际，对我国培养人的方法论和目标进行了新的概括和总结。我国对人的培养要避免物化的倾向，要培养文化的人；在培养新时代社会主义接班人时，要改善以往单向度的思维模式，培养全面的、多向度的人。强调人的全面发展，既是对马克思主义人的全面发展理论的继承和发展，也是中国特色社会主义建设的重要内容。全面发展要求高校培养对文化传承、制度运行和社会发展都有积极意义的人。全面发展不仅对人的发展作出了方法论的指引，也对人的发展提出了目标和要求，即人的发展是全面的而不是片面的、是充分的而不是不充分的、是自由的而不是拘谨的，等等。

---

① 中共中央马克思恩格斯列宁斯大林著作编译局编译. 马克思恩格斯选集（第一卷）[M]. 北京：人民出版社，2012：139.

第三节 高校思想政治教育融合机制运行中存在的不足

一、主体之间的不协同

高校思想政治教育的主体是高校思想政治教育的组织者和实施者，其决定着高校思想政治教育活动的主旋律。当下，高校思想政治教育在教育活动的实践中，依旧存在各个主体之间信息不对等、沟通不畅的问题。

（一）思政课教师和专业课教师之间沟通不畅

我国政治、经济、文化等各方面发展所引起的社会分工细致化，导致了教育的不断细分。随着时代发展以及国家培养人才的需求变化，高校各个课程之间的联系不断紧密、沟通也不断加强。但是由于高校思想政治教育理论课和专业课本身的属性和特质，有时会存在一些信息不对等的情况。这既不利于各学科之间的交流与合作，也不利于大学生社会主义核心价值观的培养。

我国高校思想政治教育的目标是要培养全面发展的人，加强大学生人文素质的培养，强化大学生整体的思想水平，这是现阶段党和国家根据社会发展的实际情况所采取的重要教育举措。虽然目前各大高校所有学生的课程安排中均有思想政治教育类课程，但是很多理工科专业还缺少人文社科类课程的设置，长此以往，容易形成大学生偏科的现象，影响校园文化氛围的建设。

不管是对高校还是学生来说，文化都是其赖以生存和发展的基础，高校思想政治教育的建设与学生对于中华文化的认可和传承是相辅相成、密不可分的。高校必须以培养社会发展引领者作为自己的教育目标，才能保证高等教育功能的发挥。

目前我国高校的思想政治教育的组织者和实施者，主要由校党委和思想政治理论课教师组成。高校思想政治教育活动，顾名思义，就是以大学生为对象而开展的思想政治教育活动，使大学生的思想理念等与党和国家的发展要求相一致，实现人的自由和全面发展，这与人文素质教育有异曲同工之妙。大学生的人文素质教育通过向大学生传授"人之所以为人"之道，促进大学生内在思想品质的提高。因此从本质上来说，高校人文素质教育是包含在高校思想政治教育之中的，而且是其重要的组成部分。高校人文素质教育为思想政治教育奠定基础，思想政治教育又为人文素质教育提供价值的引导。

（二）学校相关职能部门、学生工作者与思政课教师之间缺乏协同

我国高校辅导员制度要求辅导员对大学生的心理状况、政治素养、思维理念的发展有一个全方位的把控，但是，目前高校辅导员把更多的精力放在了行使行政职能上，对于学生的思想发展状况了解得不够全面和深入。部分高校辅导员对思想政治理论课的上课情况了解得较少，以至于辅导员教师和思想政治理论课教师之间缺乏足够的交流，教育主体之间的沟通不畅，直接影响了高校思想政治教育的效果。

校党委作为我国高校最主要的领导者，其对政策的制定必须建立在对高校思想政治教育活动的充分了解之上。这里有两方面的原因：首先，实践是检验真理的唯一标准，校党委的教育方针只有从学生的反馈中才能得知其科学性，并不断完善；其次，校党委和辅导员只有真正走进课堂，切身了解当下高校思想政治理论课推进的难点，了解受教育者的所思所想，才能更好地为培养社会主义接班人而服务。

校团委作为我国高校思想政治教育活动的基层组织，由于其组成成员大多是大学生，在工作中所体现出来的协调能力有待加强。目前高校的校团委工作安排存在与思想政治理论课相冲突的情况。比如，校团委有时在不和思想政治理论课教师沟通的情况下，让学生旷课去开展社团工作，造成了很多不好的影响。大学生参加校团委、社团等学校组织，对大学生的综合素质的发展是大有裨益的，但是不能影响正常的课堂教学，大学生始终应该以学习为主。校团委、相关社团的活动时间应该与学生的上课时间错开，同时应该与思想政治理论课教师保持沟通和交流，科学利用思想政治教育理论指导其实践活动。

二、主客体之间的不协同

高校思想政治教育活动主体作为高校思想政治教育的组织者和实施者，其与客体之间的不协同的现象主要表现为：课堂内外过分强调高校教师作为施教者的主导作用，从而导致作为思想政治教育活动主体之一的大学生的主动性不足。

（一）主体和客体之间角色定位的不协同

由于长久以来我国高校思想政治教育根深蒂固的"以教育者为中心"的教育思想，加上应试教育的基本国情，我国绝大部分高校虽然意识到了时代的改变以及当下的教育现状不能满足广大受教育者的需求，但是由于牵涉面较广，只能循序渐进地推进我国高校教育体制的改革。从我国目前的教育现状来看，"以教育者为中心的"的教育现状仍未得到完全改善。

高校思想政治教育活动本质上来说是一种思想引导活动，因此，其应该从受教育者的思想现状出发，拉近受教育者的思想和国家倡导的意识形态之间的距离，而不是从旧的、已经不适合当下社会发展需要的教学制度或者说教育者单方面的要求出发。我国高校在开展思想政治教育活动过程中，必须关注当下高校思想政治教育客体的主体性特征，教育者和受教育者之间必须及时沟通，不断根据时代发展情况和受教育者的要求，调整、改变思想政治教育的内容和方法。

（二）教师与学生未能形成有效协同

基于国家发展和提升整体国民素质、科学文化素养的需要，我国高校实行扩招政策，此项政策的实施对我国经济产生了长远的积极影响，但是，我国高校教师的数量和质量以及高校的基础设施却没有和招生人数保持同速增长，高校的师资力量甚至严重不足，教师人数较少和学生人数较多之间的矛盾造成了高校教学质量的下滑。

在长期的教育实践中，高校一直注重专业课的建设，对于以思想政治理论课为代表的公共课重视程度不够，资源的分配也很少向思想政治教育相关学科倾斜，导致高校从上而下难以形成对思想政治教育课程的正确认知。由于教育本身就是社会历史的产物，其教育内容和课程的设置安排均会受到当时生产力水平的影响，我国在对高校思想政治课程的设置过程中，主要考虑了当时的社会制度、社会的整体文化水平以及可以应用到现实社会中的程度这三个方面。

新中国成立之后，我国高校的规模不断扩大，但是为了适应当时国家生产力发展的需要，建立的大多是理工类院校，学界也出现了"学好数理化、走遍天下都不怕"的学习号召，导致很长一段时间内，高校思想政治教育类课程以及人文社科类课程没有得到足够的重视。

近年来我国高校在积极实施课程改革，不断地扩大对思想政治教育类以及人文社科类课程的人力物力投入。习近平总书记多次在公开场合强调思政课程和人文类课程的重要性，将高校思想政治理论课提高到了前所未有的高度。而这种课程观念和教学资源的调整仍然需要一段时间的过渡，因为我国目前仍然处于改革开放的重要时期，社会整体的经济发展方式以及各行各业都面临着转型，仍然需要大量的专业人才来支撑。

三、主介体之间的不协同

主体和介体之间的不协同主要表现为高校思想政治教育主体在教育教学活动过程中所采用的方式方法，与教育主体本身所希望达到的教学目标之间的矛盾。

目前我国高校思想政治教育的目标是促进大学生的全面发展——人的体力、智力、才能、主体性等各方面、全方位的发展，其教育教学成果需要学生在社会实践中得以表现。互联网时代，大学生早已不适应传统的教育教学方式，高校也不再是与社会完全隔离的"象牙塔"，高校思想政治教育不再是一个完全不受外界影响的独立体系。互联网让高校和社会之间的联系更加紧密。

目前我国大学生日均上网的时间普遍较长，大学生如果长期沉迷于网络，很容易导致"虚拟"与"现实"之间的错位，以逃避现实的心态面对社会环境，这与大学生个人的成长目标以及高校的教育理念是相违背的。网络已然变成当下高校实施思想政治教育不可忽视的载体，因此，高校的思想政治教育活动必须根据时代的发展特点和要求作出相应的改变。

第四节　高校思想政治教育协同融合创新问题探究

一、高校思想政治教育协同融合创新的实现机理

思想政治教育的协同融合创新研究，是借鉴协同理论的相关要素展开的。思想政治教育整体的结构是一个教育生态系统，它的产生、发展、创新是有其自身内部的逻辑结构的，同时也受到社会系统的控制。因此，除了关注协同理论的相关效应，思想政治教育的协同融合创新研究需要进行适应性调整、创造性转化、科学性发展。离开理论的实践是盲目的实践，脱离实践的理论是空洞的理论。协同发展、创新发展是现代社会发展的重要的

时代性特征。

思想政治教育的发展遵循着社会一般事物发展的基本规律，具备发展的本源性特征，也体现了发展的时代性特征。从协同融合创新理论的研究范畴看，思想政治教育的发展无疑是一个开放性的、非平衡的、具有自我更新和创造能力的系统演变过程。运用协同学、创新学理论研究思想政治教育创新发展问题，不仅能够匡正对发展问题的认识，还能提供科学的方法和有力的实践指导。

（一）资源共享的协同融合创新发展模式

协同学的相关理论认为系统演变、发展的基本前提是资源共享和充分开放。为实现创新目标，更好地适应环境，赢得竞争优势，各创新主体通过对外开放，不断地互相交换物质、能量和信息，自发地结成各种协同融合创新系统。因开放性得来的信息共享、资源有效获取和优化配置构成了一个组织重要的竞争优势，成为促成协同融合创新自组织演化的前提条件。

在思想政治教育的协同融合创新过程中，通过主体、客体、目标、方法、过程等创新要素的合理流动与协同整合，使教育协同创新系统始终处于开放状态，不断提升社会适应性能力，以完成单独创新主体不能承担的创新活动，实现思想政治教育协同融合创新的增值效应。

（二）动态交替的协同融合创新演化条件

耗散结构理论的"非平衡是有序之源"原理，揭示了系统的有序结构只能形成于非平衡状态下。协同融合创新系统的各要素或子系统在性质上有着相当的独立性、自主性和差异性，在关系上存在着互补性与共生性。在外部环境因素影响下，由于协同融合创新系统的相关要素在外在变量的适应性和新生主体的创新性等方面存在差别，导致循环竞争的出现。这种竞争一方面造就了协同融合创新系统远离平衡状态的自组织演化的条件，另一方面推动了协同融合创新系统向有序结构的演化。

信息时代的快速发展产生的多变性和不确定性，使思想政治教育协同融合创新的平衡状态不断地被打破，使之处于"平衡—不平衡—新的平衡"的循环上升状态。正是这种教育创新系统内部各要素之间的竞争与合作以及外部环境变化的激发与推动，为思想政治教育的协同融合创新创造了必要条件。

（三）非线性作用的协同融合创新发展动力

按照自组织理论，除了存在开放与非平衡的系统自组织演化进行的前提与条件外，协同系统内部各要素间的非线性相互作用，也是系统自组织演化走向新的高级有序结构的内部动力。这种非线性相互作用主要体现在协同融合创新的各要素、各子系统之间既相互关联又相对独立，而且相互间的作用和反作用是并行的、同时的、随机的，产生的结果却是不对称的。作用的方式决定了结果的不对称，反过来，结果的不对称又为相互间持续发生作用提供了能量。

思想政治教育协同融合创新的循环系统运作模式，外在的表现就是适应和合作，其运作水平与成效取决于各子系统之间及子系统与外在环境之间适应与合作的相互匹配程度。

（四）随机涨落的协同融合创新演变方式

自组织理论指出，一个远离平衡态的开放系统从无序状态演化到有序状态，起关键调节作用的是随机涨落。当系统内部相互作用的要素之间的涨落差值超过现有承载能力、破坏系统整体平衡的时候，系统就要发挥自身的调节和控制功能，通过非线性的作用和反作用过程，将各要素之间的关系重新调整到一种相对稳定的状态。

通常，把协同融合创新过程中来源于系统内部的涨落因素，称为内涨落（如组织内部改革、新思想、新建议、新举措等）；有的涨落来自外部，称为外涨落（如国家体制改革、政策与战略调整、社会危机、国家战略需求变化）。因此，随机涨落对思想政治教育协同融合创新系统起着建设性的作用，是系统有序自组织演化的转化力量。

（五）循环演变的协同融合创新发展形式

循环是周而复始的运动过程，具有过程上的重复性和结果上的预见性，是事物发展的普遍规律。协同融合创新系统的各子系统、各要素，作为独立的一般性事物，本身就有一个完整的演化过程，是一个反应循环。各子系统、各要素之间有促进、有制约，有发展、有蜕化，有融合、有独立，产生相互作用的过程，实际上就是相互催化、转化的过程，是一种催化循环。

作为包含着众多要素的思想政治教育协同创新系统来说，必须兼容反应循环和催化循环，并在此基础上，遵循循环发展的规律，形成一个容量更大、内涵更丰富、运行更加复杂的超循环系统，最大限度地吸收各要素的积极因子，调节好子系统之间的作用关系，通过自我适应、调节、优化和创新功能，使协同融合创新实践不断循环演化，向更加先进、优化的方向发展，实现更高层次的知识、技术、经济、社会价值的创造。

二、高校思想政治教育协同融合创新的基本范畴

（一）思想政治教育目标协同

思想政治教育的目的，就是思想政治教育的目标指向或价值取向。[①] 思想政治教育是一种有目标、有计划、有组织的具体的社会实践活动，活动的目标是教育者对教育对象进行的思想政治教育活动在一定时期内要达到的预期结果。

思想政治教育协同融合创新的科学实践要求教育目标的协同一致，无论是短期目标还是长远规划，无论是基础目标还是顶层设计，无论是个体目标还是社会要求，这一系列目标都要体现出整体性、关联性、动态性、层次性等的协同要求。虽然在不同的实践阶段对育人的要求有所差异，但终极目标必然会体现出诸如方向作用、主导作用、激励作用、规范作用的功能，为思想政治教育的协同、融合、创新规划道路并助力前行。

（二）思想政治教育主体协同

思想政治教育的主体性是由思想政治教育者的主体性、受教育者的主体性和思想政治

---

① 张耀灿. 现代思想政治教育学 [M]. 北京：人民出版社，2006：136.

教育活动的主体性有机构成的复杂整体。① 思想政治教育主体协同强调家庭、学校、社会等多元的教育资源、教育力量的整合集聚，通过协调合作，实施同步教育，形成教育合力，从而推进人的全面发展。随着现代信息技术的发展，在搭建信息平台的基础上，可以整合更丰富的教育资源，实现更有利的思想政治教育主体协同。

（三）思想政治教育内容协同

真理的真正形态是科学体系，科学的思想政治教育内容是一种结构体系。将作为一种结构性存在的思想政治教育的丰富内容进行协同处理，以形成有机的体系，不仅是思想政治教育科学化的必然要求，也是思想政治教育协同融合创新的重要实践。

（四）思想政治教育过程协同

思想政治教育过程的实质是将一定的社会的思想观念、价值观念、道德观念转化为受教育者个体的思想政治素质。思想政治教育过程协同是为了顺畅地实现思想政治教育活动的展开、运行、发展流程；为了充分地实现思想政治教育的活动目的；为了更有效地实现教育者的组织、引导、教育与受教育者的能动认识、体验和实践的有序协同。

（五）思想政治教育空间协同

在理论研究空间和实际实践空间上，思想政治教育空间不能单一、狭窄甚或"贫瘠"。同时，思想政治教育空间的含义也表征着思想政治教育空间的多重社会意蕴，并且具有自己鲜明的特点。思想政治教育空间是在一个明确的社会空间中，在遵循自然秩序与社会秩序的前提下，有条理、有组织地安排、协调思想政治教育活动中各空间要素，进而构成相对稳定的教育空间形态、空间系统。

思想政治教育空间是一个多维、复杂、开放的系统，相对于思想政治教育环境的概念更加宽泛。思想政治教育空间协同就是将思想政治教育的活动场域与人的行为进行有序的价值协同，使活动情境与意识思维相互影响，相互塑造。

（六）思想政治教育方法协同

思想政治教育实施方法包括基本方法（理论教育方法、实践教育方法、批评与自我批评的方法）、一般方法（疏导教育方法、比较教育方法、典型教育方法、激励与感染教育方法、自我教育方法）、特殊方法（预防教育方法、思想转化方法、冲突调节方法）和综合方法。随着人的发展和社会的新变化，思想政治教育的内容、领域等都得到了拓展，思想政治教育的实施方法也得到了新的发展，隐性教育方法和网络教育方法加入思想政治教育基本方法的队列，心理疏导方法、心理咨询方法、危机干预方法等也已成为常用的思想政治教育特殊方法。

思想政治教育方法协同是从宏观的角度出发，对思想政治教育开展的方式、路径、工具进行创新融合，在坚持针对性、完整性、有效性、科学性、创新性的原则指导下，实现思想政治教育方法的继承性协同、借鉴性协同、探索性协同。

---

① 张耀灿. 现代思想政治教育学 [M]. 北京：人民出版社，2006：271.

第二章　思想政治教育者与教育对象的融合

高校思想政治教育者与思想政治教育对象对高校思想政治教育效果产生重要影响，二者的融合能在一定程度上提升高校思想政治教育质量，有利于高校思想政治教育有效性的实现。因此，本章对思想政治教育者与教育对象的融合问题进行了具体分析与探讨。

第一节　思想政治教育者

一、思想政治教育者的概念与特征

（一）思想政治教育者的概念

思想政治教育者，是指依据一定社会或阶级的要求，对思想政治教育对象的思想品德施加影响的组织或个人，包含两类：一类是指进行思想政治教育的机构或者群体组织，即承担、发动、组织、实施思想政治教育活动的群体组织，如各种组织、团体、机构，等等。思想政治教育群体又可分为思想政治教育的正式群体和非正式群体。思想政治教育群体的构成又有两种情况：一种是经过一定的组织程序正式批准成立，具有严密组织结构和明确的思想政治教育职能的组织、团体和机构。如共产党等政党组织、工会、妇联、共青团等群众组织以及其他各种行业协会组织；一种主要是根据兴趣、爱好、情感等有领导但自愿组合成立而又在一定程度上履行思想政治教育职能的群体组织，如学校的学生社团，工厂、农村、街道的各种兴趣小组，各种业余文艺、体育团体及其他各种非正式群体等。这两种群体在思想政治教育活动中起着重要的互补作用。前者在开展思想政治教育时具有主导性、权威性和系统性；后者进行思想政治教育时往往具有情感性、渗透性和多样性。因此，思想政治教育在充分发挥组织群体的思想政治教育功能时，也要发挥比较松散的群体的思想政治教育功能。另一类思想政治教育者是指从事思想政治教育的人员，主要是指承担、发动、组织、实施思想政治教育活动的个人，如政工干部、宣传工作者、教师、家长等。

（二）思想政治教育者的特征

高校思想政治教育者具有以下几种基本特征。

1. 主体性

思想政治教育者的主体性，表现为思想政治教育者在思想政治教育过程中的主动性、主导性、创造性、前瞻性等属性，即主体能动性。主动性是指能积极主动地进行思想政治教育；主导性是指在思想政治教育过程中始终起主导和支配作用；创造性是指在思想政治教育中勇于探索、开拓创新，具有创新精神和创新能力；前瞻性是指思想政治教育既要立足于现实，从教育对象现实的思想道德状况出发，又要放眼未来，引导教育对象养成与社会未来发展需要相应的思想道德素质。

主体性是思想政治教育者最根本的特点。思想政治教育者如果不具备主体性，即使身为教育者，其也不能很好地履行组织、发动、实施思想政治教育的职能，在思想政治教育中发挥主导作用。思想政治教育者只有具备了主体性，切实履行了思想政治教育职能，才能真正成为名副其实的思想政治教育主体。作为思想政治教育主体的教育者，其主体能动性的强弱决定着思想政治教育者作用发挥的程度，决定着思想政治教育的作用与效率。因此，具有主体性是思想政治教育者的必备条件，不断增强主体性是发挥思想政治教育者主体作用的必要条件。

2. 阶级性

思想政治教育与阶级和国家相伴而生，属于上层建筑，是为一定阶级服务的，具有强烈的阶级性，作为从事思想政治教育工作的教育者不可避免地要服务于一定的阶级（主要是统治阶级），使自身具有阶级性。统治阶级的思想在每一时代都是占统治地位的。这就是说，一个阶级是社会上占统治地位的物质力量，同时也是社会上占统治地位的精神力量。因此，既然他们作为一个阶级进行统治，并且决定着某一时代的整个面貌，那么不言而喻，他们在这个历史时代的一切领域中也会这样做，就是说，他们还作为思维着的人，作为思想和生产者进行统治，他们调节着自己时代的思想的生产和分配。统治阶级要维护和巩固本阶级的统治地位，对社会成员进行特定的思想政治教育，不仅是必要的也是必需的，因此，思想政治教育始终是为一定阶级服务的，是统治阶级维护和巩固自己统治地位的工具。思想政治教育者作为思想政治教育的领导者、决策者、组织者、发动者和实施者，最终只能由统治阶级规定其属性，成为特定阶级（主要指统治阶级）的代言人，因此，他（们）身上体现出了鲜明的阶级性。

3. 超前性

超前性是指思想政治教育者通过对社会发展的预测，开展超前的思想政治教育。社会的不断发展必然要求人的行为要跟上时代步伐，而这就要求其思想必须要有一定的超前性。在这种情形下，思想政治教育者不仅是现实世界的教育者，而且还能通过超前性的思想政治教育，引导教育对象不断更新观念，不断提高其思想政治素质，不断走在时代的前列。

4. 客体性

思想政治教育者理所当然具有主体性，与前面所提到的主导性、超前性等一样。而现实的思想政治教育者在特定的条件下，还具有对象性、客体性的特征。一方面，思想政治教育者及其教育活动被教育对象所审视。思想政治教育不是思想政治教育者单向认识教育对象的活动，也不是单向改造教育对象的过程，而是思想政治教育者和教育对象作为主客体双向互动的过程。作为具有自觉能动性的思想政治教育对象必然会直接或间接关注、审视思想政治教育者的言行乃至思想，并对教育者施加影响，等等。这就使思想政治教育者在一定条件下，成为教育对象的客体，成为教育对象的审视对象。

另一方面，思想政治教育者是自我教育的对象。在思想政治教育活动中，当教育者把自我作为认识、塑造和完善的对象时，其同时也把自我二重化为"主体的我"和"客体的我"。"主体的我"是在教育活动中居支配地位，能够内化思想政治教育的客观要求，能够对教育者客体进行能动地认识、塑造和完善的"我"；"客体的我"则是与教育者主体相互作用，有待于教育者主体能动地认识、塑造和完善的"我"。正因为"客体的我"的存在，才使得思想政治教育者又具有客体的属性，具有客观实在性、对象性等特点。思想政治教育者通过检查和反省这种自我教育从而把自己当作客体来对待，这有助于推动思想政治教育者自身素质和能力的提升，有助于进一步塑造和完善自己的主体活动。

二、思想政治教育者的主体意识与主体素质

具体而言，作为有效的施教主体，思想政治教育者应该具备相应的主体意识和主体素质。

（一）主体意识

1. 主体意识

主体意识是思想政治教育者关于自身的自觉和明晰的认识，它包括思想政治教育者对于自身在整个思想政治教育活动中所具有的主体地位、主导性作用和所担负的具体使命，以及自身主体性活动对于社会、对于自己的教育对象所具有的全面而深刻的认知。强烈的主体意识，是思想政治教育者自觉地以主体身份与责任意识开展思想政治教育活动的重要驱动力，是推动思想政治教育者由应当的施教主体向实际的施教主体转化的重要条件。人作为社会的应当的和可能的主体要转化为现实的和实际的主体，需要一个重要的条件，即主体人的自我意识。也就是说，人在社会历史活动中主体地位的实际确立和有效实现，是以人对自身在社会历史过程中的地位、职责、使命和任务及实现途径等方面具有足够清醒的自觉意识为前提条件的。思想政治教育活动亦然。强烈的主体意识，也为思想政治教育者根据自身所开展的思想政治教育活动的实际体验，自觉对照有效开展思想政治教育活动所要求的思想政治教育者的应然素质，检讨并不断增强自己现实具备的实然素质，提供了强大的动力。因而，强烈的主体意识的存在，使思想政治教育者主体素质的不断提高获得了重要的驱动力，为思想政治教育者能够适应不断变化着的环境，针对不断变换着的思想政治教育对象及不断变化着的思想政治教育对象的思想需要而开展有效的教育活动，提供了内在的基础。

（二）主体素质

主体素质，即作为施教活动主体的思想政治教育者为有效地实现自己所担负的主体性功能所具备的一系列条件的总和。如果说主体意识是思想政治教育者由应当的施教主体转

化为实际的施教主体的重要驱动力，那么，主体素质则是思想政治教育者由应当的施教主体转化为实际的施教主体的内在根据，它为思想政治教育者实现自己所担负的主体功能提供了可能性基础。

思想政治教育者的主体素质包括政治素质、人格素质、理论素质和能力素质等四个方面。

1. 政治素质

思想政治教育是有着鲜明政治特性的教育活动。在任何国家，不论以怎样的称谓来表示思想政治教育这种客观存在的教育活动，都无法抹杀它的政治色彩——它总是围绕着特定的政治目标而展开，为特定的政治利益而服务。这种政治指向性，可以通过国家对教育内容的选定体现出来，但是，这种政治指向性得以具体贯彻的最关键的途径却不是思想政治教育活动中其他方面的要素，而只能是作为思想政治教育施教主体的教育者。思想政治教育者要想体现其在思想政治教育特定政治指向中的这种关键性地位，就必须要具备过硬的政治素质。此外，思想政治教育内容作为由多方面的教育内容构成的综合体，又是以政治教育为核心的。政治教育作为思想政治教育的重要内容和其在整个思想政治教育内容体系中的核心性，也同样要求思想政治教育者具有过硬的政治素质，否则政治教育的任务便无法有效完成。

思想政治教育者的政治素质包括正确的政治方向和政治观点、坚定的政治立场、高度的政治责任感、政治纪律性、政治鉴别力和政治敏锐性等多个方面。正确的政治方向和政治观点、坚定的政治立场、高度的政治纪律性在教育者具体的思想政治教育开展过程中发挥着定向作用，是思想政治教育沿着正确的政治方向前进的保证，也是思想政治教育者引导教育对象的思想、行为朝着积极、向上的方向发展的前提。高度的政治责任感是思想政治教育者自觉地以主体身份负责任地开展思想政治教育的强大驱动力，也是推动思想政治教育者其他素质由潜在的准备形态转化为现实的作用形态并最大限度发挥效用的强大力量。高度的政治鉴别力和政治敏锐性则是思想政治教育者善于从政治的高度、大局的高度认识思想政治教育的一种能力，是正确认识人们思想意识领域中有关具体矛盾性质的保证，也是思想政治教育得以深入、取得良好效果的根本所在。

2. 人格素质

思想政治教育者的人格素质是思想政治教育者作为人格健全的个体所应具备的基本素质。是否具有良好的人格素质，直接关系到思想政治教育者能否卓有成效地进行思想政治教育。这是因为，思想政治教育不同于一般教育活动的地方在于，它是通过教育者向教育对象传递相应的思想观念，以期影响教育对象思想、行为的活动，是对教育对象进行品德塑造的活动。这种品德塑造活动，以有关教育形式为手段，且教育形式的效力在相当程度上受制于教育者的人格形象对其所宣讲的教育内容的印证、实践程度。正因为如此，中国古代的先哲认为身教重于言教，推崇"其身正，不令而行"的教化效力以及"我无事而民自化"的教化境界。

概括而言，思想政治教育者的人格素质主要包括道德素质、心理素质。思想政治教育目的的一个重要方面就是使教育对象形成良好的道德素质。而要塑造教育对象良好的道德素质，教育者本人首先必须要具备良好的道德素质，身体力行自己所倡导的道德规范。

在心理方面，教育者除了需要具备一个健康、正常的人所应具备的心理素质之外，还必须同时具有较高的开展思想政治教育的自我效能感。自我效能感既是一种心理状态，也是一种精神力量，是由积极的、自信的、有为的动态心理激发出来的精神力量。

3. 理论素质

思想政治教育者的理论素质是教育者为有效开展思想政治教育活动所应具有的相应理论准备。这种理论准备包括与思想政治教育活动的实际组织、实施相关的理论准备及与思想政治教育内容相关的理论准备等两个方面。

教育者必须具备上述两个方面的理论准备，这是由思想政治教育活动的特点所决定的。一方面，作为一种教育活动，思想政治教育活动的开展必须要遵循教育活动所固有的内在逻辑，其所要展现的教育内容必须由教育者向教育对象传递，要促成教育内容在教育对象身上的内化、外化也都必须遵循客观的教育规律；教育者对思想政治教育活动中的各种反馈信息的分析，也都必须置于相应的教育理论框架之中，才能得到科学准确的教学效果，并由此确定自己后续的教学方案。这就要求教育者必须要做好思想政治教育活动实际组织、实施的理论准备。

另一方面，作为一种思想观念的传递活动，思想政治教育旨在通过教师对相关思想观念的宣讲，通过对相关现实问题的深刻而有说服力的理论分析、解释，引导教育对象确立相应的思想观念并进而促其将之转化为实际行动。因此，作为施教活动主体的教育者，其必须要有充分的理论准备，否则，思想政治教育就没有施教的武器，它势必会成为无所依、无所指的肤浅空谈。只有具备充分的理论准备，教育者才具有深刻阐释相关思想政治教育内容、促成思想政治教育顺利推进并取得实效的条件。

4. 能力素质

思想政治教育者的能力素质，即教育者将自己的理论准备成功地运用于实际、顺利开展思想政治教育活动所应具备的能力条件，是教育者从事思想政治教育工作所应具备的实践能力的总括。它包括教育者确立思想政治教育各要素之间的关系的能力，激发、激活思想政治教育对象接受意愿、接受需要的能力，根据社会要求和思想政治教育对象的实际，确立具体的思想政治教育目的、编制思想政治教育内容的能力，引导、调控思想政治教育活动过程的能力等多个方面。政治素质、人格素质、理论素质的具备，为教育者有效开展思想政治教育活动提供了前提条件及动力保障。但是，在进入思想政治教育实践活动之前，它们只是以潜在的、准备的形态存在于教育者身上的，只有在具体的思想政治教育实践中，它们才能发挥现实的作用。而思想政治教育实践活动的展开及上述素质由潜在、准备的形态向现实、效用的形态转化，都必须依靠教育者的实践能力。

政治素质、人格素质、理论素质和能力素质构成了思想政治教育主体素质的基本内容。思想政治教育主体素质与主体意识的状况共同决定着思想政治教育者能否在思想政治教育活动中有效地发挥其所应发挥的功能，即能否成为有效的教育主体。只有准确而全面地把握上述基本条件，并在此基础上深入探讨有效的思想政治教育者的生成机制，才有可能真正建设一支结构合理、相对稳定、素质过硬的思想政治教育者队伍。

三、思想政治教育者教育个性分析

（一）思想政治教育者教育个性产生的根源分析

教育个性是教育者内在素质的外部表征，是指教育者基于对受教育者的认识，在教育过程中形成的自身与其他教育者相区别的独特的气质、能力、风格。思想政治教育者将自身具有的个性特征与所扮演的角色需要和承担的社会责任自觉融会贯通，从而充分体现出自己对社会角色期望的独特理解和别具一格的教育理念，充分展示出自身富有创造性的主体性，这便是思想政治教育者的教育个性。下面从三个方面揭示思想政治教育者教育个性形成的根源。

1. 素质差异：思想政治教育者教育个性的内在源

思想政治教育者的教育个性是个体思想政治教育者在教育活动中与其他思想政治教育者相区别而表现出来的独树一帜的教育风格和教育优势。从本质上讲，它是思想政治教育者别具一格的个性素质的外部表征和显示，更是思想政治教育者珍贵而独特的教育优势的集中反映。

其一，作为现实的个人，每一个思想政治教育者都是独一无二的存在，个性差异客观存在，这是其教育个性产生的根本原因。

其二，思想政治教育者内在素质差异明显。一方面，世界观、人生观、价值观、教育观念、能力、知识、性格等方面构成了现实的人的内在素质，不同的思想政治教育者在内在素质上差异明显，在教育活动中必然体现出不同的教育风格。另一方面，并不是每一个思想政治教育者都能形成教育个性。在教育理念、专业基础、知识广度、教育能力、心理素质等方面不具备一定的优势，怎能形成自己的教育个性？实践中，那些疏于思考、惰于创新，视教育为"中转站""二传手"，只会照本宣科的人，不可能形成自己的教育个性。简言之，思想政治教育者的教育个性源于教育者个性特点的客观存在，源于教育者独特的活动风格和优势特征。

2. 教育民主：思想政治教育者教育个性的外在源

教育民主是现代教育的主要特征之一。从某种意义上来讲，教育民主是教育个性形成的基础。无论是教育者还是受教育者，只有在民主化的教育氛围里享有充分的权利和自由，才有可能达到个性化的教育境界。

教育民主不仅指对教育对象的民主，还指对教师的民主。在民主教育氛围里，每一个教育者都是教育活动的平等、自主的参与者。在民主教育环境里，每一个教育者都享有充分的自主性，自主参与教学内容的设计和教学方法的选择。教育决策由教师参与讨论并决定，尊重并鼓励多元的教育理念和行为方式，因而使教师能够充满兴趣地从事自己的事业。当然，这并非允许教师可以随心所欲，想干什么就干什么，想怎么干就怎么干，而是要求教育者在理性质疑、思辨的前提下，在教育实践的基础上，自觉、自愿、自由地开展教育活动。

在我国，民主化的教育氛围、包容的教育环境为思想政治教育者教育个性的生成提供了良田沃土，社会主义民主和依法治国的进程正在加快进行，这为教师的教育民主提供了环境保证。思想政治教育具有意识形态性，它由社会经济基础决定并为其服务。思想政治教育者只要坚持马克思主义的主导地位，自觉践行社会核心价值观，不断优化内在素质，充分彰显自己独特的教育风格与教育优势，扬弃思想政治教育的程序化、模式化，就能形成自己的教育个性，并不断发展，形成教育特色。

3. 创新：思想政治教育者教育个性的动力源

在本质上，教育个性就是教育创新。创新是事物发展的恒久动力。思想政治教育只有追求创新，不断创新，才能永葆活力和生命力。创新的目的是发展，发展是创新的永恒目的。创新是发展的内在要求。

思想政治教育的持续创新不仅是实现人与社会和谐发展的重要动力，还有助于思想政治教育者教育个性的形成和发展，使其精力充沛、积极主动、饶有兴致地开展教育活动。在教育过程中，教育者深刻反思自己的工作并提炼概括成自己的教育经验，然后将其升华为教育理念，在此基础上，规划设计具有特色的教育内容，构思选择具有特色的教育方法，开创特色教学模式，这样才能形成教育个性，并在实践中不断修正提升。教育个性淋漓尽致地展示着教育者的活力和创造力，具有感染力和吸引力，从而能够达到最佳教育效果。

（二）思想政治教育者教育个性的内在规定

思想政治教育从诞生以来就具有鲜明的意识形态性。思想政治教育者的教育个性虽属于个性范畴，但它为思想政治教育服务。我国思想政治教育以培养社会主义合格建设者和可靠接班人为历史使命，在弘扬和培育社会主义核心价值观中发挥着重要作用。思想政治教育要解决好"培养什么人，如何培养人"的问题，这是关涉国家兴衰、民族发展的根本问题，因此，思想政治教育者的教育个性必然具有质的规定，主要体现在以下两个方面。

1. 思想政治教育者的教育个性是思想政治教育者内在质的要求

首先，思想政治教育的根本目的就在于推进以个性发展为核心的人的全面发展和社会的和谐发展。只有个性才能作用于个性，要使教育对象个性健康发展，思想政治教育者的个性就必须健康、优良、和谐，具有鲜明的风格和优势。换言之，没有教育者健康、优良、和谐个性的直接影响，就不可能生成教育对象的理想个性。实质上，思想政治教育者的教育个性，就是教育者自身内在良好素质的集中体现，是包括教育者人格、学识、能力等优势特征的充分展示。其次，教育个性的内在质是教育者素质的个性化。教育者的内在质体现的是一种心理特征和精神面貌，即个性化。以人为活动对象的思想政治教育，在本质上，是根据社会主流意识形态培养、塑造受教育者的过程。所以，在思想政治教育工作中，教育者必须坚持马克思主义的指导地位，践行社会主义核心价值观，在此基础上形成自己的教育理念：这是思想政治教育者内在素质的核心、灵魂和统摄，在任何时候都不能动摇。因为这是新时期思想政治教育弘扬和倡导的根本价值取向和根本要求，思想政治教育者必须坚定不移地贯彻和执行。

2. 思想政治教育者的教育个性是教育者外显质的要求，是教育的特色化

思想政治教育者在工作过程中的独特差异性，即教育的特色化，在整个教育过程中，从内容设计到情境安排，从方法选择到具体展示，都呈现出一种特色。在实践中，具体表现在以下一些方面：搜集、整理、组织、传输教育信息的个性化；选择、构思、设计、丰

富教育内容的个性化；教学方法、教学模式、教学风格的个性化；教育理念、教学能力的个性化；实践教学环节的个性化；教育载体选取的个性化等。教育者的知识结构与广度、学科专业背景、年龄阶段、人生经历、兴趣爱好等影响并制约着其教育特色化的形成和发展。思想政治教育者的教育特色是学校追求并形成自身思想政治教育特色的基础。如果没有一批具有丰富教育个性的教育者，学校思想政治教育特色从何谈起？思想政治教育创新也就成了空谈。

总之，内在质和外显质是思想政治教育的两个内在规定，这两者相辅相成，合力发挥作用，使思想政治教育者的教育个性得以呈现。

（三）思想政治教育者教育个性的实践探索

作为人类灵魂的工程师，教育者不仅是社会的创造物，而且是社会的创造者。健康个性的形成是受教育者成人、成才、成功的阶梯，而这些阶梯的建设者就是富有教育个性的教育者。思想政治教育者的教育个性是在实践中逐步形成并彰显的。

1. 形成和完善人格魅力

思想政治教育要取得实效，有两个必要条件：一是真理的力量，二是人格的力量。人格是包括人的思想、道德、品质、能力、学识等多种素质的综合体现。高尚的人格具有不可估量的感染力，一旦形成就会对人的行为产生长远的影响，具有强化和导向的作用；而且教育的真理性和权威性离不开教育者人格魅力的诠释和支撑。在教育实践中，思想政治教育者只有用自己的人格影响受教育者，以人格引领人格，才能实现思想观念内化、行为导航、提高人的思想道德素质的目的。事实证明，在个性发展背景下，要想成为一名合格的思想政治教育者，就要形成自己的人格魅力，不仅说，而且做；不仅说得好，而且做得更好。只有如此，才能使教育对象信服，从而使其可以自主自愿、充满热情地接受教育，进而自主建构自身良好的思想道德体系。

在教育实践中，形成和完善思想政治教育者的人格魅力可以从以下三个方面着手。

首先，满怀教育热情，真诚关心教育对象，真心理解教育对象，做到以情感人。每一个人都希望得到他人的尊重、认可、信任和理解，在个性发展背景下，更是如此。所以，在教育过程中，思想政治教育者要满怀热忱地投身到自己的事业中，对学生多一份真诚、尊重、认可、信任和理解，关心学生的学习与生活苦恼，了解他们的需求，力争做到解决思想问题与解决实际问题相统一。

其次，敬业奉献，以德感人。思想政治教育者要形成自己的教育个性，首先必须要热爱自己所从事的工作，并形成坚定的信念，要求其要具有高尚的敬业精神和奉献精神。教育者要求教育对象重视国家和民族的整体利益，树立集体主义无私奉献精神，而他们应该先做到。

最后，勤奋好学，以才服人。思想政治教育者要德才兼备，这是对他们的基本要求。思想政治教育者不仅要具有奉献敬业的高尚精神，而且还要具备令教育对象钦佩、仰慕的渊博的学识。在信息爆炸的当今时代，思想政治教育者要勤学善思，不断拓宽自己的知识面，要能够从理论和实践的结合上分析生活中的热点、难点和疑点问题，而且阐释要体现出深度、力度和广度。因此，思想政治教育者要形成并彰显自己的人格魅力，还需加强学习意识，既专又广，不仅要具备丰厚的理论知识，而且要博学多才，能够不断完善和优化自己的知识结构，从而形成自己的理论魅力和学识魅力，在教育实践中彰显自己的教育个性。

2. 培养和发展教育能力

思想政治教育者要想形成并彰显自己的教育个性，还需培养和发展自己多方面的能力。能力是顺利完成某项活动的基本条件，可以说能力就是个性，就是优势。思想政治教育者的教育能力是其教育个性在实践中形成和彰显的基础，是教育者内在素质的外显。因此，教育能力的大小直接影响着思想政治教育者教育个性的形成和发展。在个性发展背景下，思想政治教育者教育个性的形成和发展要以理论魅力和学识魅力为基础，培养自身的创新能力，形成教育的艺术魅力，从而在实践中彰显教育个性。

首先，要培养和发展创新的能力。与时俱进是思想政治教育者的重要品质，教育个性的核心是创新精神，即不墨守成规，要具有超越他人和前人的勇气和能力，形成自己的教育特色。思想政治教育者要站在一种清晰、自觉的立场上对现有教学模式进行理性审视，不拘泥，不满足，突破常规，大胆探索，敢于创新，积极应对新变化，形成并发展自己的教育个性。只有如此，才能适应并不断满足教育对象个性发展的诉求。我们说没有个性就没有创新；反之，没有创新也就没有教育个性。思想政治教育者的教育个性源于其对教育对象个性特征和实际问题的深入了解，源于其对思想政治教育环境的整体把握，是教育者自身内在优势素质的充分彰显。其实，教育个性在本质上就是一种创造能力。

其次，要形成和发展教育实践的艺术魅力。教育是一门科学又是一门艺术。思想政治教育者的教育个性还表现为形成和发展教育的艺术魅力——在教育过程中巧妙设计教育情境，不断改革教育方法，精心组织教育活动，用自身魅力吸引教育对象、感染教育对象。思想政治教育者在具备了理论能力、知识能力、创新能力的基础上，积极探索并彰显教育的艺术魅力，是其形成和发展教育个性的重要条件。

3. 深化和更新教育理念

理念是行为的先导，有什么样的教育理念，就会有什么样的教育活动。从一定意义上来说，思想政治教育者的教育个性是教育理念的产物，教育个性的核心即教育理念的个性化。思想政治教育是人文关怀和科学精神高度融合的实践活动，如果过分地强化对人的管理功能，且这种管理功能的工具理性越是"科学"和完备，那么，这一功能就越会加剧人的对象化，使人与自己的本性越来越疏离。在全球化和市场经济条件下，教育对象个性鲜明、丰富，他们的经济观念、政治观念、文化观念、利益观念等都发生了深刻的变化，因此，思想政治教育者要回归教育对象的真实生活，增强自身责任感和敏锐性。首先要改变教育理念，要剔除过时陈旧观念，不断吸收新思想，树立以人为本的理念。从一定意义上来说，解决教育对象的实际问题是解决其思想问题的基础。思想政治教育者要把握教育对象关注的核心问题及思想困惑，将解决思想问题与解决实际问题紧密结合起来，真正将思想政治教育工作做到受教育者的心坎上。只有这样，才能调动受教育者的学习主动性和积极性，从而形成并彰显思想政治教育者的教育个性。其次，深化和更新教育理念还要求教育者积极学习西方思想道德教育的成功做法，从保守走向开放，从封闭走向世界，既借鉴吸收，又对外传播，这样其教育个性将会在交流碰撞中更加丰富和完善。

综上所述，在受教育者个性化背景下，在做到政治强、业务精、作风正的基础上，形成并完善思想政治教育者的教育个性，是化解思想政治教育实效性不高的症结、提高教育的针对性和感染力的重要途径。思想政治教育者的教育个性是教育理念人本化、教育内容丰富化、教育方法多样化的必然要求，是受教育者价值多样化和个性化的现实诉求，是思想政治教育者内在个性特征与教育责任的外显，也是思想政治教育传承与创新的要求和升华。如果每一个思想政治教育者都能竭尽全力、发挥自己的特长，努力打造自己的教育个性，那么，这不仅将影响和引领受教育者良好个性的发展，而且还会营造出生动活泼的思想政治教育氛围，达到提高思想政治教育实效性的目的。

第二节　思想政治教育对象

一、思想政治教育对象的概念与分类

（一）思想政治教育对象的概念

思想政治教育的对象有广义与狭义之称。从广义的视角来看，一个国家、社会或组织中的所有的人都是思想政治教育的对象。比如，在当代中国，中国共产党领导的思想政治教育的对象，就是我国社会的全体成员。

狭义的教育对象是相对教育者而言的，它是指在特定的思想政治教育活动过程中，教育者施加影响的教育客体、受教育者。

（二）思想政治教育对象的分类

思想政治教育对象是一个系统。根据人们活动方式的不同，可以把教育对象分为相互联系的两大类型，即群体和个体。每种类型又都有一个多侧面、多层次的结构，它们相互联系、相互交叉，从而构成了思想政治教育对象的立体结构。

1. 群体对象

群体是教育对象存在的基本方式。所谓群体，就是人们在社会生活中通过一定的社会关系结合起来进行共同活动的社会联合体。按照群体的构成原则和方法，群体又可分为正式群体和非正式群体。

（1）正式群体

正式群体是指具有特定的组织目标和任务，有严密的组织机构和较固定的编制，组织成员的权利、义务和职责都有正式文件明文规定的社会群体。正式群体的特点是：有共同的活动目标，有一定的组织章程，有正式而确定的组织形式，有一个按一定程序产生的领导班子，加入正式群体的成员须经过一定的考核或审批手续。

正式群体有两种类型：一是政治型，其主要职责是以执行政治任务为主，如党的基层组织。二是业务型，其主要职责是进行某种业务活动，如工厂的科室、车间、班组，学校的教研室、班级。

正式群体一般由领导者、骨干和群众等三个层次所组成。

领导者是由群众选举产生，或由上级直接任命的，他们在群体中行使领导职能、组织职能、协调职能和教育职能。他们是群体的带头人，也是群体其他成员的教育者。与一般群众相比，他们理应先受教育，先学一步，多学一点，学深一点。

骨干是在群众的实践活动中涌现出来的积极分子。他们及时向领导反映群众的意见，积极为领导的科学决策而献计献策，带头认真实施领导的决策和计划，积极参与群体的各项活动，以自己的模范行动带动一般群众。他们是领导的得力助手和群众的表率，是领导和群众之间的桥梁和纽带。积极培养、支持和鼓励先进骨干，是思想政治教育的一项重要任务。

群众是正式群体中的一般成员，他们是群体成员中的大多数，是群体的基本力量，也是群体的基本因素。思想政治教育必须着眼于群众这个大多数，努力激发群众的积极性和创造性，这样才能保证目标的实现。

（2）非正式群体

非正式群体是人们在社会生活中由于兴趣、爱好和利益等方面的趋同性而自发形成的一种无正式组织形式的集合体。

按其对正式群体所起作用的性质，非正式群体可分为以下几种类型。

积极型，即活动目标与正式群体目标相一致或基本一致，对正式群体起促进作用的群体。如大学生中的科学理论学习小组、创业协会等。对这类非正式群体要大力支持和扶持。

中间型，即活动目标与正式群体目标部分一致、部分不一致或有时一致有时不一致，对正式群体有利有弊的非正式群体。如大学生中以娱乐活动为主的非正式群体，就其丰富大学生业余文化娱乐活动而言，有其有利的一面，但如活动过多，则会影响其学习和工作，对这类群体应积极加以引导。

消极型，即活动目标与正式群体目标不一致，对正式群体起消极影响，但活动尚未超出法律范围的非正式群体。如某几个人为牟取私利而结成的小团伙。对这类非正式群体应及时加以教育和帮助，争取化消极因素为积极因素。

破坏型，即进行违法活动、对正式群体和社会起破坏作用的非正式群体，如青年中的犯罪团伙，对这类非正式群体应坚决打击和取缔。

非正式群体一般由核心人物和普通成员构成。

核心人物即非正式群体的领头人，是群体活动的积极发起者和组织者。核心成员一般是自然形成或经成员推举产生的，他们一般都具有某种特长和较强的组织能力，在成员中有一定的威信和号召力，在群体中起着指挥和协调的作用。因此，在对非正式群体的思想政治教育工作中，应着力做好核心人物的教育引导工作，引导他们自觉地把非正式群体的活动引向与正式群体的目标相一致的方向上来。

普通成员是非正式群体的主体，他们一般是因某种共同的兴趣、爱好、利益或情感需要而自发地聚集到一起的，因此心理相容、情感融洽、关系较密切，但组织比较松散、不稳定。在实施思想政治教育的过程中，应注意针对非正式群体普通成员聚集到一起的出发点，引导他们发展健康有益的兴趣爱好，培养积极、高尚的情感，正确看待自己的利益，克服小团体主义，主动关心正式群体建设。同时，要利用他们相互间心理相容、关系密切的特点，引导他们互相取长补短，互帮互学，从而使其可以在思想、学习和工作等各个方面共同进步。

2. 个体对象

个体作为单个的人，是思想政治教育对象的最小单位。个体有着极为复杂的结构，其中，具有普遍意义的是纵向结构、横向结构和分层结构。

（1）纵向结构

个体的纵向结构是由不同年龄段的人们及其相互关系构成的。人类个体生理心理的发育成长具有年龄阶段性，不同的年龄阶段会表现出不同的生理心理特征。同时，年龄也反映着一个人的生活经历和社会经验。因此，在思想政治教育中，要注意掌握不同年龄的教育个体对象的特点，区别情况、分类实施。

个体对象按年龄差异可分为儿童、少年、青年、中年、老年。个体教育对象纵向结构中的各个要素是相互联系、相互影响的。人的成长既有年龄阶段性，又是一个连续的过程。人们的思想道德素质的培养和提高，总是一代又一代人循序渐进、不断积累的结果。因此，要提高整个中华民族的思想道德素质，就必须从儿童抓起，着力加强青少年的思想政治教育工作，同时也要注意有针对性地做好中老年人的思想政治教育工作。

（2）横向结构

个体的横向结构是由按照社会分工从事不同职业、不同社会实践活动的人们及其相互关系构成的。实践是人的心理素质和思想行为形成和发展的基础。人们的职业不同，社会实践活动的领域和形式不同，人们的思维方式、行为习惯和心理状态也就会有所不同。因此，要提高思想政治教育的针对性，就必须把握个体教育对象横向结构各要素的特点。个体教育对象的横向结构主要包括工人、农民、知识分子、干部、军人、学生，还有改革开放以来出现的民营科技企业的创业人员和技术人员、受聘于外资企业的管理人员、个体户、私营企业主、中介组织的从业人员、自由职业者等。

个体教育对象横向结构中的各个要素是相互影响、相互作用的。工人阶级是我国的领导阶级，工人阶级的先进思想反映了社会发展的客观要求，体现了全体人民的根本利益。因此，要在全社会大力宣传和弘扬工人阶级的先进思想。当然，在社会主义现代化建设的实践中，工人也应当学习和吸取其他劳动群众的优良品质，积极发展工人阶级的先进思想。

（3）分层结构

个体教育对象的分层结构体系是由不同思想行为层次的人们及其相互关系构成的。由于社会环境影响和自身主观努力程度的不同，人们的思想行为也就存在着明显的差异，并表现出一定的层次性。按照人们的思想行为表现，个体教育对象可以分为先进、中间和后进等三个层次。

先进层的思想行为符合社会进步的客观要求，自觉遵循社会的思想道德规范，以集体和他人为重，在工作、学习等各个方面都能起模范带头作用。先进层在个体教育对象中虽然是少数，但代表着人们思想行为发展的方向。在思想政治教育中，应当大力鼓励先进，充分发挥他们在各方面的榜样示范作用，同时，也要注意教育和引导先进层发扬成绩，克服缺点，戒骄戒躁，继续前进。

中间层的思想行为基本符合社会进步的客观要求，能够遵守社会的思想道德规范，不做损害集体和他人的事，尽力完成自己所承担的各项任务。中间层是教育对象中的大多数，在思想政治教育中，应当照顾到这个大多数，从他们的思想实际出发，因势利导，促进其思想行为向先进层发展。

后进层的思想行为不符合社会进步的客观要求，违反社会的思想道德规范，只顾追求个人利益，甚至会损害集体和他人的利益。后进层只是教育对象中的极少数，但他们思想行为的负面影响却不容忽视，因此必须切实加强后进层的思想教育和转化工作。

先进、中间、落后等各层次人们的思想行为是相互影响、相互作用的。先进可以带动中间、影响落后；中间可以分别对先进和落后产生影响；后进也会对先进和中间产生反作用。同时，先进、中间、后进也是相对的。先进层也并非十全十美，中间层也有很多长处，后进层也不是一无是处，而且，先进、中间、后进是可以相互转化的。思想政治教育的任务就是要从各个层次的教育对象的思想实际出发，因材施教，促使先进层更先进，中间层赶先进，后进层学先进，使人们的思想行为都能向着符合社会进步的客观要求的方向发展。

二、思想政治教育对象的特点

区别于人类活动的其他对象，思想政治教育的对象有其自身的特点。其特点具体体现在以下几个方面。

（一）社会性

思想政治教育的对象是人，人是构成社会的基本要素，人具有社会性特点，人的本质是一切社会关系的总和。所以，人作为思想政治教育对象，自然具有社会性的特点。

人的社会性，首先是相对于其他生物而言的，其他生物的群体生活是一种遗传行为，而人类的群体生活则是一种社会现象；其次也是相对于他人而言的，其主要表现为个人对他人的依赖性。在阶级社会里，人们的社会关系具有阶级性，人的思想在广泛的社会交往中相互影响，这种思想的相互沟通，不仅使人开阔眼界，增长见识，获得新的思想内容，而且还能使人改变原来的思想观点。

作为思想政治教育对象的人，其是生活在一定的社会关系之中的，所以，人有情感、思想，也有自己的个性，人与人之间需要交流。认识思想政治教育的对象，就要了解其社会关系、社会活动、社会交往以及社会影响，这样才能真正把握教育对象的社会性特点。

（二）能动性

在思想政治教育过程中，教育对象是能动地、有选择地接受教育，而不是被动地、消极地接受施教。一方面，受教育者以主体的身份出现，以主体视角审视教育者的教育活动及其传授的理论，并且凭其特有的认知方式，选择、接受、内化教育者所传授的理论知识。另一方面，教育对象通过对自己的认识判断，把自己的思想道德水平与思想政治教育的要求相对比，找出自己与社会要求之间的差距，从而进一步认清自我，主动提升自我，达到社会的要求。同时，教育者与教育对象之间具有互动性，教育者应当注重教育对象的需求及其对教育者的要求和建议，不断改进和寻求适合教育对象的方式方法，以达到教学相长、共同进步的目的。在实施思想政治教育的过程中，教育者不仅要有主动性，更要运用恰当的教育手段激发教育对象内在的积极性，教育对象的参与程度越高，教育效果就越好，从而达到思想政治教育的预期目的。

（三）层次性

思想政治教育对象最明显的特征之一，就是其处于不同的层次。

（1）年龄分布的层次

思想政治教育对象范围广、情况复杂，表现出了很明显的多样性和层次性。在年龄上，教育对象可分为童年、少年、青年、中年、老年等五个层次。不同的年龄段有各自的生理、心理等特征。他们的性格、生理、道德、品质等因素的发展在年龄阶段上有共性，但差异性更为显著。通常，年龄意味着心智是否成熟，是否具有相应的知识、技能、经验以及思想道德水平。对待相同的问题，中年人与少年、儿童的看法，接受能力有很大的不同。所以，教育者应根据教育对象的年龄特征实施教育。

（2）问题认识上的层次

思想政治觉悟可分为高、一般、差等三个层次。思想政治觉悟高的教育对象更容易达到思想政治教育的目标要求，反之，教育者就要付出多倍的努力使那些觉悟相对低一些的教育对象达到教育要求。

（3）教育对象的地域层次

在地域上，地域差异形成了教育对象的不同层次。我国幅员辽阔，由于经济发展不平衡，东、中、西部差异大，城乡差异大，发达地区与欠发达地区差异大。地域差异形成了教育对象的不同层次特点：在经济发达地区的教育对象，通常与外界沟通多，接收的信息量大，观念更新快，思想内容多元化。而经济欠发达地区的教育对象，往往与外界交流少，信息量少，思想闭塞，接受新事物迟缓，思想内容较单一。

（4）文化水平上的层次

在文化上，呈现出受过高等教育、受过中等教育和文盲、半文盲等几个层次，他们的思想政治觉悟、理解能力、接受能力的差异非常明显。

了解思想政治教育教育对象的层次特点，是具体问题具体分析、有针对性地进行思想政治教育的起点。

（四）可变性

生活在社会环境中的思想政治教育对象，其思想品德会随着所处的外界环境的改变而有所变化。教育对象的这种可变性，使思想政治教育活动具有社会价值。一般来说，思想政治教育对象的变化表现在：思想政治觉悟由低到高，从不成熟发展到成熟，正确思想与错误思想相互转化，等等。思想政治教育者的任务就是运用这种可变性，使教育对象的思想逐步成熟，使教育对象的思想品德朝着正确的方向发展，增强对不良事物的抵抗能力，避免和减少错误思想的影响，从而使其成为一个具备良好素质和符合社会要求的人。

（五）受教性

受教性是指在思想政治教育过程中，思想政治教育对象作为教育者所施加的教育影响的接受者，是思想政治教育活动的"受动者"。从根本上来说，思想政治教育的目的和效果最终都要体现在思想政治教育对象的身上。

就当前社会主义中国来说，思想政治教育者要使教育对象具备符合党和国家所要求的思想政治品质，就得使教育对象对党和国家所倡导的思想观念、政治观点和道德规范有所了解、认同和接受。从实质上来看，思想政治教育的内容，即教育对象所接受的思想观念、政治观点和道德规范并非自己能选择和决定的，而是由党和国家所决定的。此外，思想政治教育对象也无法支配思想政治教育目标的确立、思想政治教育方法手段的运用等。从这个意义上来讲，在思想政治教育的过程中，思想政治教育对象是被动的，是"受动者"。

三、思想政治教育对象的职能

思想政治教育活动的开展是多种要素互动的过程。其中，思想政治教育主体与客体之间的互动是其核心。思想政治教育对象正是在与其他各要素的互动过程中发挥着其独特而重要的职能。思想政治教育对象的职能具体体现在以下几个方面。

（一）参与职能

所谓参与职能，是指思想政治教育对象作为整个思想政治教育活动的承受者和参与者所具有的功能和应发挥的作用。这种职能表现为：思想政治教育对象从自己的需要、特点和思想品德发展变化的规律出发，协助思想政治教育者决策和制订思想政治教育计划；思想政治教育对象在思想政治教育者的组织和引导下，参与思想政治教育活动。如果缺乏思想政治教育对象的积极参与和配合，思想政治教育活动就无法顺利进行，更谈不上取得预期的效果。思想政治教育对象还可以与思想政治教育者一起参与思想政治教育的研究和评估等。

（二）约束职能

所谓约束职能，是指在思想政治教育活动中，教育对象对教育者和整个思想政治教育活动所具有的作用。思想政治教育活动的展开，一方面需要教育者对教育对象的组织和引导，另一方面需要教育对象充分发挥自己的主观能动性。

在现实生活中，教育对象的主观能动性往往表现为两个方面：其一，对教育者传递内容的自觉内化，同时主动在实践中锻炼和改造自己；其二，当教育对象自身思想品德的现状、客观需要和身心发展状况与党和国家总的教育目标和社会要求不相符，或者教育对象自身利益与社会利益、他人利益发生严重矛盾时，教育对象对教育者和整个思想政治教育活动的约束性就显现出来了。

（三）反馈检验职能

所谓反馈检验职能，是指思想政治教育对象在对自身思想品德状况进行反馈，检验思想政治教育的目的和效果时所发挥的作用。思想政治教育对象思想品德的变化及其言行等信息的反馈是思想政治教育计划顺利有效实施、调整和改变的基础和依据。思想政治教育对象的思想、行为表现进步与否，是检验思想政治教育改变和提高受教育者的思想政治品德水平这一目的是否达到以及思想政治教育整体效果好坏的标准。

（四）促进职能

所谓促进职能，是指在思想政治教育活动中，教育对象对教育者和整个思想政治教育活动具有向前推动的作用。在思想政治教育过程中，思想政治教育对象通过自己的参与、制约以及反馈检验职能的发挥，客观上一方面促进了思想政治教育活动的开展，另一方面促进了思想政治教育对象和思想政治教育者思想政治素质的共同提高。

第三节　思想政治教育者之间的配合

一、思想政治理论课教师和专业课教师之间的融合

高等教育要积极弘扬和践行社会主义核心价值观，将社会主义核心价值观教育融入高校学生的日常学习之中。高等教育通过凸显社会主义核心价值观教育，可以帮助学生正确认识我们的民族、我们的国家、我们社会主义发展的历程及规律，从而系好人生的第一粒扣子；还可帮助学生明确自己该往何处去发展、为谁发展以及如何发展的问题，更好地明确自己的历史使命担当，从而将核心价值观内化于心、外化于行，做同龄人的榜样，成为合格的社会主义的建设者和接班人。专业教育是对学生科学知识和科学方法的教育；思想政治教育是对人的世界观、人生观和价值观的教育。人文教育是人文知识以及人的思想和精神的教育，将思想政治教育和人文教育的内容融入专业教育之中、同时积极发挥人文教育对思想政治教育的补充作用，是新时期我国高校思想政治教育的必然趋势。

高校要变革现有的教育理念，变"思政课程"为"课程思政"，改善以往重视科学教育忽视人文教育、重视知识文化的简单灌输和传播而轻视精神世界的升华的不协同局面。在培养全面发展的社会主义建设者和接班人的目标指引下，打破文理分家的教育现状，加强教师思想政治教育素养的培养与提高，加大理工科院系中人文教育课程的建设，同时，在人文社科类院系中多开设有关基础科学的通识教育课程，从而使学生对思想政治理论课、人文社科类课程以及科学教育类课程都有基本的了解。由此可见，文理结合对于高校学生的全面发展是非常必要的，这样不仅仅有利于我国高校思想政治理论课的建设，而且还能使学生在了解多学科、多行业的过程中，培养自身的兴趣爱好，扩大自身的知识面，提高自身的逻辑思维能力，养成良好健康的人格。对高校学生进行思想政治教育从来不是高校思想政治理论课的专属责任，而是每一门课程都应该具有这样的功能。虽然现在高校中按照学科的门类将教师划分为专业课教师、思想政治理论课教师以及辅导员等，但是这样的安排或者制度设计的目的并不是为了将高校教师的育人职责进行分类，所有高校教师都应该加强对学生多方面知识的传授。高校教师是我国高校思想政治教育的主体，其教育方式和教育理念的转变在我国高等教育改革中具有重要的作用。新时代高等教育的目的已经不仅仅是培养一个具有专业技术的"经济人"，还要培养德智体美劳全面发展的"社会人"，这就要求思想政治理论课教师必须与专业课教师相配合，共同推动高校思想政治教育的发展。

二、相关职能部门、学生工作者与教师的协同

校党委作为学校的领导核心，承担着全面贯彻党的教育方针的重要任务。课堂是高校党委输出教育方针的重要场所，因此，其应该走进课堂，和学生近距离接触，这样学生就获得了接受思想熏陶和文化学习的机会；同时，还可以让学生很直观地记住自己受教育的目的是成为一个健全的、对社会有用的人，要为社会主义建设服务。我国有很多高校都在推动高校辅导员走进课堂，且已经取得了显著成效。辅导员走进课堂之后，他们就能对学生的思想状况有了更多的了解，更加明确下一步需要采取的措施。

目前，很多高校的党委成员都已经开始走进课堂，和思想政治理论课教师一起对受教育者进行思想政治教育，均获得了很好的反响。由于校党委书记等相关人员具有独特的人生经历以及和思想政治理论课教师不一样的人生感悟，因此，在他们和学生分享自己的经历时，可以带动激发学生对思想政治理论课学习的兴趣并加深对国情的了解，从而增强自己的使命感和责任感。新时代我国高校思想政治教育必须从被动灌输中摆脱出来，变成主导主动、自主参与，每一位教育者都要深入教育活动的各个环节，教育主体之间、教育主客体之间应该互动互进，只有在这种互相协同、良性互动的环境中才能充分保证高校思想政治教育的效果。

我国高校思想政治教育工作者有很大一部分是由学生构成的，比如班级的团支书、班长，以及加入院级以及校级的团组织成员。其在日常的校园实践中所组织的活动均与思想政治教育相关，但是由于教师参与的程度较低，因而导致其投入了很多时间和人力成本的思想政治教育活动并没有取得理想中的效果，可见，我国高校思想政治教育长效机制的建议依旧有待完善。学生工作者在进行相关的活动时，应该尽可能让思想政治理论课教师或者相关职能部门的人员参与进来，或者最起码让教师和相关部门知道学生工作者相关活动的开展情况和进度，相关职能部门应该对活动开展的效果作出及时的回应和反馈。高校思想政治教育主体之间信息的畅通和融合是保证思想政治教育效果的重要前提。

第四节　教育者与教育对象的协同融合

一、教育要从实际出发明确教育双方的定位

实践是检验真理的唯一标准，我国高校实施思想政治教育的目的是为了培养社会主义建设者和接班人，使其为我国的社会主义建设服务。高校学生的思维状态、政治理念能否满足我国社会主义发展的需要，在进入社会时其政治理念和思维状态能否符合社会发展的需要，这是我们必须考虑的现实问题。由于近年来各高校都在强调积极发挥学生的学习主动性，以及尊重学生的主体性特征，这导致很多情况下高校思想政治理论课教师的主体地位在降低，且高校近年来不断扩招，从而造成了高校学生和思想政治理论课教师的比例失调问题。但是作为教育活动的实施者和组织者，思想政治教育者的主体地位是毋庸置疑和

不可替代的，在组织和实施教育活动的过程当中，将学生看成高校思想政治教育的唯一主体有失偏颇。

一切从实际出发作为中国共产党的思想路线和大政方针的重要内容之一，要求思想政治教育者在日常生活和工作中必须坚持实事求是的基本方法。思想政治教育活动作为我党统一民众思想的重要活动，坚持实事求是的基本方法是其保证高校思想政治教育科学性和有效性的重要前提。时刻保证教师和学生的正确定位是保证高校思想政治教育时效性的根本保障，而要时刻保证给教师和学生一个准确的定位，首先要求我国的高校思想政治教育活动要坚持以人为本。以人为本的本质要求我们要将思想政治教育的主体和客体都看成是具有意识的人，尊重主客体的需求和意愿是我们做事情的基本准则，对任何时期处于任何阶段的、有着不同需求的人予以尊重，是我国社会主义民主建设最基本的要求。

我们这里说的尊重教育主体和教育客体的需求都不是盲目的，而是有计划、有目的，且科学的。尊重不是完全顺从，尊重受教育者的需求和意愿的前提是保证教育者的主体地位和受教育者的客体地位，客体的角色决定了其提出的要求很难站在国家和教育主体的位置上。一味地对教育者的意愿进行顺从很可能会出现一些教育乱象，这非常不利于高校思想政治教育融合机制的建立，而过分强调教育者的地位也不利于教育者和受教育者之间的融合机制的建立。

二、充分发挥教师的主导作用和学生的主体作用

高校教师的主导作用主要体现在高校教师在授课以及和学生交流的过程中，他们不仅仅对学生进行科学文化知识的传授，更重要的是要向学生传授可以受益终身的学习方法和生活态度，提升学生的综合能力。在互联网时代，慕课、思政小课堂的发展将高校教师关于科学理论的教育从课上转移到了课下，这样教师就会有大量的课堂时间给学生答疑解惑、与学生进行深度的互动。教育的本质就是一定的知识被受教育者内化于心的过程。教师（这里主要指的是高校思想政治理论课教师）可以将课堂交给学生，让学生结合本学科的知识，采取自由命题或者选题的方式，确定自己研究的课题，并在课堂上进行演讲和展示，这样就真正做到了将课堂交给学生，学生的主体性也能得以提高。高校思想政治教育作为一种极具创新性的教育，必须注重学生的个性发展和创造性思维的培养。在现代教育理念下，充分发挥教师的主导作用要求教师在利用好课堂资源的同时，也要和学生一道，对课外资源进行整合。

学生的主体作用体现在学生能够自己制订自己的学习目标和计划，并且能够进行恰当的自我管理。高校教师在实施因材施教的过程中，促使学生进行自我认知是其首要步骤。只有学生能够正确地认识自己，才能选择适合自己的教学实践活动。教师在此基础上才能对学生进行因材施教，否则的话，教师以自己单方面的估计或者单一的衡量指标对学生进行分类，显然是很容易造成对学生思想状况的误判。

教师的主导性和学生的主体性只有共同作用，才能推动我国高校思想政治教育的健康发展。我们不能因为强调了高校教师的主导性作用就忽视了学生的主体性作用，也不能因为强调学生的主体性作用而对学生的言行过分纵容。高校教师作为高校思想政治教育主体的地位不能动摇，学生作为高校思想政治教育客体的角色也不能发生改变。

第三章　思想政治教育者与教育介体的融合

思想政治教育系统由教育主体、教育客体、教育介体、教育环体等四要素共同构成。其中，思想政治教育介体指的是教育者和受教育者之间相互联系和作用的中介因素，其主要包括思想政治教育者作用于受教育者时的思想信息内容和思想政治教育方式。没有有效的教育介体，教育者和受教育者之间将无法发生具有质变的交集。而新形势下，思想政治教育介体必须作出相应变化，要与思想政治教育者相融合。本章就对思想政治教育者与教育介体的融合问题进行了分析与探讨。

第一节　高校思想政治教育介体概述

一、高校思想政治教育介体的内涵

探讨思想政治教育介体的内涵，可以从以下两个方面进行。

（一）关于思想政治教育的内涵

学界关于思想政治教育内涵的界定争议不断，尚未达成一致意见，但总的讲大同小异，主要存在三种不同的观点。

（1）思想政治教育是指一定的阶级、政党、社会团体用一定的思想观念、政治观点、道德规范，对其成员施加有目的、有计划、有组织的影响，使他们形成符合一定社会、一定阶级所需要的思想品德的社会实践活动。

（2）思想政治教育是指一定阶级、政治集团为实现其根本政治目的和经济利益，而对人们进行有意识、有目的、有计划地施加本阶级、本集团思想政治等意识形态方面影响的社会活动。

（3）思想政治教育工作就是一定阶级或政治集团，为了实现其政治目标和任务而进行的，以政治思想教育为核心的思想、道德、心理综合教育实践。

从人类社会历史发展的角度来看，阶级社会只是人类社会发展过程中的一个阶段。思想政治教育作为人类社会的一种实践方式，无疑是与人类社会共始终的。伴随着阶级的消失，思想政治教育主体将逐渐从国家回归到社会。

（二）高校思想政治教育中介的概念

在具体的思想政治教育过程中，教育者和受教育者是思想政治教育主体，二者自身的思想政治素质是思想政治教育的客体。在此基础上，高校思想政治教育中介就是在思想政治教育过程中，思想政治教育主体之间以及主客体之间相互联系、相互作用的中介因素，主要包括思想政治教育目的、内容、方法与载体等。

二、高校思想政治教育中介价值

（一）协调价值

思想政治教育中介的组织协调价值是在思想政治教育中介的运行过程中，促使思想政治教育各中介要素关系协调所带来的思想政治教育价值。它既是一般意义上的衔接，也负责思想政治教育制度的制定、原则的确立、过程的监督等环节，使思想政治教育中介要素各负其责、协调一致、发挥效能。

（二）组织管理价值

思想政治教育中介的组织管理价值是指在思想政治教育中介运行过程中，一定的人力、财力、物力经过组合后，实现思想政治教育目标的能力。它也是思想政治教育中介系统设计、系统结构调整、系统运行的最终目的和归宿，同时，它还辩证地分析了思想政治教育中介价值与思想政治教育价值的关系，二者既有区别又有联系。思想政治教育价值是思想政治教育中介价值的表现形式，思想政治教育中介价值要通过思想政治教育价值来体现；思想政治教育中介价值是思想政治教育价值的实现途径，没有思想政治教育中介价值，思想政治教育价值也就无从谈起。

三、高校思想政治教育中介的结构

高校思想政治教育的目的、内容、方法与载体等共同组成了一个有机的整体，即高校思想政治教育中介，缺少任何一个因素都不能构成一个完整的高校思想政治教育中介。中介功能的发挥直接关系到高校思想政治教育主体之间以及主客体之间的关系是否和谐，也关系到高校思想政治教育有效性的发挥。

（一）教育目的

1. 思想政治教育目的的内涵

思想政治教育的目的反映了思想政治教育的本质和方向，规定了思想政治教育的基本内容，影响着思想政治教育载体、方法和话语体系，是思想政治教育的一个根本问题，也是思想政治教育中介的灵魂。思想政治教育的目的在于提升人的思想政治素质，在于建设人和塑造人。思想政治目的是由思想政治教育的本质属性所决定的，只要思想政治教育的本质属性没有改变，它的目的就不会改变。

2. 思想政治教育目的的特征

思想政治教育目的具有许多的外部特征，主要表现在下面几个方面。

（1）方向性和客观性的统一

思想政治教育目的的方向性特征是由目的的向量性所决定的。我们在确定思想政治教育目的时必须保证其方向的正确性，因为思想政治教育目的的方向正确与否直接关系到思想政治教育活动的性质和实际效果。具体来说，我国思想政治教育目的必须充分体现社会主义的性质和发展方向，必须为社会主义现代化建设服务，为实现党和国家发展战略服务，为人的全面发展服务。同时，思想政治教育的目的又必须以社会生活条件和教育对象的思想实际为前提和基础，这是思想政治教育目的客观性的突出表现。在确定思想政治教育目的时，必须将方向性和客观性有机统一起来。

（2）一元性和多元性的统一

思想政治教育的根本目的是一元的，即提高全体社会成员的思想道德素质，促进人的全面发展，这是由我国社会主义制度和思想政治教育的性质所决定的。具体目的则是多元的，首先是由思想政治教育对象的层次性所决定的。在现实生活中，教育对象的情况千差万别，因而对不同教育对象，如工人、农民、公务员、教师、学生等进行思想政治教育，具体目的理所当然有所不同。即使是对同一类型的教育对象进行思想政治教育，也会由于其个体具体情况不同，导致具体目的的存在差异。只有根据不同教育对象的实际情况确定思想政治教育的具体目的，才能使具体目的更贴近教育对象的思想实际，而不致空泛、不着边际。

其次是由党在不同领域、不同部门的具体目标所决定的。党在现阶段的奋斗目标是基本实现社会主义现代化，建设社会主义现代化强国，这个奋斗目标要分解为各个领域、各个部门的具体目标，各领域、各部门的思想政治教育都要为实现这些具体目标而努力。这样，不同领域不同部门乃至不同单位，其思想政治教育的具体目的就必然呈现出一定的差异性。

总之，由于教育对象的思想特点会随着社会的变迁而变化，由于党在各个历史时期的具体奋斗目标不同，思想政治教育在不同历史时期就会有不同的具体目的。换言之，思想政治教育的具体目的会随着社会历史条件的变化而变化，具有历史性。在社会生活发生变化以后，应该适时地提出新的具体目标，引导受教育者与时俱进，不断提高其思想道德素质。

（3）超越性和可行性的统一

思想政治教育目的的超越性主要表现为两个方面：一是思想政治教育对社会生活应保持一定的超越性，思想政治教育目的要求应高于教育对象现实的思想品德水平。进行思想政治教育是要解决社会要求的思想品德规范与受教育者现有思想品德水平之间的矛盾，如果思想政治教育目的缺乏超越性，那就无法完成这一任务，思想政治教育也将失去其存在的意义。二是思想政治教育目的产生于思想政治教育活动之前，具有时间上的超前特性。思想政治教育目的不仅应具有超越和超前的特点，还应具有可行性特征。也就是说，在确定思想政治教育目的时，应充分考虑社会发展及教育对象思想品德发展的实际。思想政治教育的目的是对思想政治教育对象影响的预期，要实现这一预期，必须要考思想政治教育的客观条件，考虑教育对象的接受状态，如果思想政治教育目的及其指导下的教育活动不能进入教育对象接受的阈限，思想政治教育目的就会被教育对象束之高阁，难以发挥作用。

超越性和可行性是思想政治教育目的的既有区别又有紧密联系的两种特性。超越性建立在可行性的基础上，可行性则受到超越性的制约，二者是有机统一的。

（二）教育内容

1. 思想政治教育内容的内涵

思想政治教育内容是根据一定的社会要求，针对教育对象的思想实际，经教育者选择设计后有目的、有步骤地输送给教育对象的、带有价值引导性的思想政治信息。思想政治教育内容是依据思想政治教育的目的和任务以及教育对象精神世界发展的需要确定的。

2. 思想政治教育内容的特征

思想政治教育内容具有以下几个基本特征。

（1）共同性

思想政治教育内容的共同性，是指在任何时期、任何单位，思想政治教育都有着共同的、一贯的、稳定的内容。内容的共同性，是由思想政治教育与党的关系、思想政治教育与马克思主义的关系以及思想政治教育内容本身的继承性和连续性所决定的。

（2）特殊性

思想政治教育内容的特殊性，是指在不同时期、不同单位，思想政治教育有着不同的特殊内容。思想政治教育的各项具体内容，在不同社会条件和历史时期都具有很大的特殊性，它随着具体教育目标的变化而变化，随着国内外形势的发展而发展，随着被它保证的各项工作的深入而充实，带有极大的具体性、丰富性和变化性。

（3）交叉性

思想政治教育内容的交叉性，是指思想政治教育的共同内容和特殊内容在一定时期和单位相互结合、交叉所形成的具体内容。

3. 思想政治教育内容的构成

思想政治教育内容包含思想教育、政治教育、道德教育、心理健康教育。在思想政治教育内容中，思想教育、政治教育、道德教育、心理健康教育具有不同的地位和作用，有着特定的教育目标和任务。它们相互结合，优势互补，构成了思想政治教育内容的完整体系。

（1）思想教育

思想教育是依据一定的哲学思想及其方法论对受教育者施加影响，以帮助受教育者树立正确的世界观、人生观、价值观以及方法论的教育，是对人们进行正确的思想观点和思想方法的教育。思想教育说到底，即世界观和方法论教育，它通过引导人们对人类社会发展规律的正确认识和理解，使人们形成科学的世界观、人生观、价值观，确立正确的理想信念、科学的思维方式和开拓创新精神，为人们认识世界和改造世界提供根本的思想方法和强大的思想武器，为政治教育、道德教育和心理健康教育提供价值理念支撑和世界观、方法论基础。其中，世界观、人生观、价值观教育是思想教育最根本的内容。思想教育通过引导人们树立正确的世界观、人生观和价值观，引导人们形成对事物客观、正确的认识，形成符合时代和社会要求的品德和人格，从而为政治教育、道德教育和心理健康教育提供坚实的思想基础。

思想教育归根结底是有意识、有系统地进行世界观、方法论教育，培养和发展受教育者反映客观世界的思想观念和认识能力的教育活动。思想教育着重解决主观与客观相符合的问题，它不仅要解决主观是否符合客观的问题，还要解决主观如何符合客观的问题。因此，思想教育就其性质而言，是提高人的思想认识的教育，是提高人们主观反映客观的认识能力和认识水平的教育，因而是认知性教育。作为认知性的思想教育，重在启发、说理和引导，就是要用科学的理论、先进的思想、正确的舆论、高尚的精神、丰富的知识等武装人们的头脑，引导人们运用马克思主义的立场、观点和方法正确认识、分析、解决各种思想问题和实际问题，以提高认识世界和改造世界的能力。

（2）政治教育

政治教育是一定阶级和社会依据一定的政治思想和政治规范对受教育者施加影响，以帮助受教育者树立正确的政治方向、政治立场、政治信念、政治观点、政治态度，实质上是培养社会成员政治信仰的教育，主要包括理想信念教育、政治立场教育、政治方向教育、政治观点教育、爱国主义教育以及形势政策教育等。这种教育与社会政治形势紧密结合在一起，集中体现了思想政治教育的阶级性。

在政治教育中，最根本的是要解决对政党、阶级和国家的政治立场和政治态度问题，这是政治教育中最重要的问题。在社会生活中，社会成员在政治上对一定的政党、阶级及其领导的国家政权和社会制度，是拥护、支持还是反对，鲜明地反映了其阶级立场和政治态度，体现了其政治选择，这实质上是一个政治方向问题。政治教育要把引导人们坚持正确的政治方向、确立正确的理想信念摆在第一位。除此之外，在政治教育中，还要加强民主与法制教育。民主是法制的实质内容，法制是民主的可靠保障。法律是由国家制定并强制实施的行为规范，是统治阶级的利益和意志的体现。在社会主义国家，民主与法制互相依存，互为条件，缺一不可。法制说到底，是依法保障人民行使民主权利。因此，在社会主义国家必须大力加强民主法制教育，增强人们的民主意识与法治观念，以促进社会主义民主与法制建设。

在思想政治教育内容体系中，政治教育是核心，最为集中地体现了思想政治教育的性质，决定着思想政治教育的方向，影响和制约着思想政治教育的其他内容。其一，政治教育体现了思想政治教育的根本属性。政治教育处于核心地位，具有鲜明的阶级性和全局性。政治教育总是同一定政党和阶级的意志紧密相连，它传播一定政党和阶级的政治思想和政治主张，力图通过教育使人们接受一定的政治思想和政治主张，从而在根本上发挥着引导人们思想和行为的作用。其二，政治教育对思想政治教育其他内容起着主导和支配作用。思想政治教育其他内容的确立，无一不受政治教育的制约。无论是思想教育、道德教育，还是心理教育，无不受到政治教育的主导和支配。政治教育要按照一定阶级的政治立场、政治观点、政治方法来促进人的政治社会化，确立一定阶级的政治理想、政治信念在社会上的主导地位，政治教育最鲜明地体现了思想政治教育的阶级性，思想教育、道德教育、心理教育也必然受到政治教育的影响和支配，体现一定阶级的阶级立场和政治要求，服务一定阶级的政治目的和根本利益。因此，在思想政治教育中必须始终把政治教育放在核心地位。

（3）道德教育

道德是调整人与人、人与社会之间相互关系的行为规范的总和。道德作为调节一定社会关系的手段，具有规范性。道德教育是依据一定阶级的伦理思想和道德规范，对受教育者施加影响，以提高其道德认识，陶冶其道德情操，锤炼其道德意志，确立其道德信念，促使其养成道德行为，从而将社会的外在道德要求内化为个体的道德观念、道德情感和内心信念，再外化为具体的行为，以帮助受教育者培养良好的道德品质、道德人格和道德精神的教育。

由于道德教育以灌输道德规范、养成规范行为为主，故还可以将其称之为规范性教育。道德教育的内容主要包括社会的核心道德观念和基本道德规范、社会公德、职业道德、家庭美德、传统道德和中国革命教育以及生态道德、网络道德等新兴道德教育。道德教育是思想政治教育的基础。道德教育虽然在性质、方向上受政治教育、思想教育的影响和制约，但良好的道德水平对个体优秀的政治品质、思想素养、法纪意识和心理品质的形成与发展起引领和提升作用。由于道德教育主要依靠人们的内心信念、传统习惯和社会舆论来维系，是一种非强制性教育，强调潜移默化、自觉领悟和生活践履，因而其教育机理重在内省、养成和自律。

（4）心理健康教育

心理健康教育是对受教育者进行有关心理健康方面的知识性教育、咨询性教育和发展性教育，培养受教育者良好的心理素质，提高他们的身心健康水平，促进他们全面而和谐的发展。

人的思想素质、政治信念、道德品质的形成，都要从一定的感知、情绪、动机等心理活动开始，都要经过感觉、知觉、记忆、注意、想象、思维以及情绪、情感、意志、信念、行为等心理过程的发展和推动，都要受人的能力、气质、性格等个性差异的影响。因而，心理素质是思想素质、政治素质、道德素质形成的基础。由于心理活动具有个体性，其教育机理重在劝导、激励和体验，故而心理健康教育不仅要注重普及性的心理健康知识教育，还要针对不同的个体需求，实施针对性心理咨询，注重引导人们形成积极的情绪、适度的情感、和谐的人际关系、良好的人格品质、坚强的意志和成熟的心理行为。

现代社会的开放性、复杂性和易变性，使人们的价值观遭到了冲击；生活节奏加快，竞争压力变大，心理问题日益突出，甚至有些人还患上了心理疾病。因此，高校要大力加强心理健康教育，根据人们，尤其是大学生的心理特点，有针对性地传授心理健康知识，开展心理咨询活动，以帮助大学生形成心理健康意识，优化心理品质，增强心理调适能力和社会生活的适应能力，预防和缓解心理问题，处理好环境适应、自我管理、学习成才、人际交往、交友恋爱、求职择业、人格发展和情绪调节等方面的困惑，提高心理调节能力，培养良好心理品质。

思想政治教育内容是一个由多层次要素构成的系统，这些内容相辅相成，共同构成思想政治教育内容系统主次分明、和谐统一的整体。在当代中国，政治教育以培养坚定的政治方向、政治立场、政治信念为导向，以中国特色社会主义为中心内容；思想教育以培养正确的思想意识和思想方法为导向，以世界观、人生观、价值观为中心内容；道德教育以爱祖国、爱人民、爱劳动、爱科学、爱社会主义为导向，以集体主义和为人民服务为中心内容；心理健康教育以自尊、自爱、自律、自强为导向，以缓解心理失衡、排除心理障碍、提高心理素质为中心内容。在思想政治教育的内容形态中，思想教育是先导，政治教育是核心，道德教育是重点，心理健康教育是基础。这些内容在思想政治教育内容结构中虽然处于不同的层次和地位，但既不可偏废，又不可相互替代，因为它们相互依存、相互依托，相互联系、相互渗透，共同推动思想政治教育的发展。

（三）教育方法

1. 思想政治教育方法的内涵

方法是人们为了认识世界和改造世界，达到一定目的所采取的活动方式、程序和手段的总和。思想政治教育方法是教育者在思想政治教育活动中所采取的各种方式和手段的总和，包括思想方法和工作方法。思想方法是思想政治教育者在认识教育对象、认识思想政治教育过程、认识思想政治教育环境等活动中所采用的方法；工作方法是具体开展思想政治教育活动、促进教育对象思想品德发展的方法。

思想政治教育方法是人们在长期的教育实践活动中形成的关于思想政治教育活动的法则，就其本质而言，是人们对思想政治教育客观规律的科学把握与自觉运用。

2. 思想政治教育方法对于思想政治教育活动的重要意义

第一，思想政治教育方法是教育者与受教育者合作顺利与否的重要因素。思想政治教育方法是教育者与受教育者互动的纽带。只有运用那些合乎人的身心发展特点和思想政治素质形成与发展规律，以及思想政治教育规律和特点的方法，才能使教育者与受教育者之间建立起良性协调的互动关系。教育者和受教育者之间的互动，以及建立在这种互动基础上的思想政治教育的运行及其效果，都离不开思想政治教育方法。离开了方法，二者之间的互动就无从进行；有了方法，但方法不对，即使二者之间有可能互动，也不见得会产生有效的良性互动。一直以来，思想政治教育者使用最多的方法是理性方法，如理论教育法等，从而使受教育者感到教育者的教育较为生硬，甚至有些霸道，拒绝与教育者合作互动，排斥思想政治教育。近年来，这一状况已有所改观，教育者开始反思，并采取一些隐性方法，如实践活动法、典型榜样法等开展思想政治教育活动，但由于缺乏经验，且操作过程中急功近利，导致这些方法在使用过程中趋于形式化，其效果也就可想而知。

第二，思想政治教育方法是实现思想政治教育目的和任务的必要条件。人与动物的区别之一，就是人的全部活动都具有一定的目的性以及人具有选择合适方法实现自己目的的能力。如果思想政治教育只有目的，没有方法，目的就无法得到贯彻和落实，如培养"四有"新人这一目的，采取什么样的方法去实现，如何把目的渗透到具体的思想政治教育活动中去，等等，这些都离不开方法。因此，恰当地选择和运用思想政治教育方法，是实现思想政治教育目的、完成思想政治教育任务、提高思想政治教育效益的关键。

第三，思想政治教育方法对选择思想政治教育载体具有指导作用。思想政治教育方法是思想政治教育中介的关键，但它不是实体要素。思想政治教育中介要想发挥作用，还需要一定的实体要素来承担思想政治教育信息，这就是思想政治教育载体。选择什么样的思想政治教育载体，与思想政治教育方法密切相关。从某种程度上来讲，有什么样的思想政治教育方法就有什么样的思想政治教育载体。因此，方法对载体的选择具有重要的指导作用。只有选择合适的载体，思想政治教育中介的功能才能得以充分发挥，思想政治教育的有效性才能得以凸显。

3. 常用思想政治教育方法

在思想政治教育活动中，要根据不同的思想政治教育目标和教育内容，以及受教育者的思想问题性质、表现形式及其产生的原因等情况，选择适当的方法。下面介绍一些常用的思想政治教育方法。

（1）理论教育法

理论教育法，是指教育者有目的、有计划地向受教育者传授马列主义、毛泽东思想、中国特色社会主义理论体系等内容，帮助受教育者树立科学的世界观、人生观和价值观，提高其思想理论素质和政治觉悟的方法。换言之，就是通过加强对马克思主义基本原理和基本观点的宣传、教育、学习，使受教育者逐步提高其思想理论水平，形成坚定的政治立场和方向。

理论教育法的具体形式是多种多样的，按教育的形式分，可以分为口头教育和文字教育；按教育的范围分，可以分为个别教育和集体教育；按教育的途径分，可以分为自我教育和他人教育；按教育的方式分，可以分为启发式教育和直观式教育等。

（2）实践教育法

从本质上来看，思想政治教育是一项实践活动。所以，实践教育法理所当然地是思想政治教育的一种基本方法，它对于提高人们的思想觉悟和认识能力具有重要作用。

所谓实践教育法，是指教育者组织受教育者参加各种实践活动，在实践活动中不断提高其思想素质和认识能力的方法。社会实践是人与外界事物发生作用的桥梁和纽带，是人的正确思想形成发展的源泉，也是检验人的思想正确与否的唯一标准。所以，实践教育法是帮助教育对象树立正确的世界观、人生观、价值观不可或缺的方法。

实践教育方法的形式多种多样，有社会服务活动、劳动教育、社会考察、社会调查、社会业务工作锻炼等。

（3）自我教育法

自我教育法是受教育者自己教育自己的方法，它是我国传统思想政治教育的一种重要方法，也是现代思想政治教育的重要方法之一。

所谓自我教育法，是指受教育者根据自身发展的需要，通过自学理论、自我修养、自我调控等方式提高和完善自我的方法。换言之，就是受教育者为了提高自身的思想政治素质和道德水平，通过自我学习、教育和调控，主动地接受先进思想和正确理论，不断地丰富自身的思想理论修养，提高自身的道德素质，努力促进自我完善和发展的方法。

自我教育分为个人的自我教育和群体的自我教育。个人自我教育的主体既是教育者又是教育对象；群体自我教育是指一个集体内部的互帮互教，是群众自己教育自己的活动。

（4）比较教育法

在思想政治教育中，为了认识和把握人们思想活动的多样性，深刻理解思想政治教育的本质、特征和发展变化规律，常常使用比较教育法。

所谓比较教育法，是指通过对两种不同事物（现象）或同一事物的属性、特点等不同方面的异同点进行比较，从而得出正确的结论，用以提高思想认识的方法。它是通过分析和比较不同事物或同一事物的异同点达到认识事物本质、特点和规律的教育方法。因为任何事物都有自己的多种属性，在这些属性中，既有和其他事物的相同点，也有和其他事物的不同点，只有把握了相同点和不同点，才能更准确地认识事物的特征和事物之间的联系，揭示事物的本质。所以，比较教育法是通过比较和鉴别以检验认识正确与否的一种方法。

比较教育方法的具体方式很多，其中的主要方式有正反比较、类型比较、层次比较等。

（四）教育载体

1. 思想政治教育载体的内涵

思想政治教育载体是指在整个教育过程中通过对思想政治教育信息、教育内容的承载和传导而采取的形式和手段。

思想政治教育载体按照不同的标准可以分为不同的类型：根据教育渠道的不同可分为学校教育载体、家庭教育载体和社会教育载体；根据表现形式不同可分为显性教育载体与隐性教育载体；从时间纬度来看，可分为传统思想政治教育载体和现代思想政治教育载体等。

2. 思想政治教育载体的特征

（1）客观性

思想政治教育载体是思想政治教育信息的一种客观的物质存在方式和外在表现形态。思想政治教育信息，即教育主体所要求的思想观念、政治观点和道德规范，它们的生成与发展也必须依托和附着一定的物质基础才能顺利进行。一旦失去一定的物质依托，没有一定的物质基础去保障执行，思想政治教育的目标就不可能实现，甚至它会成为一种不着边际的空想。从这个意义上来讲，思想政治教育载体的客观性是明显的。

正是因为思想政治教育载体是一种客观存在，它才能为思想政治教育者所认识、把握和运用。例如，大众传播是现代社会重要的思想政治教育载体，而大众传播的工具——报纸、书刊、广播、电视、网络等都有其物质基础。其他如开会、办学习班、企业文化建设、校园文化建设、村镇文化建设、各种精神文明创建活动等，都是由一定的物质基础支撑的思想政治教育活动形式。没有一定的物质基础和技术条件，这些形式都将不复存在。

（2）承载性

思想政治教育载体的主要功能是承载思想政治教育信息。思想政治教育载体的承载特性虽然是思想政治教育载体本身所固有的，但它是在"承载物"与"受载物"之间发生承载运动的过程中表现出来的。教育主体所要求的思想观念、政治观点和道德规范这一"受载物"（思想政治教育信息）只有通过语言、行动等"承载物"承载到教育客体面前才能为他们所感知，对他们产生影响，才能使思想政治教育信息发生交流、传播、生产、增值等形式的运动。

（3）中介性

思想政治教育的过程，就是思想政治教育主体、客体、中介、环体等四要素之间相互影响、相互制约的过程，思想政治教育载体就是其中的中介之一。撇开思想政治教育环体，思想政治教育主客体的思想意识都得通过思想政治教育载体来表现的，思想政治教育载体为思想政治教育主客体之间发生相互作用提供了一个阵地与平台。这样思想政治教育载体就成了思想政治教育主客体相互联系的桥梁和纽带，如果没有这一纽带，那么，思想政治教育主客体就无法发生相互影响与作用，更谈不上有效实施思想政治教育了。

（4）可操作性

思想政治教育载体是能为教育主体所操作的，这是思想政治教育目的性和主体性的突出表现。思想政治教育是一种有目的、有计划、有组织的活动，这就决定了其过程的可操作性。思想政治教育载体必须能为教育主体所把握和操作，能实现思想政治教育的目的，能将教育主体的要求转化为教育客体的思想意识和行为习惯，这样它才能成为思想政治教育过程中的一个自觉、有为的要素。也就是说，在整个思想政治教育过程中，教育主体应始终处于主导地位，否则，思想政治教育就会流于形式，思想政治教育载体的价值就会削减，甚至丧失，从而游离于思想政治教育之外。

思想政治教育载体作为思想政治教育过程中的一个基本要素，要担负起思想政治教育主客体互动的功能，没有活动性，它就不能被称为思想政治教育载体。知识不会自动进入受教育者的头脑中。假如有这样一本书，它承载着思想政治教育所需要的全部知识，如果这本书不会自动与思想政治教育过程发生任何关系，这本书只能是知识载体，不能称之为思想政治教育载体。但是，受教育者听教育者讲解这本书，或者受教育者读这本书，书中的知识就可以全部进入受教育者的头脑中，进而发挥思想政治教育的作用。

3. 思想政治教育载体的形态

关于思想政治教育载体的形态，目前学术界标准不一。有的学者按载体的性质将它划分为物质载体和精神载体；有的学者按形态将它划分为有形载体和无形载体；有的学者按状态将它划分为动态载体和静态载体；等等。凡此种种，不一而足。

思想政治教育具有历史性，总是随着社会历史条件的变化而不断演变、不断发展，作为思想政治教育实践活动的形式，即思想政治教育载体，也是不断发展变化的。思想政治教育载体的形态呈现出由少到多、日益丰富的趋向。过去，思想政治教育者较多地运用开会、办学习班、理论学习、文体活动、报刊等载体，而今天除了继续运用这些载体以外，我们还运用了文化载体、大众传媒载体、活动载体等。此外，还有一些具有承载思想政治教育信息的潜能而未被教育者认识并使用的"潜载体"。只有被思想政治教育主体认识且能让思想政治教育主体和客体发生互动，思想政治教育载体才是真正的、现实的载体。

从价值实现的角度来看，思想政治教育载体可分为两类：潜载体和显载体。

（1）潜载体

所谓潜载体，是指具有承载思想政治教育信息的功能，而未被思想政治教育主体所认识并使用的载体。一种活动形式能否成为思想政治教育载体，除了它自身的功能可以决定之外，在很大程度上还取决于它能否为思想政治教育主体所认识并使用。只有为思想政治教育主体认识并使用，其才能由潜载体转化为显载体，才能获得完备的形态。

（2）显载体

所谓显载体，是指已被思想政治教育主体所认识并使用的思想政治教育载体。从已用思想政治教育载体的历史发展情况来看，我们可以把思想政治教育显载体划分为传统载体和现代载体两种。传统载体是指在思想政治教育发展历程中早就产生并在思想政治教育活动中持续发挥作用的载体，如会议、报告、谈心等。现代载体是指随着现代社会的发展而产生的具有时代特征的思想政治教育的新载体，如多媒体、互联网等。

第二节　高校思想政治教育介体优化

一、高校思想政治教育目的的优化

（一）制订符合长远目标的近期化目标

目标按时间分有远期、中期、近期目标，思想政治教育的目标具有多样性。按它在思想政治教育过程中所处的地位、时间、实现的可能性，可将其分为总目标和分目标、远期目标和近期目标、主要目标和次要目标等。一般说来总目标、远期目标是最高层次的目标预期，而分目标、近期目标则是基层组织、教育主体所要考虑的问题。思想政治教育的远期目标规定了国家和各个行政部门、各单位思想政治教育的具体目标，也规定了思想政治教育的主要内容。远期目标要经过长期努力奋斗才能达到，因此，必须要在远期目标的指导下制订近期目标或每个人的具体目标。近期目标就是将思想政治教育远期目标按层次与阶段分成无数个小目标，再把这些目标一个个联结起来，形成目标锁链，最后按最近层次、第二层次、最高层次的次序逐个实现。近期目标的特点在于具体，在于切合集体或个人的现状。如果始终用远期目标来要求个人，就会使人感到目标实现无望，甚至会让其失去信心，这样反而会影响原本所设定的思想政治教育目标。

（二）将抽象目标转变为具体的可行目标

在制订实际目标时，不能过于简单抽象。简单目标化会使目标不能引起人们的兴趣，也无法实现；目标抽象化会使人无所适从，进而导致目标聚合性的丧失。所以，目标的制订要建立在人的主观条件和客观环境的基础上，要依据个人的愿望、要求与能力，依据人们所处的客观环境，包括政治环境、社会环境、经济环境和文化环境等来进行。只要目标的确立符合个人的主体因素和社会历史条件，就是具体的实际的目标，就会使人们感觉到这个目标只要通过自身努力就可以实现，从而激励人们的奋斗热情。同时，目标必须具体明确，切实可行，而不应空洞含糊，需要从时间、地点、数量上对其加以确定。思想政治教育目的的实现要求制订的目标既要积极先进，又要切实可行，要尽可能使目标具体化，只有这样，思想政治教育才能更加科学化。

（三）把理想目标融入现实的行为目标

在实现应然的思想政治教育目的时，由于其具有理论化的理想状态，因此，其在实际的具体思想政治教育目的中可能会无法全部达到，因此，要实现这种理想目标，就必须把它行为化。人的主体性决定了人的行为是由人的思想、情绪、感情、能力和行为动机等因素组成的综合体，理想目标要针对不同对象提出不同要求，否则理想目标就是不切实际的。所以，理想目标要与每个人的具体理想、具体行为、具体工作结合起来，尊重、支持、引导人们在远大理想下实现自己的具体理想和具体目标，注意日常行为中的各方面修养，也就是逐渐把理想行为化。

（四）对整体目标做个体化处理

在教育结构中，如果个体目标不能与教育结构的整体目标统一起来，思想政治教育目的就难以实现。所以要努力实现整体目标与个体目标的统一，使教育结构中的个人视整体目标如同个体目标，在实现个体目标的同时也为实现整体目标作出贡献。目标的这种统一要通过整体目标向个体目标转化，即将个体目标纳入整体目标来实现。

实现思想政治教育目标转化的途径有：其一，鼓励个体接受整体目标。其二，将个体目标纳入整体目标。不少人都有自己工作上、事业上的个体目标，对于在性质上无损于整体利益的个体目标，在与整体目标一致的方向下，教育主体可为它们的实现创造条件、提供机会，从而使个体目标成为整体目标的有机组成部分。其三，引导个人修改个体目标。在个人的个体目标与整体目标不一致的情况下，需要对其加以引导，自觉地予以修改。其四，教育个人更改个体目标。对于那些背离集体利益的个人目标，在种种物质条件无法满足的情况下，则要通过教育、批评，甚至必要的强制，使之回归到与整体目标一致的方向上来。

思想政治教育要运用目标来实现预期的目的，必须做到：首先，制订目标必须与需要和动机相结合，使目标既能鼓舞人心，又能满足人们的需要；其次，无论设置个体目标或整体目标，都要让对象本人参与，其参与程度越深，其义务感也就越强。若教育主体只是一味地为个人设立目标而轻视整体目标，那么，个人会认为整体目标不是自己的目标，从而减少诱发目标实现的力量，目标的实现也会延缓或不能实现；最后，当人们受到阻碍不能实现目标时，往往会发生两种不同的动向———一种是客观地分析原因，调整力量，修改并制订更适宜的目标，另一种是产生非理智的破坏行为。教育主体要善于引导他们，避免后一种错误的发生。

思想政治教育目的的实现需要目标化的操作，才能使理论化、抽象化的观念形态的预期目标能够在现实中达到。这种目标化操作是在具体历史条件下进行的，它依据的是实际的思想政治教育活动关系，最终要实现的是社会和个人共同发展的总体目标。

二、高校思想政治教育内容的优化

思想政治教育内容是一个系统存在和结构体系，是不断生成、辩证发展的，总是处于不断优化的过程中，通过优化实现由无序到有序、由低级到高级、由旧质到新质的发展。

中国在不断发生变化，中国共产党的执政理念也在与时俱进。作为一切工作生命线的思想政治教育，其内容必须要紧跟时代发展的步伐，适应时代发展的要求。因此，思想政治教育的内容也应当在这种发展中实现自身的优化，而这种优化主要体现在其结构的优化上。关于思想政治教育内容的优化，学界存在很大争论，尚未形成共识。

思想政治教育内容结构优化的总体思路，就是通过对思想政治教育内容各要素的加工与重组，使先进性内容与广泛性内容、政治性内容与生活性内容、民族性内容与世界性内容、科学性内容与人文性内容有机协调，相互渗透，从而实现整体优化，协调发展。

优化思想政治教育内容，必须建立在对思想政治教育内容的充实和更新的基础上。而在思想政治教育内容的充实和更新层面，应当从以下几个方面予以重视。

第一，确定性。思想政治教育的基本内容是明确、统一和稳定的。

第二，阶段性。针对不同年龄阶段受教育者的特点和需求，思想政治教育应当用有所区别、有所侧重的内容分别进行教育。

第三，时效性。思想政治教育的内容是受社会条件和受教育者需要双重制约的，必须为它们服务，也必须随它们的变化而变化。

第四，现实性。思想政治教育的内容应该密切联系生活，联系受教育者的实际。这不仅仅是为了提高思想政治教育的实际效用，也是思想政治教育本身应该追求的一种价值，是由思想政治教育的本质属性决定的。

三、高校思想政治教育方法的优化

（一）贴近生活、贴近实际、贴近受教育者

"三贴近"是我们党在反思传统思想政治教育实践的经验和教训的基础上提出的有关现代思想政治教育方法的统领性原则和方法。思想政治教育传统的纯说理或灌输方法已经不再适应现时代的要求，教育方法只有贴近生活、贴近实际、贴近受教育者，才能让教育思想观念回归生活世界，并帮助学生解决现实生活中的精神困惑。

生活化的思想政治教育作为生活教育的重要组成部分，可以从以下三方面对其加以定义，即生活中生成的思想政治教育、通过生活开展的思想政治教育和为了美好生活的思想政治教育。在这里，生活中生成是思想政治教育的本质，通过生活是思想政治教育的方式，而为了生活是思想政治教育的目的。生活德育给思想政治教育的启示是：在日常生活中完成现实性建构，在德性生活中完成超越性建构，在公民生活中完成公共性建构，在文化生活中完成人文性建构。

相对于道德教育，政治理论教育更需要扎根生活实践。为了使人民群众能准确把握当代中国的马克思主义在社会主义发展中的地位和意义，进而将中国特色社会主义上升为自觉的行为信仰，除了需要对他们进行理论传播和政策宣讲之外，还要指导他们多看书、多思考、多讨论。更为重要的是，要让他们投身社会主义建设的伟大实践，用实践的感性和生活的体验去熟悉理论。高校还要为学生组建理论类社团和理论学习小组，持续推进"青年马克思主义者工程"，通过创设生动而有效的活动载体引导学生投入理论学习、关注国家大事，鼓励他们走出校园、深入基层，在参观考察、社会调查、志愿服务中了解国家、了解社会，进而在知行结合中感受理论的真、善、美，在学以致用中不断追求真理、坚定信仰、实现自我。

思想政治教育的"三贴近"还体现在思想政治教育实施过程的大众化上。思想政治教育要渗透大众意趣，但要避免简单化和庸俗化的倾向，在学术向度上能给人以理性沉思，在精神向度上能给人以感性愉悦，在价值向度上能给人以德行崇善。

首先，应该以理服人。理论的魅力在于它说理透彻的逻辑力量，在于它源自实践而高于实践的理论品格。理论只要说服人，就能掌握群众；而理论只要彻底，就能说服人。所谓彻底，就是抓住事物的根本。而人的根本就是人本身。思想政治教育不应沉沦于当下的现实，不应回避客观存在的社会问题，而是应该寻找到理论成果与受众所关心话题之间的思想融合点。

其次，应该以言动人。马克思主义大众化，就是把马克思主义理论用简单质朴的语言讲清楚、用群众喜闻乐见的方式说明白，使之更好地为广大党员和人民大众所理解、所接受。大众化的语言风格是在群众中普及马克思主义的重要武器。教育者在对政治理论进行编码和解码的过程中，应充分考虑受教者的认知能力和兴趣所在，将严谨的政治语言和晦涩的学术语言转换为生动活泼、清新朴实的大众语言，甚至可以使用网络流行的时尚语言，但决不能哗众取宠，说一些假、大、空的话。

最后，应该以形化人。思想政治教育应充分发挥大众文化的作用。大众文化是意识形态斗争的场所，谁能俘获受众的心，谁就能获得文化领导权。流行音乐、电视剧、电影、话剧、小品、广告、漫画等大众媒介为思想政治教育提供了丰富的资源和素材。

（二）利用现代科学技术

思想政治教育可以充分利用现代科学技术手段，现代科学技术，特别是互联网络、多媒体电视网络等高科技手段，使各种教育信息迅速及时地向受教育者传播，极大地提高了被受教育者接受的可能性，从而提高了教育信息的有效性。

互联网日益成为社会主义主导文化、主流文化与其他文化争夺人民群众的重要阵地，这个思想舆论阵地思想政治教育工作者不去占领，别人就会去占领。利用网络信息技术为思想政治教育开创新方法和新渠道已成为高校思想政治教育理论工作者和实践工作者的共识。一些基于网络的新方法被不断地创设出来，如信息库法、信息隐匿法、主体交互法、虚拟现实法和网上网下教育结合法等。

（三）借鉴相关学科及其实践形态的成果

思想政治教育方法的现代转型，必须嫁接其他人文社会科学及其相关实践形态的最新成果，从中汲取营养，充实现代思想政治教育学的方法范畴和方法体系。思想政治教育不仅可以借鉴哲学、心理学、社会学、教育学、管理学、美学的成果，还可以运用现代系统科学（系统论、控制论、信息论、耗散论等）和现代行为科学的最新成果；心理咨询、社会工作等实践形态也给思想政治教育的方法转型以启迪。这里我们主要讨论价值商谈方法和社会工作方法在思想政治教育中的运用问题。

1. 价值商谈方法

主体间性是以自我共同体为基础，以"对话主义"（平等关系）和"交往理性"（达成共识）为核心内涵的范畴，而商谈模式就是主体间性哲学和对话伦理学在思想政治教育实践中运用的产物。

现代思想政治教育方法应适应人的自主人格、独立思维、批判意识的发展状况，要体现民主和现代气息。现代思想政治教育的建构应否定强制的、规范的因素，考虑教育者、受教育者的双向互动，重视独立思维、创造性、自由、自觉的自主人格的发展，引导受教育者从适应性主体向创造性主体转变。基于思想政治教育受动者成员结构和个性结构的分析，我们要建构一种尊重人的交流方式，对于传统思想政治教育而言，这无疑是革命性的。这能让受教育对象获得会发现的眼睛、会思考的大脑，而不会扼杀他们的想象力，因为改革创新的中国需要会思考的公民。对正面情意（如爱与好奇心等）加以维护与鼓励，往往就能培养出许多追求真、善、美的情操。思想政治教育受动者的社会阅历和人生经验可能会和社会或课堂所要传播的信息和价值观有所出入，这个时候教师应该给予其鼓励、恰当的评价和引导，而不是斥责他们想入非非，更不能简单粗暴地对其进行人身攻击。服从式的教育只会让受教育者丧失分析和解决实际问题的能力。基于此，我们应该打破对权威的迷信，培养学生独立思考与判断的能力。

2. 社会工作方法

社会工作是由显性或隐性的社工人员运用社会工作的基本原理、原则和方法，致力于改善对象的环境和条件，帮助有困难、有困惑的人提高适应生活的能力，克服困难，实现自我发展，以准备好现在和将来的生活，或实现个人社会化的目标。

当前，社会工作介入思想政治教育已是必然的趋势。将社会工作概念引入思想政治教育的研究中，能帮助教师准确把握社会工作和思想政治教育的关系，不仅有利于整个社会的良好发展，也有利于思想政治教育自身的科学化。一方面，社会工作实施效果的好坏直接关系到思想政治教育能否顺利开展并取得预期效果。另一方面，思想政治教育可以为社会工作创造一个积极健康向上的社会环境。

思想政治教育可以向社会工作借鉴以下原则与方法。

其一，用社会价值补充思想政治教育的政治价值。社会价值是社会工作价值体系的基础层次，在社会工作价值体系中起着决定和导向作用。比如说，个体应受到社会的关怀；个人对他人负有社会责任；社会成员有共同的需求，但是个体是有差异的；社会应有其职责和能力，帮助每个个体来解决困难、预防问题等。

其二，用补救性措施补充思想政治教育的预防性功能。我们说社会工作体现事后性，这是相对的，在社会工作中，补救性工作是主要的，并不是说补救性工作比预防性工作重要，而是因为许多预防性、发展性的社会工作实际上已由或应由思想政治教育和社区管理工作等承担了。当然，为了更好地应付出现的新情况、新问题，我们进行发展性的社会工作也是非常必要的，而这正是高校思想政治教育的长处。

其三，用服务性优化思想政治教育的教育性。社会工作是一项以全面服务为特征的助人工作，是一种纯粹的利他行为，而不掺杂任何个人或组织的意愿和企图。

总之，思想政治教育和社会工作二者在社会系统中的功能权责和工作重心有所差异，但是面对同样的工作对象，方法是可以相互借鉴的。思想政治教育可借鉴社会工作积极干预、助人自助、亲民服务的原则和方法，以摆脱陈旧的宣传教育模式和不食人间烟火的刻板印象，实现其方法的多样化。

四、高校思想政治教育载体的优化

高校思想政治教育载体是高校思想政治教育中介的要素之一，也是高校思想政治教育系统的重要因素之一。高校思想政治教育载体的选择和运用，直接关系到高校思想政治教育活动能否顺利开展，关系到高校思想政治教育效益的高低。因此，如何运用与开发高校思想政治教育载体是提高高校思想政治教育有效性的重要途径。

（一）夯实运用与开发思想政治教育载体的物质基础

思想政治教育载体是随着社会生产力水平的不断提高而不断丰富和发展的。纵观思想政治教育载体的发展历史，可以看到，随着社会科学技术水平的进步以及思想政治教育实践的发展，思想政治教育载体日益多样化，可供选择的载体越来越多。

生产力水平的提高，尤其是科技水平的提高是运用与开发思想政治教育载体的物质基础。从一定程度上来讲，思想政治教育载体是思想政治教育发展水平的测量器——生产力水平越高，可供选择的思想政治教育载体就越多；反之，可供选择的就越少。如在经济发达的省份，计算机、网络通信比较发达的地方，思想政治教育载体可以选择的空间就比较大，覆盖的范围也比较广。而在经济比较落后的省份，计算机、网络通信相对没有那么普及，思想政治教育载体可以选择的空间相对较少，覆盖范围也比较窄，不利于提高思想政治教育的有效性。因此，大力发展生产力，尤其是科学技术，是运用与开发高校思想政治教育载体的重要物质条件。

（二）根据思想政治教育目标和内容选择思想政治教育载体

思想政治教育载体是承载思想政治教育目标和内容的物质形态。不同的目标和内容对思想政治教育载体的要求也不一样，如有关国家形势政策、法律法规等方面的内容，这些内容可通过报纸、广播、电视、网络等大众传媒载体传播，因为借助这些载体内容能在最短时间内和最大范围内传递给受众，这样其舆论导向和政治宣传的功能就得以实现了；有关心理健康教育方面的内容，则更适宜选择人际关系载体，采取同伴教育、心理咨询等润物无声的方式和途径来进行教育；有关意志品质方面的教育内容，可通过开展各种活动，如体育竞赛、野外拓展训练、社会实习等实践性较强的活动来传递，旨在磨炼受教育者的意志；而有关网络道德方面的教育，则需要充分发挥网络载体的优势，加强对学生网上行为的引导，也就是要以网络为阵地对学生进行思想政治教育。

（三）根据思想政治教育主体的知识与能力结构来选择思想政治教育载体

高校思想政治教育载体是联系高校思想政治教育者与受教育者的一种形式，二者可以借助这种形式发生互动。高校思想政治教育载体的选择离不开高校思想政治教育者的选择和开发，因此，高校思想政治教育者的知识水平和能力结构就决定了其选择载体的空间——知识丰富、能力较强的高校思想政治教育者选择思想政治教育载体的空间就大一些，反之则小一些。如一个不懂网络的思想政治教育者就难以利用和开发思想政治教育网络载体。但是，思想政治教育活动不是思想政治教育者一个人的"独角戏"，其还需要受教育者的合作，因此，受教育者的知识水平和能力结构也是选择和开发思想政治教育载体的重要因素。只有思想政治教育者选择的载体符合受教育者的实际水平，二者才能发生互动，如对小学生就不能采取理论教育、开会等形式的思想政治教育。此外，受教育者的人数也是影响思想政治教育载体选择的重要因素。

（四）根据思想政治教育客体选择思想政治教育载体

思想政治教育是教育者引导受教育者，共同认识世界和改造世界的一种社会实践活动。思想政治教育载体既是连接思想政治教育主体之间互动的桥梁，也是连接思想政治教育主客体之间的桥梁。比如，当教育者引导受教育者认识和改造自然环境时，其所采用的载体与教育者引导受教育者认识和改造社会环境时所使用的载体就应有所区别。前者要处理的是人与自然的关系，其目的是提高受教育者认识和改造自然的能力；后者要处理的则是人与人以及人与社会的关系，其目的是要提高受教育者认识和改造社会的能力。目的不同使用的载体自然不同。

（五）综合运用思想政治教育载体，发挥其合力

首先，思想政治教育载体的综合运用要实现载体的多样性综合。随着科学技术和社会的发展，各种思想政治教育载体层出不穷，不仅表现在数量的增加上，而且还表现在质的转变上：思想政治教育载体经历了由单一的传统载体向复合的现代载体的嬗变。多样的思想政治教育载体的出现为全面认识受教育者和开展思想政治教育活动提供了良好的基础条件。然而，由于这些载体本身的形成及运作方式和功能的不同，要实现它们教育效果的最大化，唯有在系统论的指引下实现载体的多样综合。比如，在当前的高校思想政治教育实践中，载体的多样综合不仅表现在新载体之间、传统载体之间的整合，更表现在新载体和传统载体的整合上。

其次，思想政治教育载体的综合运用要实现载体的科学综合。所谓科学的综合是指有序的层级整合。相对于思想政治教育载体的多样综合来说，这种科学的综合不是各种载体的简单集合，而是各种载体之间有内在联系、分工合作、相辅相成、互相补充的有机整合。思想政治教育的载体是各自独立的，但在科学的综合作用下，一方面，各种载体将不断增加、综合；另一方面，它们能成为一种互动的作用体。科学的载体综合使各种载体都能在服从目的、完成任务的前提下得到合理的组合，按照目的任务要求组合成有层级、有序的载体群系，利用每种载体的优势，有效地开展思想政治教育。

最后，思想政治教育载体的综合运用就是载体的理性综合。载体的理性综合是指在这一阶段载体的综合运用已经形成特定的目的趋向，是在对思想政治教育的特点和规律已经达到理性把握下的一种自觉行为。思想政治教育载体综合运用中的理性综合是对思想政治教育学科的内在规律在发展过程中特定阶段的必然反映，是对各种相关载体的重视与运用。从哲学的视角来看，它是由此及彼、由表及里、透过现象看本质的过程。

第三节　高校思想政治教育介体的整合

一、介体整合的含义

（一）整合的一般概念

"整合"译自英文"integration"，有结合、聚合、黏合的含义。"整合"在哲学上，有三类用法：其一是客体论意义上的，是指客体自身的运动、变化过程中的一种序化；其二是主体论意义上的，是指主体的观念、思维逻辑乃至叙述逻辑中的一种序化；其三是实践整合，指实践活动的整合性和整合作用，是人类总体行为有序互动的功能机制，现在使用较多的是实践整合的意义。

所谓社会整合，涉及的是行动者之间的有序或冲突关系。每一社会成员均在社会化过

程中将社会或群体的共同的价值、规范或信仰内化为自己人格结构的一部分，从而使社会成员获得一种群体归属感，人们之间也获得某种程度的合作、协调或秩序。在某种意义上，社会整合就是文化整合。文化的最高表现形式是核心价值、规范或信仰，因而社会整合高度，主要就是核心价值、规范或信仰的整合高度。当一个社会失去了其核心的价值规范，观念和价值产生了激烈的冲突，那么，社会整合作用就会被弱化，甚至消失。

所谓系统整合，涉及的是一个社会系统的各部分之间的有序或冲突关系。它指社会系统各部门（子系统）之间在功能上的相互适应、相互弥补、相互合作和相互促进的程度，也就是功能的互损性和总体效益的优化程度。系统整合是通过个人的有意识、有目的活动来实现的，这种有意识活动的无意识结果的物化和固化就构成了制度。制度优越，意味着系统整合度高；制度不合理，意味着系统整合度低。系统整合，也可以认为是制度整合，即在运作机制上的系统优化。

（二）思想政治教育介体整合的含义

应该说，思想政治教育在整个社会中正发挥着社会整合的功能，但是，当研究者把整合概念引入思想政治教育领域内时，却不是在这个意义上使用整合概念。整合概念主要是在系统整合的意义上引申的，使用的是其减少系统要素的冲突、进行功能互补、形成有序的状态、提高整体效益的意思。比如，要将思想政治教育内容进行整合，就是教育内容不同层次、不同方面的相互衔接和有机融合，当然，系统整合也并不仅仅是技术性的活动，它又必须以价值的整合为前提和基础。再如，在学校思想政治教育内容与家庭思想教育内容的整合过程中，首先必须要整合两类传授者的价值取向。如果学校思想政治教育是单纯的社会本位价值取向，家庭思想教育内容是单纯的个人利己主义价值取向，那么，两类传授者进行教育的内容可能是完全不同的。整合的概念在实际的使用中有更加泛化的意义，这里主要取"结合"的基本词义。

思想政治教育介体整合是指将不同的思想政治教育介体进行系统整合，实现介体的相互合作，使之整体最优，最大限度地实现思想政治教育的目标。当然，思想政治教育介体的整合也必须依赖于对不同介体操作者进行社会整合，因此，思想政治教育介体整合的意义是双重的。

值得注意的是，社会整合与系统整合未必是同步或正比例关系。例如，西方国家通过完备的法制等方式实现了相对较高的系统整合度，但同时其成员的归属感、家园感缺失，价值、文化的整合功能相对弱化；而我们国家非常强调社会整合，但在系统整合方面相对较弱。当前大学生价值观的差异化是客观的，而且有加剧的趋势，因此，社会整合的难度将加大；如果将社会的秩序与稳定更多地奠定在系统整合的基础上，那么，价值的多元与冲突均难于从根本上动摇社会的结构性秩序，社会对多元的观念体系、价值标准的宽容度就可能较大，社会将更加和谐。一方面，要强调社会整合与系统整合这两种不同的整合方式是相互补充的，二者缺一不可；另一方面，当前必须更突出地强调系统整合，尤其是在思想政治教育领域。这是因为人们容易注意到思想政治教育的社会整合功能，而往往忽略思想政治教育自身也是需要进行系统整合的。如今，思想政治教育实效性低下的事实已明显呈现，这就决定了思想政治教育领域必须加强对介体的系统整合。

二、介体整合的基本要求及其实现

（一）各介体发挥作用的目标相协调

教育背景的变化、教育对象特征的变化等，都影响着介体的设计和运用，同时也使思想政治教育介体在实践中不断发展，形式越来越丰富多样，但是，只有教育的目标才是介体设计和运用的决定性因素。应该说，无论采用何种介体形式，其最终目标都是一致的，那就是实现思想政治教育的基本目标。这就要求介体设计与教育目的之间建立并保持协调一致的关系，这种关系一旦被割裂，教育目的就会失去对介体设计的指导作用和约束效力，介体设计就会出现方向紊乱问题，在完成思想政治教育目标的过程中也会处于无力状态。

当然，不同介体所要实现的直接目标是不同的，这就需要不同介体发挥作用的目标要相互协调，否则，很难形成教育的合力，甚至达不到教育的目的。比如，课程介体的直接目标是要求学生掌握理论，管理介体的直接目标是形成校园秩序、要求学生有良好的行为规范。如果课程只侧重学生理论掌握情况的考核，管理只用惩罚维持课堂秩序，那么，二者的直接目标都可能实现，但是教育整体目标就没有办法实现。长此以往，学生会形成"学校说一套做一套"的认识，对理论教育和学校管理都不信服，甚至产生逆反心理。

要实现不同介体发挥作用的目标相互协调，就必须把每一项工作都放在实现思想政治教育的总体目标中思考，不能只从自己的直接作用的发挥和直接目标的实现角度思考问题。比如，心理咨询介体的直接目标主要是解决学生个体的心理问题，一般都会回避直接的价值灌输；课程介体的直接目标主要是对学生进行思想政治意识灌输，具有鲜明的价值观，二者在直接目标上的差别导致就同一问题对学生的导向可能会不同。再如针对大学生恋爱问题，传统的思想政治教育往往讲是否该谈恋爱等理性认识方面的问题，而心理咨询往往注重如何把握自我的心理状态、如何处理具体的人际关系等问题。如果站在育人的高度，二者完全应该结合起来、也能够结合起来，因为恋爱问题既不单纯地是一个理性认识问题，也不单纯地是一个心理问题。要真正解决这个问题，必须要从心理、从感性的角度切入，逐步对学生进行理性认识引导，从而提升其心智水平。

各个介体的实施者更不能在此中有自己的私利，将教育目标异化。比如，管理中为获利而实行罚款制，这就从根本上否定了管理的教育功能，也间接否定了其他介体的教育功能。此时就需要对介体运用者进行社会整合了。

（二）各介体承载的教育内容相协调

思想政治教育的内容是丰富的，是一个复杂的、动态的系统。思想政治教育内容从横向上大致可以分为思想教育、政治教育、道德教育和心理教育等四个方面；从纵向上也有层次之分：有基础层次的公民教育，有处于中间层次的社会主义觉悟的培养，有高层次的共产主义信念教育。构建与开发思想政治教育介体，应以思想政治教育内容为依据，因内容不同而区别对待，针对一定思想政治教育内容与信息，努力寻求最适合于表现这一内容的介体形式，以充分发挥各介体的优势。

不同的思想政治教育介体在承载以上三个层次、四个方面的内容时，由于传载方式的差异性，在传载的具体内容上就必然有侧重点的不同，但是，其必须在思想政治教育目标的统摄下分工合作、相互协调。首先，必须克服内容实质上的冲突，任何的不一致都会削弱或抵消思想政治教育的效果；同时，要克服彼此的漠视，因为思想政治教育的各个方面是彼此依存的。比如，课程介体和心理咨询介体就要紧密结合，这样思想教育和心理教育才能相互交融，思想政治教育不能理论至上，心理咨询也不能专业技能至上。其次，必须注意克服信息的冗余问题。当前，在思想政治教育中，还要通过不同介体、甚至同一介体向学生大量、反复地进行同一信息的传输。简单的重复除了会使学生产生逆反心理外，还可能会使其产生社会情绪疲惫问题，即受教育者在一定的社会政治动员的教条化与形式主义的影响下所形成的心理麻木和心理疲劳。长时间不间断地调动人们的情绪，最终会导致人们的情绪疲惫，就像金属长期过载受压会产生金属疲劳一样，人们的社会情绪也会因过多过度的政治动员而产生疲劳。为此，必须对思想政治教育不同介体所应承载的内容进行规划和协调。

随着社会的快速发展和学生思想实际的变化，思想政治教育的内容必须与时俱进。介体对于内容的承载应处于动态发展中，这要求在保持介体形式的相对稳定性中，我们要不断进行内容的更新。

（三）各介体发挥功能相协调

目前，介体设计和运用中存在着介体功能异化、各介体功能相互冲突以及主补介体倒置的现象，因而进行介体整合时，应尽可能地使各介体的功能发挥相互协调，从而获取最佳的教育效果。

首先，介体的设计和运用在满足和符合大学生要求的同时，绝不能失去思想政治教育应有的引导力，绝不能只是简单地迎合、取悦学生，绝不能将介体异化。而目前的活动介体往往出现这种情况。同时，不同介体当前在功能发挥中存在着相互冲突的情况。比如，在多媒体教学和网络教学中，生动的教学辅助性信息容易激发学生的兴趣、吸引学生的注意力，传播介体的功效非常明显；但是，此刻学生根本没有注意，甚至没有兴趣听教师真正要讲解什么。生动的教辅信息遮蔽了教育本身，传播介体的运用对教育目标的实现产生了负面效应，这种冲突的解决在于分清介体功能发挥的主从关系。

思想政治教育目标的实现，需要所有介体充分发挥各自功能，形成互补。在对介体的特点分析中，我们知道，不同介体对思想政治教育的表现力和体现程度与样式是有区别的，因而各自的功能也是有差异的。课程介体主要致力于理性的知，活动介体主要致力于情和意的激发，管理介体主要致力于行的规范，大众传播主要致力于感性的知，心理咨询介体主要致力于个体人格的完善。进行介体整合就是要充分发挥各介体功能的交叉强化功能。思想政治教育是一个持续的过程，绝不是只进行一次教育，受教育者就能立即接受，并转化为行动；而是需要通过不同的方式进行渗透，才能使之内化为受教育者的信念，并转化为行动。由于介体具有多样性，这让教育者可以交叉运用不同教育介体，从而使同一主题的内容可以以不同的传递方式、不同的信息刺激方式和作用方式实现最佳的组合式传递。要通过理论致知，通过活动感染，通过管理转化为行动，通过大众传播营造气氛，通过谈话和心理咨询进行个别指导，使受教育者在这种全方位的、立体交叉的渗透中，实现知情意行向教育所指引的方向转化，最终实现思想政治教育的目的。

（四）保障介体正常运行的体制相协调

思想政治教育介体的正常运行有赖于体制性的保障。各个部门都要对思想政治工作负责任。共产党应该管，青年团应该管，政府主管部门应该管，学校的校长、教师更应该管。思想政治教育介体建设必须树立系统开发的理念，坚持"大政工""大德育"的整体观念，调动一切积极因素，齐抓共管，形成合力，这是整体建构与开发思想政治教育介体的思想前提。

思想政治教育介体的正常运行首先就需要有统一的组织和领导，要有专门的思想政治教育领导机构负责介体的设计、优选、协调、监督和评估，也就是要把介体的具体操作分解到部门，落实到人头。要善于整合校内教育人力资源，梳理规范各级各类思想政治工作队伍，形成相对明晰、稳定的思想政治工作组织体系，如党、团组织教育系统，学生管理教育系统，后勤服务教育系统和课堂教学教育系统等。要用制度调节，使其各司其职，相互影响，相互弥补，形成合力。其次，介体的正常运行还需要不同部门的相互支持，也需要体制性的保障，比如，在网络介体的运行中，时常还需要计算机技术、网络技术的支持。思想政治教育工作者一般都不能独立完成工作，这就需要其他部门的支持，而这些部门因为不属于思想政治教育系统，因而对思想政治教育工作一般没有特定的职责。最后，开展各项工作时，都要涉及编制、经费、器材、场地等诸多的具体问题和困难，这使思想政治教育工作往往没有制度性的保障，而这需要思想政治教育工作者去争取和协调。如果教育者在这样的条件下开展工作，其不仅会受到客观条件的制约，而且还会抑制其工作积极性。这必须由学校积极给予思想政治教育以制度性的保障，协调思想政治教育与其他方面的关系，降低思想政治教育介体运行的摩擦力。

第四节　思想政治教育者与教育介体之间的协同

一、教育主客体与教育方法之间的协同

互联网时代的发展，给高校教师和学生有关互联网的科学运用的方式和方法提出了新的要求，随着微课和慕课等新的互联网教学模式的兴起，高校思想政治教育要求主客体对原有的教育和学习模式进行改进。

如何针对网络的特点，研究网络思想政治教育的新形势、新理论和新方法，是思想政治教育亟须解决的重大课题。高校以往采用的传统灌输式的思想政治教育方法已经不能满足信息化社会大学生的需要，传统的以教师为核心的教育模式也已经不能适应当下互联网时代的大环境。高校思想政治教育方法显然已经滞后于网络时代的发展与思想政治教育诸要素的变化，因此，高校思想政治教育必须进行教育教学方法上的创新。

发挥网络在高校思想政治教育过程中的积极作用，离不开高校教师等高校思想政治教育机制中其他要素的支持。在网络时代，重塑高校思想政治教育的实施方法体系是我们贯彻"以学生为本"的教育理念的必然要求，我们必须采取灵活多样的方法来应对复杂的

网络环境，以学生为本的教育理念加上互联网时代的发展，促进了高校中以学生（即高校思想政治教育客体）为中心的教育新格局的形成。

思想政治教育是关于人的工作，目的是要改变和重塑人的思想信念。这就要求思想政治教育工作要做到人的心坎上，深入到人的灵魂中。而传统思想政治教育方式难以引起学生的理性认可和感性共鸣，造成思想政治理论课教学陷入了学生"课上认同、课下不从，当面认同、私下不从"的这种形式大于意义的困境。而慕课则是克服传统高校思想政治教育弊端的有效方法。

慕课自诞生以来，就被寄予了打破传统教育时空界限和学校围墙、催生新的教育生产力的厚望。互联网的发展对高校思想政治教育的要求之一就是将互联网的红利运用到教育的方方面面，慕课是试金石，也是思想政治教育发展的必然要求。将慕课、微课等新时期的教育模式研究产物和传统教育相结合，定会产生不一样的效果，这是当下我国高校思想政治教育改革最重要的一步，也是其实现现代化的必然选择。要解决理论课以及相关实践和时代发展的矛盾，各个教育主客体都要紧抓时代的发展成果，具备全局思维，具备改革创新的精神。

新时期高校思想政治教育慕课的建设方案应该从以下几点出发：首先，我们要打好"建"的基础，就要围绕"育人建"、立足"专业建"、依靠"教师建"，做好高校党委、高校教师和学生之间的协同，这是我们推进慕课教育的关键。慕课促进了我国高校思想政治教育教学方法方式的改革，需要教师对教材、对学生有深刻的理解，并不断提其课堂的驾驭能力。质量是未来慕课发展的关键，质量的关键在教师。开发真正让学生受益以及被学生欢迎的课程才是我国高校思想政治教育课程追求的价值所在。其次，我们要聚焦"用"这个关键，即注重高校思想政治教育环体和介体之间的融合；围绕"学"这个目的，即推进学生学、服务全校师生学、拓展全民学，不断发挥高校思想主体的客体性和高校思想政治教育客体的主体性，不断推进高校思想政治教育主体和客体之间的融合，积极推进网络技术和实体课堂的融合，不断拓展教学时空，形成学生在哪里，课程就延伸到哪里的局面，积极构建"大带小、强带弱、同心同向、共同发展"的慕课发展新局面。

目前，我国慕课的数量和应用规模均居于世界首位，在学习模式、发展理念以及管理机制等方面都形成了自己独有的特色，不仅慕课种类丰富，而且慕课学习人数众多，重要的是，许多慕课已经走出国门，先后登录美国、法国、英国、西班牙等国的学习网站，并且得到了一致好评。这块"改变命运的屏幕"为我国学习型政党、学习型社会、学习型国家的建设作出了重要的贡献。

当下的网络环境迫使我国高校思想政治教育面临着一种与互联网虚拟社会的"对话"，既要与网络中的消极因素争夺思想政治教育的阵地，又要与其中的积极因素形成合力。慕课有效地减轻了我国高校思想政治理论课教师关于理论知识教学的压力，全校师生可以在任何时间实现资源共享，从而使教师可以有更多的精力指导学生将所学内容运用到日常生活中，只有通过实践，知识才能内化为学生自己的知识，才能从本质上提高高校思想政治教育的效果。

二、教育内容与时俱进

毛泽东同志早在新民主主义革命时期就提出了思想政治教育首先要认清基本国情和形势政策的观点。所谓认清国情，就是要求我们对特定时期的基本矛盾有基本的认识和科学的判断，在此基础上才能认识我国的基本国情，从而明确自己的奋斗目标，将自己个人价值的实现和社会价值的实现相趋同。以高校教师为代表的高校思想政治教育主体应当引导学生关注形势政策，让其对社会发展状况有一个基本的了解，以防初入职场眼高手低，或者因为理想与现实的情况差距太大而产生失落情绪。

大学生一直是我国社会主义发展的中坚力量，自觉将党和国家的路线、方针、政策作为自己行动的指南，既是时代的要求也是个人成长的必需，因此，必须提高学生自身在贯彻落实党和国家的路线、方针和政策方面的自觉性和坚定性，只有这样，其才能以此为基础规范自己的行为，重新确定自己努力的方向，自觉维护好国家改革发展的大局，积极投身于社会主义建设的伟大事业中去。

大学生只有深入了解我国社会发展的现实，才能真正认识到我国社会主义的发展情况，同时也可以看到我国目前所面临的挑战。高校教师可启发学生对我国发展过程中取得的成绩以及失败的经验教训进行一些思考，引导学生从现实出发，寻找解决我国当下社会问题的一些方法，从而增强学生的主人翁意识。

在新时代背景下，由于大学生逐渐苏醒的主人翁意识对其在高校思想政治教育活动中主体性的发挥有极大的促进作用，因此，我们需要不断加强对学生主人翁意识的培养，从而确保每一位学生毕业离开学校的时候，都能够清楚祖国的历史、发展模式和发展方向。

培养大学生的主人翁意识，首先要培养学生对宪法的熟悉度和认同感。宪法是中华人民共和国成立以来中国共产党人探索的结晶，保障人的权利与义务。大学生是我国未来社会秩序和社会价值的维护者，是社会主义现代化建设的主力军。因此，他们对宪法思想的理解、传承对于我国社会主义的建设有着举足轻重的作用，高校肩负着让学生对宪法进行传承的责任。

此外，加强对学生形势政策的教育同样至关重要，形势政策教育要求教育者在坚持信息的真实性和广泛性的同时，对受教育者进行国家发展路线和政治纲领的教育。形势政策教育可以提高大学生的综合素质，同时，对于提高大学生在教学实践中的分析、解决问题的能力也具有重要的现实意义。

信息时代以及经济社会的发展让世界各个要素之间的联系更加紧密，让人与人之间、人与社会之间的距离不断缩小。在互联网时代，不管在世界的任何一个角落，我们都可以看到来自世界各地的信息，人的思维每天都会受到来自四面八方的信息的影响。因此，高校教师要让学生了解社会的形势政策，这有利于学生以正确的价值观以及以理性的思维对待各种社会现象。当代大学生是未来社会主义事业建设的中流砥柱，关心国家的发展和前途，是国家对当代青年最普遍和最基本的期待。因此，高校学生有义务在马克思列宁主义思想的指引下对时事政治进行了解，从而增强自己的主人翁精神。形势政策教育形式和方法多种多样，教师可组织学生开展针时事政治知识竞赛；借助新闻媒体加强形势政策教育，引导学生多关注新闻事件的发生，以作业的形式要求学生定期对形势政策发表自己的观点或看法。

第四章　思想政治教育与教育环境的融合创新

　　思想政治教育的教育环境是人的思想变化的外因，它会对人的思想产生重要影响。环境中的积极因素会促进健康的、先进的思想产生和发展，因此，思想政治教育与教育环境的融合创新很有必要。本章将阐述思想政治教育环境的内涵、类型与特征，分析环境对思想政治教育的影响，以及思想政治教育对环境的作用，探究思想政治教育环境的建设。

第一节　思想政治教育环境的内涵、类型与特征

一、思想政治教育环境的内涵

　　从"环境"引入思想政治教育学科以来，不同学者对其进行了深入的研究和界定。其中有代表性的有：思想政治教育环境是对思想政治教育以及思想政治教育对象的思想政治品德形成、发展产生影响的一切外部因素的总和；在思想政治教育工作中，凡是与人有关系的、并对人发生影响的物质和精神条件都可以称为思想政治教育工作的环境；思想政治教育环境是影响人的思想形成和发展，影响思想政治教育活动运行的一切外部因素的总和。

　　迄今为止，思想政治教育环境的具体内涵和外延的界定还存在较大的争论，具体体现在中心项的争论和外在条件的争论两个方面。

　　思想政治教育环境的中心项争论主要表现为"人的思想"中心项、"思想政治教育"中心项和"人的思想及其教育"中心项三种观点。

　　一是"人的思想"中心论。这种观点是以人的思想为中心项，认为人的思想是思想政治教育活动的出发点和落脚点，对其进行提升和引导是思想政治教育的根本任务，那么思想政治教育环境也应该围绕这个中心展开。

　　二是"思想政治教育"中心论。这种观点以是否对思想政治教育活动的开展产生影响为界定标准，认为对思想政治教育活动发生影响的客观外在条件都是思想政治教育环境。人的思想的发展是思想政治教育的目的和任务，而目的和任务不能替代思想政治教育自身的，思想政治教育环境是影响自身的条件，不能把影响其目的和任务的因素相等同。

　　三是以"人的思想发展及其教育"为中心项。认为思想政治教育环境是影响人的思想形成和发展、影响思想政治教育活动开展的一切外部要素的总和。这种观点有效地解决了前两种观点之争。人的思想发展是进行思想政治教育的目的，思想政治教育是促进人的

思想发展的重要条件，两者具有有机的统一性。所以，把"人的思想发展及其教育"作为中心项具有一定合理性。

思想政治教育环境的外在条件争论主要表现为"自发"和"自觉"之争。

一是"自发"环境论。认为只要和思想政治教育中心项发生作用的一切外在要素都是思想政治教育的环境，相对于思想政治教育活动和人的思想发展来说，这种要素更多的是一种外在的自发的存在。这种观点强调了影响思想政治教育活动要素的广泛性和多样性，它有助于把思想政治教育放入大的社会系统中进行研究，依据其作用和影响细分出诸多环境类型，并对其进行研究。

二是"自觉"环境论。这种观点认为只有自觉地影响思想政治教育中心项的因素才是思想政治教育环境。围绕思想政治教育目的和任务，有计划、有组织、有目的地对外在影响因素进行改造，而只有这些改造过的要素才能构成思想政治教育环境。这种观点强调思想政治教育环境的可控性和目的性，认为这样的环境才是思想政治教育有效运行的外部存在。

三是"自发"广义环境论和"自觉"狭义环境论。有学者从环境要素对思想政治教育影响是"自觉"还是"自发"，区分了"思想政治教育环境"和"思想政治教育的环境"，认为"思想政治教育环境"是经过主观调控和创造而形成的，是狭义的思想政治教育环境；"思想政治教育的环境"是对所有的对思想政治教育起影响作用的环境因素的总称，是广义的思想政治教育环境。

要对思想政治教育环境进行界定就要厘清"中心项"和"外在条件"。

第一，"中心项"定位于人的思想发展及其教育。人的思想具体包括政治、思想、道德、心理和法律等五个方面。而促进人的思想发展的教育，即思想政治教育，它是"一定的阶级、政党、社会群体用一定的思想观念、政治观点、道德规范，对其成员施加有目的、有计划、有组织的影响，使他们形成符合一定社会、一定阶级所需要的思想品德的社会实践活动"①，人的思想形成与发展和思想政治教育活动具有内在的统一性。所以，思想政治教育环境的中心项应该是人的思想发展及其教育。

第二，"外在条件"是"自发"影响因素和"自觉"影响因素的有机结合。思想政治教育环境的"外在条件"要以是否对人的思想及其教育产生影响为标准进行区分，不产生影响的外在环境不是思想政治教育的环境。而产生影响的外在环境因素大致上来看，分为"自发"产生影响的环境和"自觉"产生影响的环境。

一方面，思想政治教育作为客观的实践活动，人的思想发展及其教育要在具体的社会历史中开展，要受到具体社会中诸多因素的影响，不管人们意识到与否，环境都客观地影响着思想政治教育活动的开展。另一方面，思想政治教育主体又在按照思想政治教育活动的目标，有目的、有计划、有组织地创造、建设和优化着外在环境，使其形成有利于人的思想发展及其教育的外在因素，这些环境因素直接作用于思想政治教育活动，直接服从服务于思想政治教育活动的开展。当然，在大多数情况下，产生自觉影响的因素和自发影响的因素是不能截然分开的，它们都属于思想政治教育环境的范畴。

第三，思想政治教育环境优化是以人的思想发展及其教育为目标而进行改造的。思想

---

① 张耀灿，郑永廷，刘书林. 现代思想政治教育学 [M]. 北京：人民出版社，2001：2.

政治教育环境优化是以外在影响因素为改造对象的特殊实践活动，其目的是通过外在环境的改造，创造一个有利于思想政治教育活动开展和人的思想提升的外部存在。一是要改变"自发"影响因素中的不良成分，剔除和改造产生不良影响的外在环境要素；二是深化积极成分，使之对人的思想发展及其教育产生的正面的影响，即转变为"自觉"影响；三是提升"自觉"影响的要素的层次，使之围绕思想政治教育的目标发挥更为重要的影响。所以，思想政治教育环境是影响人的思想一切外在要素的总和。

二、思想政治教育环境的类型

为了便于研究，根据不同的划分标准，可以将思想政治教育环境划分为不同的类型，针对某一具体环境对思想政治教育的影响进行深入分析和把握。

（一）按照构成要素的性质划分

思想政治教育环境是环境的子系统，因此具备环境的共性，其构成可分为自然环境和社会环境，两者中起主要影响作用的是社会环境。

（二）按照环境的内容划分

按照环境的内容划分，可分为思想政治教育环境的物质要素、制度要素和精神要素。值得注意的是，这里的物质要素按照要素性质的划分是有交叉的。

物质因素是指环境中不以人的主观意志为转移的客观存在，其中包含了自然环境和社会环境中的物质因素。随着生产力的发展，自然要素作为物质要素对人的思想行为的影响渐渐缩小，而人类通过社会劳动加工和改造了的自然物质、创造的物质生产体系、积累的物质文化则对人思想行为的影响逐渐扩大，这其中，社会生产力是物质要素中的决定因素。

制度因素是指为了决定人们的相互关系而设定的、对人的思想行为产生影响的制约要素。按照制约内容的不同，又可以分为经济制度、政治制度、法律制度、业务制度等。

精神要素是指以思想观念形态存在并能够对人们的行为产生影响的要素，包括风俗、舆论、信仰和社会心理等。

（三）按照空间层次划分

按照空间层次划分，可以分为宏观环境、中观环境和微观环境。宏观环境又称大环境，指较大范围内环绕人的需求的各种自然和社会因素的总和，如社会环境、国际环境。微观环境又称小环境，是某一局部人们直接接触的客观存在的自然和社会条件的总和，如学校环境、家庭环境。中观环境是介于宏观与微观环境之间的环境，如社区环境。

三类环境相互影响、相互作用，宏观环境、微观环境影响大、影响面广，小环境则影响直接、具体。宏观环境制约着中观和微观环境，而中观和微观环境的变化又反作用于宏观环境。

（四）按照环境的状态划分

可划分为开放环境和封闭环境。所谓开放环境，是指思想政治教育能够与外界进行思想信息交换和行为交换的环境，按照其开放的方向与程度又可分为对内开放和对外开放、全面开放和局部开放。封闭环境是指教育活动不与外界进行信息交流和行为交换的环境。

（五）按照环境所起的作用方向划分

可分为积极环境和消极环境。能够促进思想政治教育活动顺利进行、促成思想政治教育目标实现的客观存在的总和为积极环境，反之，起到阻碍和不良作用的则为消极环境。而研究思想政治教育环境的意义也正在于充分利用积极环境，创造积极环境，改造消极环境，更好地达到思想政治教育的效果。

（六）按照时间划分

划分为历史环境和现实环境。这种划分是相对动态的，在时代发展的任何一个阶段均可作为一个点，在此之前的为历史环境。这是因为历史具备传承性，千百年来积淀下来的历史文化、风俗习惯等所产生的影响是延续的，可以影响到现实的思想政治教育。

（七）按照地域划分

可分为国际环境和国内环境。随着经济全球化趋势不断增强，信息网络化迅猛发展，加上思想政治教育环境本质上应是一个开放的环境，国际环境的影响不容忽视。

需要指出的是，不管以再多的标准来划分，总是相对的，各种环境要素往往是相互交织产生影响的，并且，思想政治教育环境的要素内容也不是不变的，随着社会的发展，不断有新的思想政治教育环境要素出现，影响着环境的结构和思想政治教育进程。

三、思想政治教育环境的特征

（一）广泛性

思想政治教育环境由多种要素构成，这些要素可以从多种不同的角度出发进行划分，这一复杂的系统使思想政治教育环境对思想政治教育的影响无时无处不在。从空间上看，有国内的、国外的环境；从性质上看，有物质的、精神的环境；从时间上看，有历史的、现实的环境。而且随着社会的发展，环境的分化将会越来越细化，影响也将随着环境的细化更加深入地渗透思想政治教育的全过程。

（二）开放性

第一，影响因素在空间上没有固定界限。环境影响的广泛性导致思想政治教育环境的范围很难确定，也不能完全封闭，尤其是信息技术的飞速发展更使环境的影响因素突破了时空概念的限制，虽然有些微观环境可以相对封闭，但是这种封闭状态也会随着社会的发展和个体主体性的增强被逐渐突破。

第二，影响因素在时间上没有严格的界限。人的思想观念的形成与发展与现实社会发展并不是完全同步的，思想政治教育不可能强制性地把人们的思想固定在某一时间的界限内。

第三，思想政治教育环境是一个动态的环境。首先，整个世界是处于不断的变化与发展之中的，思想政治教育环境内部各个系统都处于运动中。其次，人改造世界的实践活动会导致思想政治教育环境的变化，教育者为了增强思想政治教育的效果而对环境进行的主动改造，也会引起思想政治教育环境的变化。

（三）可控性

马克思主义环境观认为，人的主观能动性积极地影响、改变环境，同样，思想政治教育环境也受思想政治教育主体的制约。首先，思想政治教育主体会根据思想政治教育的目标和实际选择有利环境，增强教育效果；其次，思想政治教育环境的可控性还表现在其创造上。思想政治教育主体可以根据现实和目标的需要，对不利的环境进行改造，使消极因素转化为积极因素。

（四）继承性

马克思历史唯物主义观认为，人类社会具有历史继承性，不仅社会存在中的生产力是前人实践活动的客观结果，而且社会意识中也保留着历史上形成的、反映过去社会存在状况的某些意识材料。由此构成的思想政治教育环境体现出鲜明的继承性。

第二节　环境对思想政治教育的影响

一、物质环境对思想政治教育的影响

（一）保障思想政治教育的开展

思想政治教育活动发生、运行和发展都是在具体的物质环境中进行，物质环境可以保障思想政治教育活动的顺利开展。

1. 物质环境能够促进思想政治教育活动的发生

物质利益从根本上决定了思想政治教育活动的发生和性质。在阶级产生以前的社会里，"思想、观念、意识的生产最初是直接与人们的物质活动，与人们的物质交往，与现实生活的语言交织在一起的。观念、思维、人们的精神交往在这里还是人们物质关系的直接产物"[①]。社会物质生产能力的提升和物质财富的丰沛，造成了物质劳动和精神劳动的分工，从而直接产生了阶级和国家，这样统治阶级为了更多地占有物质财富和控制社会秩序，需要进行精神和思想的生产和分配，在物质生产上占有统治地位的阶级是同通过思想观念等上层建筑对人们进行统治，于是产生了思想政治教育活动。

2. 物质环境能够促进思想政治教育活动的运行

思想政治教育活动的运行主要通过受教育者的思想内化和行为外化的实现，物质环境

---

① 中共中央马克思恩格斯列宁斯大林著作编译局编译. 马克思恩格斯选集（第一卷）[M]. 北京：人民出版社，1972：30.

在这两个过程中发挥着重要的作用。思想政治教育物质环境有利于促进受教育者对先进理论的接受。任何经济社会的发展和物质环境的变化都是在特定的思想理论指导下完成的，它们的发展变化从根本上验证了理论自身的正确性，只有科学的理论才能够掌握群众。另外，思想政治教育物质环境可以把先进的理论以主题鲜明、生动新颖的形式展现出来，以强烈的刺激引起人们的注意。如书本是通过文字的形式告诉人们先进的理念，网络媒介以图文等形式传达思想。所以，物质环境可以促进思想政治教育内化活动的完成。

3. 物质环境可以促进思想政治教育外化活动的完成

外化是思想见之于客体的实践方式，思想只有借助于特定的外在客体才能转化为行为，而物质环境是其重要的客体之一，合理的时间和场所可以使正确的思想有效地转化为人的行为。物质环境的变化促进了思想政治教育活动的发展，如，社会主义市场经济体制的确立为思想政治教育开辟了新的教育任务和内容，它要求爱国主义、集体主义，特别是中国特色社会主义的教育，以化解市场经济对人们产生的负面影响；随着经济全球化的发展，我国面临着更为复杂的国际国内环境，于是理想信念教育和民族精神教育成了这一时期思想政治教育的核心。

(二) 增强思想政治教育的效果

思想政治教育的有效性是思想政治教育活动在满足人们的相应要求、实现人们的相应目的方面所表现出的积极特性。思想政治教育物质环境可以保障思想政治教育过程有效实施。

1. 物质环境可以保障思想政治教育方案的科学制订和实施方法的选择

思想政治教育方案的制订包括收集信息、确定教育目标和方案拟定等几个步骤，而收集信息是首要的环节，只有充足的信息，才能够发现问题。思想政治教育物质环境蕴含了大量的思想资料和信息。

物质环境还提供了获取和分析信息的先进技术，现代网络技术的运用可以及时有效地分析冗杂庞大的信息，发现人们的问题，从而确定教育的目标和教育方案，它还可以通过模拟运行，确定方案是否可信和有效。另外，思想政治教育物质环境还影响到了思想政治教育方法的选择。物质环境能够推动思想政治教育要结合不断发展变化的具体情况，对其具体实施方法进行创新。

2. 物质环境直接影响到思想政治教育方案实施环境的有效整合

物质环境是思想政治教育环境的重要组成部分，它在环境体系中具有基础性的作用，影响着环境的其他要素。如我国 2010 年世界博览会就是以新能源、新材料、新技术打造的世博建筑为基础，利用高科技三维四维技术对各国的历史和文化进行了全景展示。这样以物质环境为基础整合而成的复合环境系统反映了我国经济崛起、科技创新和文化振兴，既展示了我国五千年的历史文化积淀，又体现了我国现代社会物质文明和精神文化发展的新成果，吸引了几千万人参观，对人们的思想和精神产生了一定的教育意义。可见，以物质环境为基础，对其他的环境要素进行整合而形成的环境系统直接影响着思想政治教育活动方案的实施。

3. 物质环境可以保障思想政治教育方案的实施和评估

实施是把教育方案变成教育活动和把思想变成行为的过程，这些都离不开经费、场地、设施等方面为其创造条件。物质环境还可以保障思想政治教育的评估有效实施。受教育者的思想要通过具体的实践活动才能体现出来，而评估大多也是对思想政治教育方案实施结果的评价和估量，一方面，思想政治教育方案实施的成果要借助一定的物质环境才能表现出来，另一方面对这个实施情况的评估也要借助一定的物质技术才能够完成。所以，思想政治教育方案的实施和评估都离不开思想政治教育物质环境。

（三）为思想政治教育科学研究提供条件

科学现场就是特定类型的共同在场的地点或场所，主要包括制度、会议、科学学会、野外场地、实验室空间等。不同的社会关系构成了这些空间的特性，它们与科学知识产品有着重要的联系。思想政治教育科学研究也要在特定的物质空间中进行。思想政治教育物质环境能够推动思想政治教育研究的开展，它可以为思想政治教育提供研究经费、新的研究课题和技术保证。

1. 社会物质经济环境给思想政治教育科学研究提供了物质经费支撑

改革开放以来，我国的社会经济环境发生了巨大的变化，它给思想政治教育研究带了巨大的发展机遇，飞速增长的国内生产总值带来了教育经费和科研经费投入的急剧增加。地方政府、高校和企业等多渠道也为思想政治教育研究提供了经费支撑。此外，经济环境的增长还从研究方向、人员结构、设施和管理体制等硬环境方面促进了思想政治教育研究的发展。

2. 科学技术的发展为思想政治教育提供了科学研究的技术保障

科学技术的发展带来了思想文化的发展和知识的增加。一方面科学技术可以促进知识的生产，它促进了知识的指数增长和科学的分支，可以为研究创立系统预算，所有这些变化归纳起来便是理论知识的汇编整理；另一方面，科学技术还促进了知识的传播，知识是对事实或思想的一套有系统的阐述提出合理的判断或者经验性的结果，它通过某种流通手段，以某种系统的方式传播给其他人。同样，科学技术也可以促进思想政治教育研究的发生和研究成果的传播，如网络技术提供了新的了解世界的途径，克服了传统媒介在时空方面的现实局限，实现了对世界的虚拟把握，可以准确地了解现实的需要和问题的症结，为思想政治教育研究提供了重要的参考依据。

3. 物质环境的变化给思想政治教育提供了新的研究课题

变化的社会物质环境给思想政治教育提供了新的研究方向和研究课题。一是经济环境的新变化为思想政治教育提供了新的研究课题；二是社会教育物质环境也不断涌现新的问题，需要对其进行研究；三是技术物质环境的迅速更新为思想政治教育研究提供了新的视野。

二、文化环境对思想政治教育的影响

（一）文化环境对思想政治教育宏观环境的影响

思想政治教育的宏观环境主要包括国际国内的经济、政治、文化环境和社会心理等。在经济全球化和文化多元化的影响下，我国思想政治教育面临的国际、国内环境发生了重大变化。

　　随着国际经济、政治环境的不断发展变化，世界上各种思潮、理论、主义风起云涌，不同国家不同民族的文化、价值观相互交错、冲突，国际文化环境发生了新的变化，出现了新情况，产生了新问题。这为文化的广泛、迅速传播提供了载体和渠道，促进了各民族的文化交流与学习。但是，西方敌对势力也加快了文化渗透和文化侵略，途径多样，手段隐蔽。如利用国际互联网、电视、广播、教育、人员交流等手段，向全球受众大肆传播其反动的政治思想、价值观念和腐朽生活方式，导致中西方文化价值观的直接碰撞，还利用"人权""政党制度"等话题来攻击和诽谤社会主义国家，以期煽动人们对社会主义国家的不满情绪和敌对情绪；同时，利用各种文化产品打入我国的市场，将其文化、艺术、哲学、政治法律思想、宗教观念、好莱坞电影、流行歌曲等传入我国，虽然其中有先进的部分，但不乏享乐主义、暴力等有害文化垃圾。这些社会毒瘤腐蚀着我国人民，尤其是青少年的价值观念、伦理道德、生活方式和审美情趣，冲击着马克思主义指导思想的地位，腐蚀着我国的主流文化，给我们长期构筑的意识形态带来了巨大冲击。

　　从国内环境来看，我国目前处在一个社会的转型期，在改革开放的形势下，人们的思想空前活跃，同时国外的各种思潮蜂拥而至。西方文化的影响从点到面、从间接到直接、从偶尔到经常的变化，使我国思想政治教育的环境发生了巨大变化。

　　一是市场经济条件下，国内经济成分和经济利益的多样化，必然使人们的心态普遍显得焦躁不安，价值观、利益观发生很大变化；社会组织的多样化，大范围、远距离、长时间的人员流动，使思想政治工作的"断层""盲区"增多；就业岗位和就业形式的多样化，使人们的择业标准发生裂变，一些人的敬业精神开始淡化，甚至因贫富分化、下岗失业而产生怨气。

　　二是西方敌对势力利用国际文化交流、现代信息等途径和手段，大肆宣传西方资产阶级的政治观点、价值观念和腐朽生活方式，企图用潜移默化的方式使年轻一代全盘接受西方的价值观和政治制度，最终达到他们推翻中国共产党的领导和我国社会主义制度的政治目的；而西方文化思潮和文化产品的大量涌入，使享乐主义、拜金主义、极端个人主义思想泛滥，不断推动着人们利益观和价值观的裂变，使人们的国家意识、互助精神、奉献精神减弱；同时，他们抓住我国改革开放中出现的问题和失误，攻击社会主义制度，企图动摇马克思主义在意识形态领域的主导地位。

　　三是各种非马克思主义的意识形态纷纷渗透进来，"私有制""多党制""三权分立""民主社会主义"等与马克思主义相违背的杂音、噪音也时有出现。它们鼓吹意识形态多元化，要求实行绝对自由的"百家争鸣"，否定马克思主义的指导地位。加之，党内存在的腐败现象和不正之风，影响了中国共产党的形象，尤其对青少年的理想信念产生了巨大冲击。

　　四是我国传统文化的精华部分为社会主义文化建设提供了丰富的精神营养，需要继承和发扬，但某些封建落后思想观念的影响根深蒂固，如官僚主义、封建家长制等，至今还在一定程度上支配着人们的思想和行为，使民主与法制建设受阻，对社会主义文化建设产生消极影响。同时，改革开放条件下我国政治、社会环境日益宽松，传统文化中的一些封建思想观念沉渣泛起，如封建迷信、小农意识等，以新的形式影响人们的思想观念。

　　五是过去提倡的在社会主义建设中曾经起过积极作用的思想观念，有些已同当今社会的发展不相适应，而反映时代前进方向的新思想观念体系尚在建设过程中，这种新旧交替的状况将在一个相当长的时期内存在。

以上这些事实的存在必然使思想政治教育的宏观环境产生新变化。

（二）文化环境对思想政治教育微观环境的影响

思想政治教育的微观环境是指具体环境中的一切物质的和精神的、有形的和无形的场所。学校是思想政治教育的主阵地。校园环境作为思想政治教育环境的重要组成部分，对学生思想品德的形成发展起着至关重要的作用。思想政治教育校园环境的要素包括校园物质环境、文化环境、制度环境、人际环境和虚拟环境等。高校是对外文化交流的窗口，更是思想理论战线不同观点相互交汇、融合的地方。

在文化多元化背景下，由于不同思想文化、价值观念、生活方式的影响和冲击，学校思想政治教育的校园环境发生了巨大变化。来自不同民族的文化、思想观念、价值取向、思维方式和行为方式共同汇集于高校校园，相互之间发生着激烈的碰撞、交流和融合，深刻地影响着高校的育人环境。在此影响下，高校的校园环境更加开放，校园气氛更加宽松，校园规章制度更具人性化，师生关系更加平等、民主、和谐，虽然逐渐形成了坚持以人为本、崇尚学术自由、鼓励学术创新的积极向上的氛围，但是，受文化多元化的影响，高校校园环境也面临着新形势和新问题。

高校的校容校貌、教学科研设施、体育设施、校服、校徽、校标、雕塑、建筑等校园物质技术设备和校园设施等，蕴含着学校师生员工的知识、智慧、价值观念、审美情操和人格特征，影响着教职工的精神风貌，陶冶与塑造着广大师生员工的心灵。如良好的校园风景会让师生感到如沐春风、心旷神怡，而校园中的一些具有历史意义的古建筑与人文景观，更是凝聚着深厚的人文底蕴和强烈的精神感染力。

文化多元化背景下，由于不同文化、价值观、思维方式和审美情趣的交融，校园物质环境的建设风格也日趋多元化，许多校园景观成为不同文化和价值观的载体，展示着不同文化的独特魅力，整个校园成了不同文化的"展览馆"和"博物馆"。而具有不同文化特色的校园景观，也在时刻影响着人们的思想观念、审美情趣和思维方式。

校园文化是在弘扬社会主义主导文化的背景下，以学校为主体，由师生共同参与创造的一种独特的文化，而树立优良的校园校风是创造良好的校园文化环境的核心内容。健康、高雅、积极向上的校园文化环境在人格的塑造中具有导向和调节作用，能促使大学生形成健康的价值取向、思想观念、精神风貌。在文化多元化的影响下，高校文化环境发生了重大变化。

一是文化氛围发生变化。高校是知识传递和产出的单位，应具有浓厚的文化氛围。但是，因受西方享乐主义、拜金主义、消费主义思想的影响，冲击了艰苦奋斗、刻苦钻研的学术精神，出现了学术腐败现象，不仅败坏了校风，而且冲淡了高校校园的文化氛围。

二是校园舆论引导难度增加。舆论导向主要是指通过校刊学报、校园广播室、宣传栏、高校社团、党校、团校等途径来引导大学生形成科学的世界观、人生观与价值观。校园舆论氛围一旦形成，就会对在校的每位师生和员工产生无形的影响力与约束力。当前的大学校园与社会的联系逐渐增多，社会上的不良风气和腐朽价值观涌入校园；网络的普及，给学校带来了许多腐朽思想观念和不良信息；加之许多蕴含西方价值观的文化作品、思潮和言论在校园内流传。这些都冲击着师生的精神世界，从而给校园舆论的导向功能带来挑战。

三是学术氛围遭到破坏。高校是培养社会主义建设人才和进行学术研究的地方。学术研究是高校一项重要的任务，因而高校校园应具有浓厚的学术氛围，高校应该重视和鼓励师生学术研究。但当前，因受到不良思想观念的影响，有的高校不注重学术研究，舆论导向出现偏差，学术研究气氛遭到破坏。

随着信息技术的迅速发展，随着互联网覆盖面的不断扩大、影响程度的不断加深，互联网作为一种传播信息的新媒体，对高校师生的学习、生活以及思想观念等产生着广泛而深刻的影响。网络信息环境的交互性、迅捷性，共享性、平等性、隐秘性等特点，成为大学生获取信息知识的重要渠道。但是，互联网是把"双刃剑"，它还充斥着腐朽的文化、思想、价值观等有害信息。这些消极、反动的信息对大学生的思想道德素质和高校思想政治教育效果提出了挑战。

校园制度文化是校园文化的运行制度系统，是高校实现其教育目标和大学生健康成长的重要保证。制度是大多数人利益的反映，制度的执行应严格、公正，做到制度面前人人平等。在文化多元化背景下，高校制度环境发生了很大变化。大多数师生员工都能做到按照规章制度办事，但部分领导干部因受到传统文化中人治思想的影响，违规操作，把自己的权力凌驾于制度之上，以权谋私；还有的师生因受西方文化中个人主义、自由主义等腐朽思想的影响，经常以个人私利和自由为中心，不惜破坏学校的制度环境，这是高校思想政治教育环境制度面临的挑战。

校园人际环境是指由校园人际关系构成的人际交往氛围。人际交往是大学生社会化的开始，也是大学生实现其自身价值的主要途径，对大学生思想品德的形成具有不可低估的作用。人际交往还能够丰富大学生的精神世界，有利于他们的良好心理素质与性格的形成和发展。在经济全球化、文化多元化和信息数字化的今天，由于我国经济的持续快速发展、交通方式和通信方式变革和网络的日益普及，高校师生与社会上的其他人们一样，享受着整个人类历史上从来没有过的便利交往条件，人际交往与互动日益频繁，接触社会的机会也不断增多。这虽然有助于其开阔视野，但在交往的过程中，也会受到社会不良风气的影响，给高校思想政治教育带来挑战。

总而言之，在思想政治教育实践中，文化环境是动态的、不断变化的，有时也是难以把握的。这就要求高校教师加强对思想政治教育文化环境的研究，从而提出有针对性的有效对策，增强高校思想政治教育的实效性。

第三节　思想政治教育对环境的作用

一、思想政治教育对环境的调节和控制作用

（一）对外环境——扬优和汰劣

外环境是指独立于思想政治教育系统之外，对整个思想政治教育系统产生影响的环

境。它主要包括自然环境和社会环境两大子系统。自然环境和社会环境作为独立于思想政治教育系统的外环境具有以下特点。

一是客观性。即这些环境的存在和发展相对于思想政治教育系统来说是既定的，不以人的意志为转移的，无论是思想政治教育主体还是客体，都生活在其中并受到它的规定和制约，并在外环境提供的这个"大舞台"上生存和生活，形成各种思想和行为，从事各种特定的社会实践活动。

二是整体性。即这些环境是一个互相联系、互相影响的整体。从系统论的角度来看，思想政治教育系统是小系统，外环境是大系统，并且思想政治教育小系统从属于外部环境的大系统。外环境的整体性就表现在它规定和制约着思想政治教育小系统的存在和发展，思想政治教育小系统虽然对外部环境大系统有一定的影响，但归根结底从属于外环境大系统。

三是动态性。即外环境各个层次的构成要素及要素间的组合方式都是变化发展的，不会永远停留在一个水平上，因而，对思想政治教育系统的影响也是变化的。

外环境的这些基本特点既决定了它对思想政治教育作用的必然性、方式和程度，同时也规定了思想政治教育调节和控制外环境的可能性空间，即思想政治教育作为以人的思想认识为对象、以提高人的思想认识、进而改善人的行为为目的的特殊的社会实践系统，它对外部环境的调控，在空间上是部分的，它不可能对外环境中的所有因素都起作用，只能是对某些直接影响人的思想和行为的因素进行调控；在方式上是"柔性"的，它不可能直接运用物质的手段、诉诸物质的力量去改变环境，而是通过"思想的工具"调控环境。

一句话，对思想政治教育来说外，环境不是完全可控的。因此，面对庞杂的、以整体面目出现的、并处在动态发展中的外环境，思想政治教育的主要调控方式是扬优和汰劣。

1. 扬优

扬优，是将外环境中有利于人的思想认识提高和进步、人的行为改善的因素积极地加以凸现，使之发扬光大，成为促进人的思想发展的积极因素和重要参照系的过程。

扬优，首先必须识优，即必须弄清楚外环境中哪些是积极的东西，哪些是消极的东西。认识和确定环境因素中的优与不优，这是一个价值判断问题。作为价值判断，它的价值客体是环境因素，价值主体是人，而价值判断的基本标准是，其是否有利于人和人类的发展和进步，因此，凡是有利的因素，就是积极的、先进的因素，属于"优"的范围，反之则是落后的、消极的因素，这是根本的原则。在这个原则指导下，各个不同的历史时期根据面临的不同任务，还有一系列的具体原则和评判标准。识优就是要以这些具体原则和评判标准为指导，认真分析所处环境的实际，确实弄清和真正把握环境中积极的优秀的东西，从而为扬优奠定坚实的基础。

扬优的关键是要通过各种方法使环境中积极的东西真正发扬光大，形成积极向上的环境氛围。从长期的思想政治教育实践看，扬优的方法有很多。如坚持正确的舆论导向，通过各种途径正确及时地反映体现社会发展必然趋势的各种环境因素，高唱时代的主旋律，弘扬正气；善于发现和培养环境中涌现出来的代表社会发展方向的各种典型，通过身边有血有肉的典型人物和事例，给人们以强烈的情绪感染和理性启迪；积极进行政策扶持，对环境中代表社会进步发展方向的新生事物，通过制定一定的政策制度，用比较刚性的手段加以保护，进行鼓励，促进其发展，等等。

思想政治教育正是运用这样一些方法高扬外环境中的各种积极因素，使之不断得到强化，并通过线性和非线性等相关作用，改善外环境中各个要素之间的关系和走向，实现对外环境一定程度上的调节和控制，最终为思想政治教育创造良好的外部环境。

正确和有效地扬优必须坚持以下原则。

（1）层次性原则

这是由外环境本身固有的层次性决定的。无论是自然环境还是社会环境都是有层次的，每个层次都有自己的特定内容和质的规定性，相对于人和人类的进步发展来说既有积极进步的因素，也有消极落后的方面，并各自立足于不同的层面，对人和人类的发展起着不同的作用，这是思想政治教育扬优的现实基础。从大的方面来说有经济环境、政治环境、思想文化环境，每个方面内部又有各自的特质，各自都有积极和消极的方面。这就要求思想政治教育必须从这些客观存在着的环境实际出发，区分并抓住不同层次上的积极因素进行扬优，努力形成丰富多彩的局面。

坚持扬优的层次性同时又是思想政治教育的内在需要决定的。人的需求和思想不仅因人而异，而且也是分层次的，适应这种不同层次的需要，思想政治教育必须提供不同的精神食粮和思想导向，因而，必须立足于外环境提供的多层次的客观条件，进行多层次的扬优。

（2）发展性原则

由于环境各要素之间的相互联系、相互作用，环境及其要素是不断发展变化的，相应环境中的各种积极因素也是有其存在和发展周期的，即积极的因素不是一成不变的，它也有产生发展变化的过程，在一定时期内是积极的东西，随着各种历史条件的变更，会逐步失去其积极性，有的甚至转化为消极落后的东西。因此，思想政治教育主体在扬优的过程中，一定要把握事物发展的周期，善于不断发现新生事物，抓住好的苗头，充分利用和发挥其处于上升阶段所含有的积极作用，切忌用一成不变的观点来认识和对待环境中的积极因素。

（3）适度性原则

即使是那些确定无疑并且是处在上升阶段的积极因素，思想政治教育主体在扬优时也要注意分寸，恰如其分、防止"过"或"不及"。要从事物客观存在的实际出发，如实反映，重在揭示事物本身固有的特点、发展规律及其对人的全面发展的价值和意义，从而使之从环境大背景中凸现出来，起到示范、激励和导向的作用。

2. 汰劣

汰劣，是扬优的重要补充。它是将环境中不利于人的思想提高和进步、人的行为改善的消极因素加以抵制，使之逐步缩小或消除影响，从而净化外部环境的过程。在外部环境中，从事物发展的规律和趋势看，积极向上的因素总是主流，它是人类社会不断向前发展、人的思想不断提高进步的基本条件，但同时也不能忽视消极落后的因素及其对人类社会的发展和人的思想进步的干扰。因此，思想政治教育对外环境的调控，除了使积极因素发扬光大外，对消极因素也必须进行坚决抵制和消除，即努力做好汰劣的工作。

汰劣首先要识劣，要以是否有利于人的全面发展作为基本的价值判断标准，弄清环境中究竟哪些是消极落后的因素。但识劣与识优又有不同之处，其难度会更大，外环境中的积极因素代表了事物发展方向，符合人类社会发展的趋势与要求，因而，是以本来面目呈现在人们面前的，一般比较容易认识和把握。而消极因素则不一样，由于它失去了存在的必然性、合理性，对人的思想和社会发展起消极阻碍作用，因而，消极因素大多会在社会环境中以各种被"加工"过的面目表现出来，增加人们识别的难度。

同时，社会环境中的有些消极因素原来是积极的东西，只是随着历史条件的变化，才由积极转化为消极的，而人们由于思维上的定势和行为上的惯性作用，一时难以转变，从而造成认识上的困难。所以，识劣需要充分发挥思想政治教育主体的能动性，认真鉴别，透过现象特别是假象，去把握本质。

思想政治教育主体在确实弄清外环境中存在的各种消极因素的基础上，下一步就是要通过各种方法和手段对这些消极因素进行能动地汰劣。这种活动归纳起来主要包括两个方面。

一方面，充分运用思想教育和舆论宣传等"软手段"，及时地发现外环境中存在着的各种消极因素，深刻地揭露和分析其存在的原因及其实质，以及它对人的思想发展和社会进步的危害，提出抵制和克服其消极影响的办法，从而使人们增强抵制消极因素影响的自觉性和能力。

另一方面，注意通过制定一系列正确和有效的政策、制度和法规等"硬措施"，对环境中存在的消极因素进行限制和改造。通过积极主动的物质文明和精神文明建设，铲除各种消极因素滋生的土壤，使它对人的思想和社会发展的消极影响减少到最低程度。

"软"和"硬"是相辅相成的。思想教育和舆论宣传等工作是汰劣工作的基础和实行"刚性限制"的前提，没有对消极因素存在的危害的充分认识，就很难使人们对这些消极因素进行自觉的抵制。政策、法规和制度等的建设则是使思想教育和舆论宣传的效果落到实处的重要保证，没有这些"刚性"的限制和改造，仅靠思想教育和舆论宣传也是不行的。正是这"软"和"硬"两手的有机结合，构成了思想政治教育汰劣的有效机制。

（二）对内环境——选择和创设

内环境是思想政治教育主体在思想政治教育过程中，以外环境为背景和依托，依据一定的教育目的，有计划地选择、加工和改造后建立起来的对思想政治教育对象产生感染、激励、鼓舞、促进等作用的环境，主要包括思想政治教育的内容、方法、手段、时间、场合、教育者和被教育者双方的关系及心理氛围等，对思想政治教育的实施直接起着烘托、支持、导向等作用。

1. 内环境的特征

（1）有序性

内环境的各个要素虽然来自外环境，但它不是盲目地照搬现存的外环境，它是思想政治教育主体根据人的思想形成和发展规律及思想政治教育的规律，有计划、有组织、有目的地精心选择、加工、改造、重组的环境，因此，它不像外环境那样零乱、充满矛盾和冲突，而是比较有序的，对思想政治教育对象的作用也是外环境所无法比拟的。

（2）可控性

由于外环境所具有的客观性、外在性和整体性，思想政治教育主体虽然对其也有很大的能动作用，但不是完全可控的，就像自然环境中的许多因素根本是不可控的一样，只能在外部环境提供的客观现实的基础上，进行一定的褒扬和限制等活动来实现扬优和汰劣。

内环境则不同，它是被思想政治教育主体能动地建构起来的，因此，它是可控的。在外环境提供的各种要素和发展可能性的范围内，思想政治教育主体选择什么，如何选择是自觉自主的，而且建构起来的内环境随着时间的推移、情况的变化，要素间不协调和不适合主体需要时，主体也能进行自觉地调控，以实现思想政治教育的总体目标。

内环境的这两个特点说明，思想政治教育主体对内环境的调控作用比对外环境的调控作用要大得多，也直接得多。

2. 内环境的选择和创设

思想政治教育主体对内环境的调控作用集中表现在选择和创设上。选择是创设思想政治教育内环境的前提，它是对外环境中各种要素有目的有计划的比较、鉴别和选定。无论进行什么样的思想政治教育活动，都需要有以特定的人和人的集合体为对象，以提高某个方面的思想和改善某个方面的行为为目的，以特定的教育内容和方法手段为中介，以特定的时机和场景为时空条件，这里的思想政治教育内容、方式手段、时机、场景等是构成思想政治教育内环境的最基本的要素。这些要素都是思想政治教育主体以思想政治教育的目的为基本依据，以外环境提供的各种要素为客观条件，能动地选定的，它为进一步进行能动的创造活动准备了条件。

创设是主体对选定的各种外环境因素进行加工、改造、重组、整理，从而建构适应思想政治教育需要的内环境的能动过程，是合规律性和合目的性的高度统一，是主体对环境能动作用的突出表现。主体创设内环境包括许多层面，如良好的心理环境、和谐的人际环境、奋发向上的思想文化和舆论环境，以及体现物质文明发展水平的教育手段和物质载体的"硬"环境等。其中尤其要创设好"思想感应"环境、"社会熏陶"环境、"心理驱动"环境。一旦这些环境建立起来，思想政治教育就能收到事半功倍的效果。

正确地实现思想政治教育内环境的选择和创设，从而实施对内环境的正确调节和控制，关键是要服从和服务于思想政治教育的目的，在这个前提下还要注意内环境各构成要素之间以及内环境和外环境之间的最佳配合，努力消除矛盾和冲突，形成对思想政治教育的整体合力。为此，必须注意以下几点。

（1）有利于主体和客体的互动

主体和客体是思想政治教育系统最基本的构成要素。思想政治教育目的的实现、效果的提高，主要取决于主体与客体的有机结合和积极互动，因为，思想政治教育客体是有目的有意识并且能动的、活动着的人，在思想政治教育过程中作为被教育的一方具有受动性，但同时又具有自身的能动性，由于内在思想结构的作用，他们对主体所传导的思想信息是否接受、怎么接受、接受到什么程度，以及如何转化为自己的行动，等等，都是经过自觉自主的思想活动做出的。在思想教育过程中光有主体的活动是不够的，必须有客体的能动活动相呼应、相配合，形成共同活动，产生"谐振"，才能使主体的活动收到预定的效果。所以，思想政治教育主体无论是对内环境构成要素的选择，还是依据选择所进行的创设活动，都必须有利于营造促进主体和客体良性互动的环境。

（2）有利于思想政治教育和场景氛围的互补

任何思想政治教育都是在特定的时空条件下进行的，这里的时空条件既包括教育的时机，又包括教育的场景和心理文化氛围。思想政治教育与时空场景是互相依存、相互作用的：思想政治教育依赖于特定的时空条件，同时又对改善时空条件起重要的作用；时空条件受到思想政治教育的作用和影响，如文化心理环境的改变，同时也对思想政治教育的内容予以支持或反对，强化或削弱、烘托或淡化等。因此，思想政治教育主体在调控内环境时一定要注意建设，使思想政治教育与时空条件互相支持、互相促进、优势互补、共同发展的环境条件，实现思想政治教育的最佳效果。

（3）有利于内环境与外环境的匹配

思想政治教育的内环境作为思想政治教育主体依据思想政治教育的目的自觉建构起来的小环境系统，与外环境有着非常紧密的联系。一方面它始终是在外部大环境的影响和制约下存在和发展的，不仅其构成要素是由外环境提供的，而且其组合方式和走向都受到外环境的规定和制约。另一方面内环境的优与劣反过来又对外环境施以一定的影响。

内环境与外环境的这种关系，就要求思想政治教育主体在调节和控制内环境时，必须始终注意使内环境和外环境保持良好的、比较和谐的、同步发展的关系，即既要坚持从外环境的客观实际出发，适应外环境的发展规律和要求，又要充分发挥自觉能动性，择优选择外环境的各种因素，不断地建构有利于支持思想政治教育，还有利于影响和牵引外环境发展的内部小环境，以实现思想政治教育内环境和外环境的最佳配合，提高思想政治教育的效果。

二、思想政治教育对环境发展的促进和保障作用

思想政治教育主体对内外环境的调节和控制，说到底是为思想政治教育活动营造了一个良好的支持环境，属于思想政治教育的范畴。可以肯定，这种作用是思想政治教育对环境能动性的重要表现，但是，思想政治教育除了这个作用外，还具有超出思想政治教育自身的范围、为环境的存在和发展服务的功能，这就是思想政治教育对环境发展的促进和保障。它是思想政治教育根本目的的集中体现，也是其存在和发展的价值所在。

（一）把握方向

把握方向，即通过思想政治教育能动的活动，使自然环境朝着有利于不断优化人类的生存和生活条件的方向发展，社会环境朝着符合社会发展规律和趋势、有利于人类发展与进步的方向发展，思想文化环境朝着代表先进文化发展方向，有利于更好地服务于人们的实践活动的方向发展，一句话，使环境变得越来越有利于人类的生存和生活。对此，思想政治教育主要是通过正确的思想理论导向来实现的。

导向即引导方向，思想政治教育要通过深刻阐明环境发展，特别是社会环境发展的客观规律和趋势，指出环境发展的正确方向、大力宣传体现社会发展要求和人民利益的党的路线方针政策，从而使思想政治教育客体首先实现思想上的认同，进而实现行动上的自觉，以尽可能地保证人们的行为有利于环境的改善和发展。如人类改造自然的实践活动，在可能性上会出现两种不同的结果：一种是顺应自然界本身的规律，促进自然生态系统的良性循环，提高生态系统的自动调节功能，为人类创造一个良好的自然环境；另一种是逆自然界的发展规律而动，造成自然生态系统的恶性循环，破坏生态系统的自动调节功能，使自然环境受到污染，人类的生存条件不断恶化。对自然环境可能出现的这两种相反的结果，思想政治教育难以直接加以调节和解决，但可以通过正确的思想导向，使人们充分认识科学利用和保护环境的重要性，从而重视对环境的正确改造，确保环境朝着符合自身规

律、有利于人类生存和生活的方向发展。

（二）提供动力

提供动力，即通过思想政治教育的能动作用，充分调动人们正确有效地改造环境的积极性，激发其内在的动力，促进环境的持续和协调发展。这主要是通过深刻揭示人的存在和发展与环境条件的内在联系和利害关系来实现。

人类自从产生的那一天起就一直在处理与环境的关系，既处理着人与自然的关系，又处理着人与社会的关系。然而，在许多时候，人们并没有正确地处理好这种关系，如在自然领域，对环境的掠夺和破坏性的"享用"随处可见，在社会领域利用环境和创造环境相脱节，甚至人为地恶化、毒化环境的现象也存在。这就需要通过思想政治教育让人们明辨是非，晓之利害，帮助人们充分认识正确地改造环境的重要性，激发人促进环境完善发展的内在动力。

（三）协调关系

协调关系，即通过能动的思想政治教育活动，帮助人们面对庞杂的环境体系，分清主次，正确处理各个方面、各种因素之间的关系，确保各种环境之间的协调发展，最终实现社会的可持续发展。

环境是一个由众多方面构成的整体，环境的各个方面既互相对立又互相联系。由于事物发展的差异性以及人们实践活动的作用，环境各个方面之间的矛盾甚至冲突是经常发生的，如自然环境和社会环境发展的不协调，社会领域、经济环境与思想文化环境的不匹配，乃至某个小环境中各个要素之间也会出现相悖的现象。这些既不利于环境自身的协调发展，也给人们的社会实践活动带来诸多困惑和消极的影响，因此，思想政治教育作用于环境的一个重要方面，就是通过发挥"思想领先"的优势，帮助人们正确地认识和协调它们之间的关系，保持环境各个方面的和谐发展，为人类创造一个良好的生存和发展环境。

第四节　思想政治教育环境建设

一、继承和发扬思想政治教育环境中的积极因素

（一）物质环境的优化

思想政治教育的物质环境是指环绕于思想政治教育主客体周围，并对思想政治教育过程发生影响的物质要素总和，具有客观实在性和相对稳定性。物质环境既是社会生存发展的物质条件，又是思想政治教育的物质基础，因此，必须加强物质环境的优化，以具体的物质形态感染人、启发人。一方面保护好人们生存的自然环境，让自然环境造福人类，通过影响人的生理素质、智力素质来影响人的思想。另一方面，保护好社会的物质环境，因

为它是教育因素的物质载体，是开展教育活动的物质手段。

人们可以根据教育内容的需要，使用设备设施、场地器材，或者参观纪念碑、纪念馆文物古迹等，开展各种教育活动；还可以通过设置绿化区、文化广场、雕塑作品和名人的语录牌等，对人们产生潜移默化的教育影响。无论是绿化区的园林艺术，还是各式各样的建筑造型，无一不是匠心独运的精巧之作，体现出精神文化底蕴和审美艺术气质，使山、水、园、林、路等达到使用功能、审美功能和教育功能的和谐统一，这样的环境氛围，才能开启人的情智心智，启迪人的思想灵感，能催人奋进，助人自律。

（二）精神环境的净化

思想政治教育的精神环境主要是指环绕人周围的各种精神因素的总和。它是人们改造主观世界的精神成果，具有意识性、可变性、价值倾向性，主要包括制度文化要素、思想观念要素和心理要素，主要体现在社会风气、思想观念、文化氛围等方面。

社会风气以其固有的精神力量、行为习惯和舆论氛围，对人们产生持久稳定的、潜移默化的影响，以集体荣誉感为动力机制，催人上进；以活动能力为竞争机制，引人勤奋；以正确言论为约束机制，促人自律。思想观念包括思想意识、价值观念、生活观念和行为方式，观念是精神的内核，由价值观、人生观、道德观、审美观、成人观、恋爱观等组成。社会文化活动营造的文化氛围，对人的思想及综合素质的发展具有重要影响，构筑良好的社会文化氛围，把人们的积极性与制度约束结合起来，弘扬社会主义精神文明的时代主旋律，大力推广高雅文化艺术，提高人的审美情趣和审美能力，使人们自觉抵制某些低级庸俗思想的消极影响，净化精神环境，增强育人效应。

（三）弘扬主旋律

思想政治教育的主旋律属于思想政治教育精神环境的范畴，主旋律以爱国主义教育，集体主义教育，社会主义教育，世界观、人生观、价值观教育为主要内容，以科学的理论武装人，以正确的言论引导人，以高尚的精神塑造人，以优秀的作品鼓舞人。从思想道德建设和科学文化建设两方面出发，突出理想信念教育、为人民服务的道德教育、法律法规教育、社会主义市场经济理论知识教育，增强精神环境的辐射力、吸引力和感染力。

以理想信念教育为核心，深入进行树立正确的世界观、人生观和价值观教育；以爱国主义教育为重点，深入进行弘扬和培育民族精神教育；以基本道德规范为基础，深入进行公民道德教育；以大学生全面发展为目标，深入进行素质教育。解放思想，实事求是，与时俱进，坚持以人为本，贴近实际、贴近生活、贴近学生，努力提高思想政治教育的针对性、实效性和吸引力、感染力，培养德智体美全面发展的社会主义建设者和可靠接班人。

二、克服和消除思想政治教育环境中的消极因素

（一）抵御西方社会思潮的冲击

社会思潮具有社会影响力。作为一种精神力量，社会思潮不仅反映社会生活的现象，其共鸣性特征还决定了它能对社会发展起到巨大的冲击作用。消极的社会思潮可以扰乱人们思想，破坏社会安定，给社会带来不良的影响，进步的社会思潮则能增强思想凝聚力，

引导社会进步，推动社会发展。

现代西方，在哲学、政治学、经济学、社会学、宗教学、马克思主义理论等众多领域，出现了西方马克思主义、市场社会主义、"第三条道路"、非理性主义、后现代主义、全球化思潮和消费主义等各种社会思潮。人们对西方社会思潮的反应，体现着人们的政治态度、政治观念和政治行为的走向。消极的社会思潮是迷魂剂，它能迷惑人的灵魂，并以这种或那种方式干预社会生活，对社会生活中健康因素起着淡化作用，对社会的发展起着破坏作用。因此，要以马克思主义的立场观和方法研究社会思潮的由来、现状和发展方向，帮助人们正确认识各种社会思潮的本质，抵制和批判社会思潮中的有害成分，将其放在具体的历史背景中去正确认识和理解，用辩证唯物主义和历史唯物主义的观点加以审视和分析。

（二）消除大众传媒的负面影响

大众传媒的负面影响主要表现在以下几个方面。

第一，干扰教育对象的价值观。大众传媒多维辐射的传播模式缺乏积极有效的"把关人"，这不仅削弱了对暴力、犯罪等负面信息的过滤能力，而且"把关人"的主观介入使传播内容、传媒方式、传媒时间的选择具有一定的价值取向，因此，低质不良信息容易乘虚而入，导致教育对象的思想与社会主导的价值观念偏离，出现行为失范。

第二，大众传媒对教育对象的心理、社会交往产生冲击。大众传媒这一社会场景消解了传统社会角色界限，容易使个体行为在不同角色的标准和规范的转换中失序，造成社会交往冲突。

第三，大众传媒弱化了思想政治教育效果。一方面，大众传媒通过共享的信息系统为教育者和教育对象提供了平等获取信息资源的权力，这使他们在文化素质、观念上的差距逐渐缩小，教育者在思想政治教育中的素质优势和权威性受到挑战。另一方面，大众传媒交往模式的去中心化降低了思想政治教育中主客体关系的稳定性，干扰了教育者准确把握思想政治教育信息反馈和效果，从而增加了控制和管理思想政治教育活动的难度。

因此，对大众传媒一要控制，二要净化。控制主要通过政府运用法律和规章制度进行行政和业务管理，通过社会公众的预览反馈形式、社会舆论监督、公众团体的意见来制约；通过大众传播机构、内部从业人员或个人对自己所实施的约束，达到有效地控制大众传媒的目的。净化主要是指导受教育者要正确对待大众传媒提供的精神食粮；对大众传媒中出现的问题，有准备、及时地净化不良的影响；对大众传媒直接提出意见和要求，积极地干预和影响传媒，使其产品的性质、内容、形式和风格向着正确的方向发展。

（三）克服不良社会风气的影响

不良社会风气表现在以下几个方面。

第一，一些人受西方享乐主义和极端个人利益观的影响，已经不能静下心来反省自己，对所追求的利益缺乏清醒的认识，忽视了道德的约束以及理性的存在，对自身的生存缺乏内在的批判和超越意识，以损害自然和牺牲社会其他人的利益的方式，来达到盲目追求极端个人物质利益的目的，使自身成了金钱和物质的奴隶，陷入了自私、狭隘的"伪生存"状态中。

第二，封建文化的遗毒使不少人产生权力崇拜的思想。伴随着市场经济的兴起，不少人面对大量的信息和大众传媒的反复强化，来不及思考便接受了具有流行色调的趣味标准和外在的引导，进而导致个体独立的判断能力趋于衰退，批判否定的能力弱化。

第三，追求物质享受的价值观和愿望露骨地表现在影视文学作品和各种大众传媒之中，快餐式、世俗化、感觉化、形式化的文化价值观严重影响了人们对传统价值观的继承，使不少人"疏离经典，告别崇高"，跟着感觉走，出现了网络世界的符号化和形式化。这种影响不容小觑，毕竟是一种代际影响，对我国未来的发展至关重要。

因此，我们不但要肩负起传统文化继承的使命，要以博大胸怀和健康心态学习吸收各国各民族优秀思想道德成果，还要坚决抵御外来腐朽思想道德的渗透和侵蚀，做到排污不排外，有所引进，有所抵制。

三、创设思想政治教育新的环境

我国社会主义现代化建设事业蓬勃发展，中国共产党提出了构建和谐社会，建设社会主义核心价值体系，全面建成小康社会的宏伟目标，这是时代发展的潮流和趋势。现代社会的进步，使大众传播媒介有了新发展、新变化，对人的思想的形成、发展以及对思想政治教育都有重大的影响，面对新的目标、新的变化，高校要创设思想政治教育新的环境。

（一）构建和谐社会环境

提出构建社会主义和谐社会，标志着中国共产党对党的执政规律，对社会主义建设规律，对人类社会发展规律认识的新境界。这既是对我国改革开放和现代化建设经验的科学总结，也是在新的国内外形势下提高党的执政能力、贯彻落实科学发展观、更好地推进我国经济社会发展的战略举措。明确提出构建社会主义和谐社会，反映了我党对中国特色社会主义事业发展规律的新认识，也反映了我党对执政规律、执政能力、执政方略、执政方式的新认识，为紧紧抓住重要战略机遇期、实现全面建设小康社会的宏伟目标提供了重要的思想指导。

构建社会主义和谐社会，是中国推进经济社会发展的重要目标，也是中国经济社会发展的重要保障。构建和谐社会是科学发展观的核心内容，是经济和社会发展的最终归宿，是党从全面建设小康社会全局出发提出的一项重大战略任务。和谐社会是民主法治、公平正义、诚信友爱、充满活力、安定有序、人与自然和谐相处的社会。具体表现为农村与城市和谐发展，人与自然和谐发展，人与社会和谐发展，社会与经济和谐发展，政治与经济和谐发展，物质文明与精神文明和谐发展。

构建社会主义和谐社会，关系到最广大人民的根本利益，关系到巩固党执政的社会基础、实现党执政的历史任务，关系到全面建设小康社会的全局，关系到党的事业兴旺发达和国家的长治久安。我们要从这样的战略高度，深刻认识构建社会主义和谐社会的重大意义，自觉承担起和谐社会建设的历史任务，创设有利于思想政治教育的和谐社会环境。

（二）创设精神文化环境

社会主义核心价值体系是社会主义意识形态的本质体现。[①] 要巩固马克思主义指导地位，坚持不懈地用马克思主义中国化最新成果武装全党、教育人民，用中国特色社会主义共同理想凝聚力量，用以爱国主义为核心的民族精神和以改革创新为核心的时代精神鼓舞斗志，用社会主义荣辱观引领风尚，巩固全党全国各族人民团结奋斗的共同思想基础。

大力推进理论创新，不断赋予当代中国马克思主义鲜明的实践特色、民族特色、时代特色。开展中国特色社会主义理论体系宣传普及活动，推动当代中国马克思主义大众化。推进马克思主义理论研究和建设工程，深入回答重大理论和实际问题，培养造就一批马克思主义理论家特别是中青年理论家。切实把社会主义核心价值体系融入国民教育和精神文明建设全过程，将其转化为人民的自觉追求。

积极探索用社会主义核心价值体系引领社会思潮的有效途径，主动做好意识形态工作，既尊重差异、包容多样，有力抵制各种错误和腐朽思想的影响。繁荣发展哲学社会科学，推进学科体系、学术观点、科研方法创新，鼓励哲学社会科学界为党和人民事业发挥思想库作用，推动我国哲学社会科学优秀成果和优秀人才走向世界。建设社会主义核心价值体系，以此为引领，建设我们的精神家园。

（三）优化大众传播环境

优化传媒环境，为思想政治教育创造良好舆论氛围。现代社会的大众传媒集新闻性、商业性、娱乐性和教育性于一体，没有差别地向全社会的各类成员传递信息。由于经济利益的驱动，必然通过各种感官刺激吸引受众，无限地追求扩大收视率和发行量，结果导致了娱乐性和商业性冲击教育性。我们应不断推动大众传媒环境建设，实现其与思想政治教育的良好契合。

第一，思想政治教育者以良好的信息素养和人格为支撑，对大众传媒中的思想政治教育进行积极引导和管理。信息素养是指教育者具备熟练运用各种媒介获取信息资源并快速处理和区分各种信息的能力。具备较高信息素养的教育者，不仅能为思想政治教育有效过滤不良信息，较准确地把握受教育者的思想动态，而且这种基于信息优势而形成的知识权利，使教育者具有较强的说服力和威信，能够保证其在思想政治教育中的主导地位。

第二，思想政治教育应尊重教育对象的主体性，彰显思想政治教育的个体价值。一方面，思想政治教育应借助大众传媒这一交流平台，营造平等、和谐的氛围，激发教育对象的主体意识和参与意识，使教育对象主动接受教育内容，并外化为自觉的行为；另一方面，思想政治教育应满足教育对象自我发展和完善的内在需求，面对人们在社会转型期出现的信任危机、利益竞争、价值取向多元化等困惑，引导个体正确处理主体性与社会化、竞争性与合作性、人与社会、自然协调发展等矛盾，为个体的人生实践提供正确的理想信念和价值导向。

第三，用先进的意识形态占领大众传媒，开辟思想政治教育的新阵地。意识形态领域，马克思主义不去占领，各种非马克思主义、反马克思主义就会去占领，因此，应积极

---

① 喻冰，侯微. 中国化马克思主义理论概论 [M]. 沈阳：东北大学出版社，2014：194.

培育思想政治教育和大众传媒的契合点，推进思想政治教育的阵地建设。在大众传媒中建设高质量的思想政治教育专栏，把思想政治教育渗透到各种媒介和节日中，用生动活泼的形式传递社会主导的价值观念和道德规范；运用法律和政策监控大众传媒，过滤反动、消极的信息，降低有害信息对受教育者的冲击；同时，在宣传、理论、新闻、文艺、出版等方面要坚持弘扬主旋律，为大学生思想政治教育营造良好的社会舆论氛围，为大学生提供丰富的精神食粮。

环境的发展与思想政治教育的发展是相互影响的。变化着的环境决定了思想政治教育必须改革与创新，而思想政治教育的改革与创新反过来又优化和丰富了环境。强化思想政治教育，必须充分有效地利用社会环境，使思想政治教育与新的环境因素相适应。

第五章　高校思想政治教育与网络育人融合

随着网络技术的迅速发展和网络应用的不断推广，网络在国家发展战略中的重要性越来越凸显，这对高校网络思想政治教育工作提出了更紧迫、更具体的任务和要求。网络思想政治教育是在网络技术的基础上针对当前大学生的心理特点，运用多样化的教育方式所进行的思想政治教育活动。它是高校抢占网络育人阵地的应有之义，也是促进高校思想政治教育手段更新的有力手段。因此，本章对高校思想政治教育与网络育人融合问题进行了分析与探讨。

第一节　网络育人概述

一、网络育人的基本内涵

育人是高校的核心使命，这就要求高校要与时俱进、着眼长远，准确把握社会发展形势和高校育人环境的变化，准确把握高校内部各类群体，尤其是受教育群体的发展需求，实现趋利避害、因势利导。

网络育人是"全方位育人""全过程育人"理念在信息化背景下的新体现，我们既不能将它狭义地理解为借助网络平台开展育人工作，也不能将它片面地曲解为传授与网络相关的知识技能。网络自身的丰富含义，促使我们必须超越网络的工具性层面，着眼网络在发展过程中日渐凸显的社会文化意义，立足网络社会观，重新审视网络育人的丰富内涵。

网络育人是理论与实践交互影响、相互印证的结果，是综合了课堂教育、日常管理、发展服务等各种手段，涵盖了网络舆情管理、网络舆论引导、网络社区建设、网络文化培育等多种方式，包含了网络技能培养、网络发展辅导、网络人格塑造、网络人生提升等丰富内容的系统工程。它是与网络社会相伴而生的一个系统概念，既是引导受教育者更加辩证地看待网络与现实的世界观教育，也是帮助受教育者在网络社会中实现更好发展的方法论教育；它既具有鲜明的时代特征，又有思想政治教育的根本特性；它既是实践探索的提升，又是理论思考的总结，是促进新时期高校思想政治教育工作不断创新发展的有益尝试。①

---

① 彭晓琳，陈钧. 创新驱动下的高校服务育人模式研究——成都学院学生事务管理改革的理论与实践 [M]. 北京：光明日报出版社，2018：246.

进入 21 世纪以来，互联网技术飞速发展，网民规模迅速壮大，互联网正全面、深刻地影响着人类社会。作为社会有机体的组成部分——高校，其在许多方面都呈现出网络化趋势，互联网正冲击和改变着高校传统的育人模式。立德树人是高校的根本任务与核心使命，这就要求高校必须与时俱进、着眼长远，深刻认识互联网革命给高校育人环境带来的变化，准确把握当代社会的发展形势，满足学生的发展需求，从而实现教育目的。

二、网络育人的特点

（一）主体的广泛性

随着以去中心化、开放、共享为显著特征的互联网的出现，社会大众可以全面、深入地参与信息生产。互联网为网上活动主体创造了一个无形的时空和社会，为其提供了平等参与的可能性，主体发布信息的交互性也得到了充分保证。

网络具有开放性、共享性、交互性，它打破了教育者与受教育者的固定地位，变被动式育人为互动式育人；同时，网络的发展也使人类的政治生活、文化生活，乃至整个社会结构都发生了重大变化，个人的自我意识与主体意识大大增强。因此，教育者与受教育者都是网络的主体，他们之间地位平等。这就要求教育者在思想政治教育工作中必须树立平等意识，尊重学生的主体意识，在网上以平等的身份与受教育者建立起和谐、友好的朋友关系，这样，大学生才更容易敞开心扉，教育者也才可以更加及时、准确地了解学生真实的思想状况，从而有针对性地积极引导学生主动参与思想政治教育活动。

（二）思想和行为的开放性

一方面，互联网具有开放性等特征，而另一方面，现行的互联网准入和管理机制并不健全，这让各个领域、各怀专长的人都可以在此聚集、互通有无，同时，网络社会中的人际交往模式也被重新塑造。互联网显著改变了交往中的吸引力要素排序，大大降低了现实中社会阶层、职业、性别等因素对人际交往的影响，人际交往的身份、空间等界限不断被打破，这就导致主体思想、行为都具备了极强的开放性。

（三）平台与资源的优越性

网络是一种全新的传播媒介，具有信息海量化、处理数字化、传输高速化等特点。它作为代表先进生产力的科学技术手段，给高校思想政治教育工作的开展带来了许多便利和机遇。

首先，网络使高校思想政治教育的内容更加充实和丰富。网络世界存在大量的信息，它为高校思想政治教育者提供了取之不尽、用之不竭的资源。

其次，网络拓展了高校思想政治教育的空间，使高校思想政治教育的手段更加多样化。网上讲座、网上宣传、网上论坛、电子信箱、热线服务等多种多样的手段，都为大学生思想政治教育注入了新的活力。

最后，网络提高了思想政治教育工作的针对性和实效性。网络是一个自由空间、虚拟空间，不仅能缩短人与人之间的物理距离，而且还能缩短人与人之间的心理距离，这就可以让思想政治教育工作者更容易了解学生的真实思想动态，从而大大提高高校思想政治教育工作的成效。

（四）管理环境的复杂性

我们应该清醒地认识到，网络的繁荣也给高校思想政治教育工作提出了严峻的挑战。网络作为一个无地域、无国界的全球性交互空间，它既是一个信息宝库，又是一个信息垃圾场，网上垃圾对网民的思想影响不可小觑。尤其是西方国家和国外敌对势力，其凭借其强大的信息传播控制力和影响力，不断向我国输出西方的意识形态、价值观念、生活方式，打着民主、自由的旗号，通过网络进行着具有很强隐蔽性和欺骗性的思想文化侵略，争夺、分化、利用和毒害人民群众，尤其是青年大学生。网络上到处可见新事物，这些新鲜事物不仅对大学生有着无限的吸引力，而且还可能导致其沉迷网络，不能自拔，严重影响了他们正常的学习与生活。很显然，当前的网络育人环境形势非常严峻。

三、新时代创新推动网络育人的必要性[①]

网络育人是指高校教师以网络为中介，围绕立德树人的根本任务，通过开展思想政治教育活动，把大学生培养成为德智体美劳全面发展的社会主义建设者和接班人的教育方式。与此同时，教师也能得到来自学生的反馈，并在总结反馈中提升自己，这就实现了师生的教学相长。需要注意的是，网络在此不仅仅体现了其工具理性，而且作为价值理性，它也是要进入育人机制的。

网络打开了人类认识世界的新视野，持续地潜移默化，直至影响每个人的思维方式。在网络上，教师面对的学生不再是被动的客体，他们不仅是教育信息的消费者，也是教育信息的生产者，和教师一样，具有能动性、主体性。网络的这种赋权技术使师生超越了主体—客体关系而发展为主体—主体的关系，也促进了新时代高校思想政治教育新范式的生成。

新时代网络育人的必要性可以体现在以下几个方面。

（一）网络对大学生价值观形塑作用持续放大

当下，很多年轻人基本不看主流媒体，而是从网上获取大部分信息。高校必须正视这个事实，网络的确对大学生产生了重要影响，尤其是对其价值观的影响更大。

大学生是网络的原住民，对网络信息的消费与日俱增。大学生的认知能力其实并不是非常强，且其社会经验不足，这导致其对网络上的很多信息都无法作出正确的判断，甚至有时还会认同网络上一些灰色信息，这给其树立正确的价值观带来了困难。因此，高校必须强化网络育人，消除网络对大学生价值观的不良影响。

（二）实现中华民族伟大复兴中国梦的历史使命倒逼高校加强网络育人

青年兴则国家兴，青年强则国家强。青年一代有理想、有本领、有担当，国家就有前

---

① 徐世甫. 网络育人：新时代高校思想政治教育新范式 [J]. 中国高等教育，2019（09）：50.

途，民族就有希望。① 大学生作为青年中的优秀群体和中坚力量，是中国特色社会主义建设的重要生力军。但近年来，随着我国日益走近世界舞台中央，一些国家把我国的发展壮大看作是对其制度模式和价值观的挑战，加紧对我国进行渗透、分化，方法手段更加隐蔽、多样，而互联网就是他们的重要武器之一。只有化最大变量为事业发展的最大增量，把握网络空间主动权，培养担当民族复兴大任的时代新人，我们才能在激烈的国际竞争中立于不败之地，这就要求高校必须果断地利用网络实现科学育人。

四、网络育人在高校思想政治教育中的地位和作用

（一）网络育人是高校思想政治教育的重要组成部分

网络育人是高校思想政治教育的重要组成部分。首先，通过网络进行思想政治教育，高校可以及时了解网络舆情，及时把握高校大学生的思想动态，提高高校大学生辨别和运用网络信息的能力。高校网络舆情主要是指大学生网络群体通过论坛、微博、微信等网络平台，针对自己所关注的社会现象、社会问题，以及校园生活中的某种现象和问题发表意见和评论，从而形成的带有倾向性的意见和观点的总和。高校网络舆情作为高校把握大学生思想动态的窗口和风向标，已经成为现代网络思想政治教育的重要课题，成为高校思想政治教育的重要课题。网络育人可以帮助高校及时了解网络舆情，构建理性、宽容、通畅的对话、沟通机制，引导学生通过正当方式表达自身合理的诉求。

其次，海量的网络信息为大学生的学习、研究提供了丰富的资料，开阔了其多角度、全方位认识世界的视野。网络育人可以帮助高校提高大学生运用网络的能力，增强网络信息对大学生发展的促进作用，引导大学生形成清醒的信息主体意识和正确的信息观念，使他们能理性认识和分析各种社会矛盾和社会问题，从而增强其社会责任感，这也是高校思想政治教育的任务。因此，网络育人是高校思想政治教育的重要组成部分。

（二）网络育人是传统育人方式的创新和发展

传统育人是在一定的空间和时间内、思想政治教育者用有限的教学内容和教学资源对教育对象进行影响和作用的活动。传统育人方式有其存在的合理性，但随着时代的发展，它已经难以满足教育对象全方面的需求，而网络育人则很好地弥补了传统育人方式的不足，创新和发展了传统育人方式。

相较传统育人方式，网络育人的创新主要表现在时间空间上、教学内容和资源上。首先，网络育人突破了时间和空间的限制。网络具有开放性和便捷性，这使教育能发挥作用的时间越来越多、空间越来越广，时效性不断提升。传统育人方式局限于课堂，而网络育人不局限于课堂，教育者随时随地都可以对教育对象进行教育。其次，网络育人使教育的内容和素材得到了极大的丰富。网络中出现的问题都可以成为教育的内容，这极大地丰富了思想政治教育的内容。

---

① 习近平. 决胜全面建成小康社会　夺取新时代中国特色社会主义伟大胜利——在中国共产党第十九次全国代表大会上的报告［M］. 北京：人民出版社，2017：70.

（三）网络育人有助于充分发挥受教育者的主体性

网络育人具有交互性特征。所谓交互性，是指教育者与受教育者在网络思想政治教育过程中所形成的思想、观念、信息和情感之间的双向互动关系。网络育人的交互性打破了教育者和受教育者的固有身份。在形式上，教育者和受教育者都是网络活动的主体，教育者要认识并尊重受教育者的主体性地位，在平等的环境中与受教育者一起探讨问题，同时还要调动起受教育者的主体意识，使其可以与教育者实现思想、信息和情感的交互。

（四）网络育人有助于提升高校思想政治教育的实效性

传统的高校思想政治教育主要是思想政治教育者通过课堂对学生进行思想教育，学生在课堂上往往难以表露自己内心的真实想法，而教育者也较难有的放矢地对学生进行教育和引导，因此教育效果会受到一定程度的影响。

在网络育人中，由于网络的隐蔽性和虚拟性较强，学生可以更为充分地展示自我，更真实地表达自己的想法。教育者可以更全面地把握学生真实的思想信息，了解教育对象的思想现状，并能根据教育对象的特点对其进行教育，这样就能增强思想政治教育的针对性和实效性。此外，相对于教育对象的思想变化，高校传统思想政治教育总是有一定的滞后性，而网络育人的快捷性和实时性能够弥补和消除二者之间的时差，从而使思想政治教育更加及时、有效。

五、网络育人遭遇的时代挑战

网络教学作为课堂教学的有益补充，重在引导学生学习基本知识、基本理论等内容。因此，这就要求高校深入研究网络教学的内容设计和功能发挥，不断创新网络教学形式，推动传统教学方式与现代信息技术的有机融合。

目前，高校网络育人在以下三个方面存在挑战。

（一）网络育人环境去时空化带来的挑战

网络思想政治教育生成了全新的环境，教师与大学生接触的机会增加，表现为双方既可以实时交流，又可以延时沟通；既可以在同一空间对话，又可穿越千山万水互动。时间与空间的同一性被拆解了，时间可以重组空间，空间可以切割时间，时空既可被压缩，又被可放大，于是，教师与大学生可以占据不同的网络时空。这与高校思想政治教育的主渠道——时空同一的课堂完全不同；同时，也让高校思想政治教育面临着极大的挑战，这主要表现为在网络育人的过程中，一旦教师开展的思想政治教育活动不能引起大学生的共鸣，不能触动其心灵，学生就可以随时退出网络思想政治教育平台，拒绝接受思想政治教育。因此，如何确保网络思想政治教育的可持续性，是新时代高校网络育人的重大挑战。

（二）网络育人对象的去身体化带来的挑战

网络思想政治教育的对象虽然是一个个具体的、现实的大学生，但是他们已经去身体化，呈现为一个个数字化的符号存在于虚拟空间，不再有相貌、年龄、身份和权力等外在物性特征的束缚，不再担心现实中有可能对身体、身份造成伤害的惩戒性权力的出现，成了彻底的精神实体。而一旦大学生消除了对身体、身份伤害的顾虑，摆脱了外在强力的束缚，变得自我主导，其就获得了无限的自由。他们在接受网络思想政治教育的过程中，可以不顾及教师，随时单向中断与教师的连线，这使师生组成的思想政治教育共同体随时处于解体的风险中；而且在网络上，学生往往敢于提出一些在现实中不会提出的非常敏感的话题，甚至可能会说些非常过激的话语，还会针对网上的一些不良信息、负面事件等对教师进行不断追问，少数人甚至会被西方敌对势力精心设计的话语噪音、杂音所吸引，落入披着文明与学术外衣的政治陷阱中，主动起哄或参与一些不良信息、负面事件的负能量传播。由此可以发现，教育对象的去身体化给网络育人带来了巨大的不确定性。

（三）网络育人方法的去特权化带来的挑战

从网络技术本身来看，去特权化是网络育人的原初设计理念。网络上的任何一个节点都不享有对其他节点的支配权，所有的节点都是平等的、非中心的。互联网就是由遍布在世界各地的无数个去特权、非中心、无等级的节点构成的技术集合体。它是通过一系列协议及技术建构起来的。网络技术的这种去特权化和平等性大大削弱了网络思想政治教育中教师所具有的天然权威性。这就要求教师必须改变自己才是课堂的绝对权威这一惯性思维，真正创新教育内容与教育形式，放下身段平等地与学生沟通交流，摒弃说教式的教育方法，充分运用自己的学识魅力和人格魅力，在润物无声中打动大学生，实现对学生的价值引领。

第二节　网络思想政治教育的本质

一、初步认识网络思想政治教育的本质

网络思想政治教育在本质上是实践的。从对象化实践的角度来看，人类推行"互联网+思想政治教育"，并不是将"网络"与"思想政治教育"简单、机械地叠加或黏合，而是着眼于促成网络的网络化功能与思想政治教育的教化功能之间的"化学反应"。网络实践与思想政治教育实践都因"人"而生、因"人"而兴、因"人"而变。"以人为本、聚焦实践、通达思想政治教育与网络"的对象化逻辑从根本上规定了网络思想政治教育的本质。深刻理解对象化、网络化、教化的关键在于准确把握"化"的含义。

二、基本前提：网络思想政治教育的主体本质

网络思想政治教育主体是网络思想政治教育实践中的人，网络思想政治教育的主体本质亦在于人本身。网络思想政治教育主体是指人，但不是指向任何人，而是指向网络社会中具有特定主体规定性的网络人，特别是网络思想政治教育人。为此，要秉持实践生成论思维，坚持历时与共时相结合，在人类之网的实践进程中动态把握网络人与网络社会、网络人与网络思想政治教育人的科学内涵和实践规定性，进而求得网络思想政治教育的主体

本质。

（一）人类之网的历时发展和网络社会的实践生成与现实规定

网络是一个抽象且宽泛的概念，泛指节点间相互连接而成的集合体。整个世界都是网络，网络无处不在，遍布自然界和人类社会的网络将世界连接成一个有机整体。

人类之网是由人驱动的网络，人类之网的形成发展既是一种合人类社会发展固有规律性的自然史的过程，又是一种合人类目的性的网络化实践不断拓展的过程，二者并行不悖、相得益彰。网络化生存一直是人类社会发展的重要特征，只是互联网技术的出现及其广泛运用，才让人们深刻感受到了网络的社会组织力量。

网络化是互联网时代的内在逻辑，网络社会的崛起源于网络信息技术的广泛运用给社会结构与社会关系带来的网络化变革。网络社会的形成不是一蹴而就的，是互联网发展到一定阶段的产物，也是各种网络化关系发展到一定阶段的产物。互联网的创建源于美军军事联络的需要，始于将孤立的计算机连接起来的设想。随着互联网的技术属性、社会属性、意识形态属性的日益彰显，互联网以一种对人来说不可或缺的方式规定着社会的经济、政治和文化，人的生产方式、生活方式、思维方式、行为习惯都刻上了网络化的烙印，严格意义上的网络社会由此构建成型。

作为崭新社会组织形态的网络社会是网络与社会双向对象化的结果，社会网络化与网络社会化是过程，网络社会是社会网络化与网络社会化的结果。网络化的实质是一次全方位、深层次的生产技术大变革和经济社会大变革。网络化，不仅"化"进了生产技术，而且"化"进了经济、政治、文化、社会和生态等各个领域。网络社会是在以互联网技术为代表的信息技术的驱动下产生的一种崭新的社会组织形态。就网络社会作为"社会组织"而言，它承接了传统社会组织形态的核心要义，其背后都隐藏着一条关于结构、关系及其象征性互动的复杂的行为链。但就网络社会作为一种"崭新的"社会组织形态而言，其又拥有不同于传统社会组织形态的一些新特质，总体而言，主要包括以下几个方面。

首先，网络社会根植于现实社会中的人的网络化实践。社会转型的核心是人的转型。网络社会生活在本质上是实践的，社会与人的网络化实践之间的质的规定性是网络社会生成的逻辑基础。网络社会是人在利用互联网进行网络化实践的过程中形成的。网络人网络化实践的现实性是网络社会形成的根本前提，我们在现实社会中的身份、地位、角色、权力仍会从根本上决定我们"织围脖（微博）"、发微信时所秉持的观点、态度；网络人网络化实践的虚拟性是网络社会形成的根本保证，网络世界在虚拟中勾勒出我们正在建立的新现实世界的轮廓，并在实时地构建着新世界的基本规范，预示着新世界的模样。网络人实践的虚拟性和现实性决定了网络社会是虚实社会与现实社会交融的产物。网络社会的形成发展有赖于虚拟社会与现实社会的互构，但又不囿于现实社会与虚拟社会中的任何一个。

其次，网络社会结构建基于崭新的网络信息技术范式。技术的发展变化会触发社会结构的转变，进而引发整个社会形态的演进。网络社会正是在网络技术社会化和网络社会技术化的辩证统一中完成的。以信息主义为基础，作为当今时代社会组织主要模式的网络社会已经出现，并扩展到整个世界。网络社会是一个由信息主义范式的信息技术特征控制的信息网络组成的社会结构。网络世界由网络连接而成，互联网的时空结构是进行网络社会生产、网络社会管理的基础结构。就网络社会的时空结构而言，网络的超时空特性消解了社会交往中"这里"和"那里"的严格界限，为人类的网络化生产、网络化生活提供了一个崭新的时空场域，为网络化关系的形成奠定了坚实的基础。

最后，网络社会系统植根于以互联互通性为内核的网络化关系。网络是一个连接网络组成部分的关系系统。这些组成部分通常称为节点，部分之间的关系被称为联结。任何组织以及任何其他社会系统，都可以用网络来表示。互联网的互联互通机制促成了各种各样的网络化关系，网络化关系又进一步构成了复杂的网络社会系统。网络社会系统是一种网络化的关系性存在，网络技术系统彰显着网络人与网络技术的交互关系，如由超链接技术连接而成的信息网络；网络经济系统彰显着网络人之间的物质交往关系，如网络社群粉丝经济、网络分享经济；网络政治系统彰显着网络人之间的权力交锋关系，如国家与国家之间的网络战争；网络文化系统彰显着网络人之间的文化交流关系，如网络新闻、网络视频的传递；网络思想政治教育系统彰显着网络人之间的思想交往关系，如社会主义核心价值观的移动化传播。

（二）人与社会的相互构建和网络人的实践生成与现实规定

人作为集自然属性、社会属性和精神属性于一体的实践存在物，始终是处在一定社会形态中的历史的、具体的人。

网络化逻辑是互联网时代的声音。网络化逻辑是互联互通世界发展的根本逻辑，随着网络化生存、网络化生活成为一种新的常态，网络社会化、社会网络化成为现实，人类迈入了互联网时代，现实社会中作为主体的人也被网络化了，逐渐由一般意义上的人蜕变为整体意义上的"网络人"。网络社会的形成发展是和网络人的对象性活动关联在一起的，网络人依循网络化生存、网络化生活的样态形成了与之相应的网络人格。网络因人而生，人又因网络而发生改变。从网络与人的关系角度来看网络人的社会历史本质，可以发现，网络人作为一个世界性的、历史性的整体概念，是人的网络化实践不断深化的结晶。如此，可以说，网络人是生活于网络社会，处于一定网络关系中，具有一定网络品质（包括网络技能、网络观念、网络思维等）的人。

具体而言，网络人主要包括以下几个方面的规定性。

首先，现实的人是网络人的活水源头，网络人为社会人注入了新的时代内涵——网络人置身于现实社会和虚拟社会相互构建而成的生产生活条件中。网络人并不是指所有的现实的人，只有那些具备网络实践能力，并在虚实统一的网络环境中开展网络化实践活动，且处于这种网络化实践活动所创建的网络关系中的现实的人才是网络人。与以往仅由现实的人所构成的单元性社会不同，当下的网络社会是由网络人与非网络人互构而成的"双元性社会"。网络人由此会获得两种新状态：第一种是"逃离现实世界"——也许他们正在你身边，但他们的精神已经游离到了另一个世界；第二种状态是"双重体验"——人们能够体验到虚拟与现实的双重人生。

其次，网络人是人与互联网相互构建而成的。人创造了互联网，同时，人又因互联网而发生改变。互联网是网络人生发的基因。"人+互联网时代"主要是从时代环境和时代背景看的，即网络人肇始于成长环境在互联网时代的深刻变化。当下，网络人已深深融入桌面互联网开启的"人机时代"、移动互联网开启的"人人时代"、大数据开启的"数人时代"。"人+互联网工具"主要是讲人对互联网技术的工具性运用。一旦你在使用笔记本电脑、平板电脑和智能手机，你就实时成为互联网的一部分。"人+互联网思维"主要讲互联网对人的思维的重构，典型如网络人机互动思维、网络人际互动思维、移动互联思维、智慧互联思维。

最后，网络人是个体存在、群体存在和类存在的统一。在前互联网时代，媒介是人的延伸，而在互联网时代，人是媒介的延伸。博客、微博、微信等都是对网络人的个性化生存、个性化生活的一种网络化展现、网络化记录。每一个网络人都是广袤的网络世界中的一个节点。网络人既以节点型的网络化个体而存在，又以连接型的网络化群体而存在，网络的连接能力将单个的连接者串联起来。以类聚，网络人以"社群化"的形态广泛存在于"学习小组""微言教育""高校思想政治理论课教学活页"等微信公众号中。全球互联时代的到来集中彰显了人的类维度，使人成为面向全世界的"国际人"，促成了网络空间利益共同体、命运共同体、发展共同体的形成。互联网的"聚合放大"功能，能导致人类作为共同体所面对的很多小问题变成大问题、简单问题变成复杂问题、民事问题变成刑事问题、经济问题变成政治问题。可以说，现在人类面临的群体性事件、国家安全等诸多突出的全球性问题和矛盾，在很大程度上都是因互联网而起。推动这些问题的解决，有赖于国际社会的共同努力。总之，网络让人群与人群、组织与组织、国家与国家在最大限度上连接成为息息相关的整体。

（三）"网络思想政治教育人"的实践生成与现实规定

生活决定意识，深刻认识网络思想政治教育人，自然不能脱离网络人的社会生活。在思想政治教育实践中，人是"思想政治教育人"，是进入思想政治教育系统、生活在思想政治教育关系中的人，没有思想政治教育的认识活动和教育实践活动，人不会自然而然地成为思想政治教育的对象。

就网络思想政治教育人而言，网络思想政治教育人是网络社会发展的产物，具有属人的网络属性、社会属性、精神属性。现实的从事网络化生产活动的网络人是自己的观念、思想等的生产者，且在网络化的精神生产活动中发生一定的网络思想政治教育关系。从实际情况来看，网络人外在于网络思想政治教育系统，不会自然而然地成为网络思想政治教育关系中的人。网络人在与网络思想政治教育的相互适应、相互规约、相互作用中发展成为具有特定意义的网络思想政治教育人。

秉承社会逻辑和学科逻辑相统一的原则，基于网络思想政治教育人作为实践主体的立场，可以得出，网络思想政治教育实践中的网络思想政治教育人是生活于网络社会，进入网络思想政治教育实践系统，生活在网络思想政治教育关系中的特殊的网络人。网络思想政治教育人由网络思想政治教育的施教者、网络思想政治教育的受教者组成。施教者与受教者构成网络思想政治教育育人实践的两个基本关系项。

网络思想政治教育的施教者是一定社会、国家、阶级、政党或社会集团的代表，是网络思想政治教育活动的发动者、组织者和实施者。网络思想政治教育的施教者包括网络思想政治教育专职教员、兼职教员和其他参与人员。从规模划分来看，网络思想政治教育施教者包括个体主体、机构主体和社会主体。社会本身是最大的施教者，内在地包含了国家、阶级、政党这三个主体。就中国共产党领导的网络思想政治教育而言，中国共产党就是居于顶层的最自觉、最主动、最有意识的施教者；政府、学校等组成网络思想政治教育的机构主体；各级从事网络思想政治教育的教学人员、科研工作者、领导者、管理者共同构成网络思想政治教育的个体主体。网络思想政治教育施教者要完成好教育目标、扮演好自己的角色、履行好自己的职能，就必须成为新的教育环境、教育理念、教育内容、教育方法等的积极适应者、贯彻者和落实者。

网络思想政治教育的受教者是网络思想政治教育的施教者所指向的对象，其泛指全体社会成员，因为教育者也是要受教育的。从受教育程度来看，主要包括小学生、初中生、高中生、大学生等；从社会地位来看，主要包括社会知识精英、普通大众。总体来看，学生群体是受教者的主要部分，也是网络人中的活跃群体；网络人中的社会精英群体人数虽然不多，但却是十分重要的受教育者，因为他们中的一部分还肩负着施教者的重任。

（四）网络思政教育施教者的本质是开展社会主导意识形态的网络化生产

网络思想政治教育的阶级性决定了网络思想政治教育实践的运行状态和运行逻辑主要是自上而下的，这就进一步决定了网络思想政治教育的主体本质主要指网络思想政治教育施教者的主体本质。人的本质是劳动，人的本质是社会关系的总和，两者是有机统一的，这是马克思主义关于人的本质的基本论断。网络化是一种新兴生产组织方式。网络化实践坚持和发展着人的社会属性和精神属性，也坚持和拓展着网络思想政治教育施教者的精神生产和社会关系。

马克思主义关于人类物质生产和精神生产的主体存在及其相互关系的论述，关于人的类本质和现实本质的内在统一关系的论述，为准确揭示网络思想政治教育施教者的主体本质提供了有益的方法论借鉴。也就是说，揭示网络思想政治教育施教者的主体本质要统筹考虑人的类本质和现实本质，既要聚焦网络生产力对网络思想政治教育施教者的精神生产所起的决定性作用，又要看到网络思想政治教育是做人的思想的工作，主要观照一定社会关系中的人的思想观念、政治观点、道德规范等精神生活，其根本属性为意识形态性。进而言之，我们不难发现，网络思想政治教育施教者的本质是从社会人的精神生产本质中升华出来的，表现为开展社会主导意识形态的网络化生产。

"网络思想政治教育施教者的本质是从社会人的精神生产本质中升华出来的，表现为开展社会主导意识形态的网络化生产"① 这一论断，深刻揭示了网络思想政治教育本质的两个关键特质。

首先，揭示了网络思想政治教育在内容方面的本质特征，即从事"社会主导意识形态"的网络化生产。社会主导意识形态的网络化生产过程，也是社会主导意识形态内化于心、外化于行的过程，是一个育人过程，这与思想政治教育的本质在于社会主导意识形态的教化是一致的。网络思想政治教育施教者开展社会主导意识形态的生产，就是要巩固社会主导意识形态对于网络思想政治教育受教者的教育引导作用，就是要巩固社会主导意识形态对于科学构建网络经济关系、网络政治关系等的指导作用。

其次，揭示了网络思想政治教育在生产方式方面的本质特征，即从事社会主导意识形

---

① 唐亚阳等. 网络思想政治教育学 [M]. 北京：人民出版社，2016：105.

态的"网络化生产"。网络生产力指由作为劳动者的网络人、作为劳动工具的网络技术和作为劳动对象的网络内容构成的集数字化、信息化、交互性、智能化等于一体的生产能力。网络化生产的本质属性是建立融合式的连接关系,运用多媒体化、智能终端等网络化样态都是为了促进互联互通,网络化生产基础在建立互联、关键在加强互通、目的在实现融合升级。以思想政治教育博客的运用为例,网络思想政治教育施教者通过博客与受教者建立起联系,促进了思想交流,才能达成共识。互联网特有的互联互通属性使其能不断创建并优化各种各样的连接关系、交互关系,如互联网的匿名交流属性能促进受教者打开心扉,又如互联网的共享性能扩大思想信息的覆盖面,等等。网络化生产是一个由网络化生产、网络化传播、网络化引导和网络化接受等组成的有机统一体。当前,集网络化生产、网络化分配、网络化传播等功能于一体的互联网作为一种革命性的社会生产力,已经成为治国理政的新平台、国家意识形态论争的新阵地。意识形态工作是党和国家一项极端重要的工作,积极占领网络这一意识形态生产的新阵地,牢牢掌握意识形态工作的领导权、话语权,是一项战略工程、固本工程、铸魂工程。在我国,网络思想政治教育重在通过整合网络生产力的要素,促进社会主义意识形态的网络化生产,进而实现对社会精神生产和精神产品的引导。

三、坚强保障:网络思想政治教育的网络本质

网络思想政治教育的网络本质立足于网络、人、思想政治教育三者之间的质的规定性,落脚于网络的互联本质在促进网络思想政治教育意义互通中的体现和发展。网络思想政治教育是伴随互联网的形成发展,响应思想政治教育网络化的需要而出场的一种崭新的思想政治教育形态。网络思想政治教育因为"网络"这个前视域而成为思想政治教育的新业态。网络思想政治教育是一个逻辑严密的集合体,其中人是网络与思想政治教育的"中枢神经",网络思想政治教育人是网络思想政治教育开展的历史起点,思想政治教育是网络思想政治教育开展的主线主轴,网络是网络思想政治教育开展的重要凭借。互联网的互联本质催生了意义互联网,内置于网络思想政治教育系统中的意义互联网又促成网络思想政治教育意义互联网的诞生。由此足见,在网络与人、思想政治教育的有机统一中考察网络思想政治教育的网络本质,不仅可行,而且必须。

(一)互联网的互联本质与意义互联网的兴起

网络的本质在于互联。互联指事物互相关联的一种关系模式,关系定义了事物的互联本质,适宜用网络化的方法来描述网络化的联结。

在互联网世界里,"人联网"始终是核心。以人际交互为核心特质的互联网是意义生产的新平台、新空间。网络人的多元性使得网络空间内世界各种思想文化的交流、交融、交锋更加频繁,一个更加多元、更加多样、更加多变的意义互联网也由此而成。意义互联网中的意义是在网络人成就自我与成就世界的过程中孕育、生成并拓展的,脱离了人的"意义互联网"只能是空中楼阁。

(二)互联网世界中网络思想政治教育意义的互联互通

网络人与网络世界的意义关系有赖于网络人的价值赋予,以成就自我与成就他人为价

值取向的网络思想政治教育意义的生成自然离不开网络思想政治教育者对思想政治教育价值的创造与赋予，网络思想政治教育意义是网络思想政治教育者与网络思想政治教育的价值交融后的结晶。

互联网世界中网络人思想和行动的互联互通性源于网络的互联作用。网络人在使用网络中与网络联结成一个又一个互联整体、关联集群，典型的如由人文互联而成的内容网络、由人机互联而成的传播网络、由人际互联而成的社会网络。网络人特别是网络思想政治教育人在使用这些互联网业态中又赋予其深刻的思想政治教育意义。由人、网络、思想政治教育三者关联起来的每一种关联整体又都深深嵌入人的精神生活，并且在"人—网络技术—人""人—网络文化—人""人—网络社交—人"等互联整体所组成的、具有思想政治教育意义的互联网中。

强调作为意义主体的"人"（网络人、网络思想政治教育人）是网络思想政治教育的出发点和落脚点，重在说明网络思想政治教育的意义生发于意义主体间的对象化活动；强调意义主体互为网络思想政治教育实践的"出发点和落脚点"，重在说明意义主体在网络思想政治教育信息的编码和解码方面存在差异，旨在强调意义主体之间存在意义差距。

网络思想政治教育信息的价值在于互通。网络思想政治教育信息是在网络思想政治教育实践活动中产生的，能够体现网络思想政治教育本质与功能的信息。网络思想政治教育信息是复杂的信息系统，完整的网络思想政治教育信息不仅包括施教者传递给受教者的思想信息，而且包括受教者反馈的思想信息，还包括施教者和受教者在交互实践中生成的思想信息。对网络思想政治教育信息进行编码和解码，打造出共通的意义空间，是网络思想政治教育育人本质得以实现的关键所在。

网络思想政治教育之所以能促进网络人的思想品德提升，在于网络思想政治教育过程中发生着意义的生成和交互。网络思想政治教育的教育意义主要通过以真、善、美为核心的网络思想政治教育实践观念对网络思想政治教育价值的评价而得到体现。网络思想政治教育的立德树人之道，在于教导人成为追求真理的至真之人，在于教导人成为明大德、守公德、严私德的至善之人，在于教导人成为知行统一、内外和谐的至美之人。有效化解网络思想政治教育主体之间的意义差距，自然离不开各互联网业态的互联作用。网络的互联本质打破了时空间隔、促进了人际交往，因而能思接千载、视通万里，打造出既互联又互通的网络思想政治教育意义空间，拉近网络思想政治教育施教者与受教者之间的思想对话。概而言之，网络思想政治教育的网络本质在于促进网络思想政治教育意义的互联互通。

（三）促进网络思想政治教育意义互联互通的实践样态

促进网络思想政治教育意义的互联互通，以成就自己与成就他人为价值指向，属于广义的化人过程。实践价值层面的意义，指相互联系和相互作用所产生的效果和影响。择典型的互联形态观之，推动网络思想政治教育意义互联互通的实践主要表现在以下几个方面。

首先，充分发挥"人—网络技术—人"关联整体的思想政治教育效能。"人—网络技术—人"这一关联体呈现的是人与网络技术相互作用所形成的网络实践活动。人创造网络技术，并借助网络技术实现人的网络化生存、网络化生活，人的网络化生活有赖于人机交互界面。当前，以微博微信技术、移动互联网技术、大数据技术等为代表的技术已嵌入人的精神生活世界，并成为人的思想政治教育活动不可或缺的要件。思想政治教育信息传播的过程就是教育的过程。网络媒介通过链接功能能够促进思想政治教育信息的传播——网络媒介通过仪式化方式能有效传递仪式性内容，唤起网络人对于社会价值观的关注。总体而言，促进思想政治教育内容的网络化传播，要格外关注聚合式传播、非线性传播等网络传播形态在网络思想政治教育中的运用。

其次，充分发挥"人—网络文化—人"关联整体的思想政治教育效能。人是文化的存在物，网络文化作为一种崭新的文化形态，肇始于"人—信息—世界"。在自然媒体时期，人直接面对世界。在机械媒体时期，人与世界的关系衍生出"人—机器—世界"。在网络媒体时期，机械化变成了信息化，"人—机器—世界"的系统演变成"人—信息—世界"的系统，由于机械化只能替代人的体力而信息化则能替代人的脑力，故信息化比机械化具有更强的普及能力，"人—信息—世界"成了最典型的系统。网络文化与网络思想政治教育都具有人本规定性，网络文化的形成发展蕴含网络人与文化的价值互动，网络思想政治教育育人功能的实现有赖于健康向上的网络文化的"化人"功能。为此，充分发挥网络文化的思想政治教育价值，要以网络文化与思想政治教育的联动逻辑为切入点，着力探究网络文化建设和管理的内在法则。

最后，充分发挥"人—网络社交—人"关联整体的思想政治教育效能。促进人与人的连接是互联网时代一切连接的出发点和落脚点。网页与网页的链接，网络人与网络技术的对接，网络人与网络文化的融合，归根到底都是网络人与网络人的连接。互联网以改变一切的力量，重构着网络思想政治教育主体的交往场所、交往方式。无论是 PC 互联网时期，还是移动互联网时期、大数据互联时期，网络思想政治教育主体之间的有效连接都至关重要。网络思想政治教育主体之间的交往关系并非单向、线性的手段与目的，而是互为手段与目的，是"人人为我、我为人人"的统一。推动网络思想政治教育主体之间的交往，关键在于促进思想、政治、道德、法治等精神元素在网络思想政治教育施教者与受教者之间的交互传导，根本目标在于使受教者的思想行为与一定社会、国家、阶级、政党所要求的主流价值观相适应。

第三节　高校网络思想政治教育的现状

一、从教育者角度分析

（一）高校网络思想政治教育理念落后

随着互联网技术的不断发展，全世界已经步入信息时代，思想政治教育活动也应当紧跟信息时代发展的脚步进行变革，这是生产力发展的要求。当前，我国高校思想政治教育在理论研究领域仍存在以下两个问题。

1. 研究领域相对狭窄

我国高校网络思想政治教育工作目前主要由网络政治学、网络伦理学、网络教育学、网络文学等细分学科的专家所承担，囿于学科范围的限制，各专家主要侧重于本学科领域的思想政治教育网络活动研究，对于其他诸如工学、医学、金融学等学科领域中的网络思想政治教育研究鲜有涉及，尤其是对近年来管理学、新闻传播学等热门专业学科中能促进思想政治教育工作发展的内容没有加以吸收和利用。以上诸多原因，导致了目前我国高校网络思想政治教育领域的理论研究工作进展缓慢。

2. 研究思路尚未革新

受惯性思维的制约，目前高校网络思想政治教育理论研究仍囿于传统的方式方法，在研究方向、研究方法、理论概念、制度建设等领域的研究仍是墨守陈规，没有跟上信息时代发展的潮流与新形势的变化，新的研究成果与过往研究成果存在同质化问题，所谓的思想政治教育新理念、新观点仍是传统思想政治教育"换汤不换药"的体现，几乎没有吸收利用现代管理学、新闻传播学等学科中有利于思想政治教育研究进步的精华。

（二）高校网络思想政治教育队伍不健全

高校思想政治教育队伍是由广大的教育工作者组成的。随着信息化时代的来临，各行各业都已经或者开始引进网络技术进行革新，但是思想政治教育者将网络技术应用于思想政治教育工作中的意识不强、力度不够。

第一，应用意识淡薄。信息时代来临，网络已经极大地改变了大学生的生活方式以及思维方式，然而我国部分高校的思想政治教育工作者却故步自封，缺乏主动求变的勇气与动力，仍然使用传统的教育方式开展工作，没有及时在高校思想政治教育工作领域引入网络，这导致其与学生产生了"代沟"。

第二，信息辨别能力较弱。对于网络负面信息对大学生产生的不利影响，个别高校思想政治教育工作者并没有充分意识到，没有及时发现、制止学生在网络上实施的黑客攻击、散播网络病毒、传播不实信息等错误行为。另外，面对丰富的网络信息，很多教育工作者表示无从下手，不能合理地将这些信息与理论知识相结合，因此在网络思想政治教育上略显不足。

第三，网络认识相对片面。虽然网络是把双刃剑，但是有一部分高校思想政治教育工作者片面夸大了网络的危害，或者对学生在网络上的错误问题经常采取粗暴简单的方法予以处理。同时，有些高校思想政治教育工作者不了解或者不甚了解国家颁布的有关网络的法律法规，对网络道德的认识有失偏颇，也不能够正确引导学生遵守网络法律法规和网络道德规范。

第四，自身定位不足。在以往的思想政治教育中，教师是知识传播的主体，一般采用灌输式教育方式进行教学。随着网络的飞速发展与应用，学生搜索信息变得更加方便，知识来源也趋于多样化，此时教育者就不应继续扮演灌输者的角色，而应该将自己变成组织者和引导者。教育者认清自身的角色定位至关重要。

（三）外部势力利用网络争夺高校思想政治教育阵地

在网络世界中，来自不同国家、不同民族的形态各异的价值观、世界观相互碰撞、互相融合，大学生面对的是海量的信息，他们可以根据个人爱好选取自己感兴趣的去了解，但是由于互联网的准入门槛低，信息发布多是未经审核的，致使信息的真实性、实用性无法获得保证，同时在网上也会不可避免地出现一些西方资本主义国家进行思想渗透的信息，这些信息会对大学生正确世界观、人生观、价值观的形成造成错误的引导。我们并不是完全否认中国大学生不可以在网络上研判西方价值观，主要是在文化霸权主义背景下，部分别有用心的西方国家妄图通过网络对我国进行思想渗透与价值观输出，很明显，这容易对中华民族的优良传统和爱国主义思想产生冲击，甚至有可能使部分人盲目西化。我们广大高校思想政治教育工作者应当对此予以高度重视。

二、从教育内容层面分析

（一）教育内容滞后

当前，我国高校思想政治教育工作中存在的最主要问题是教育内容的滞后性。思想政治教育内容的更新不仅远远落后于其他社会学科的发展，甚至跟不上世界政治经济形势发展的新变化。我国高校网络思想政治教育内容的侧重点主要是思想教育，对于政治教育、道德教育、法律法规教育等其他内容鲜有涉及。高校网络思想政治教育内容存在诸如研究深度不够、浅尝辄止等现象；内容涉及学科范围较窄，主要集中在社会学范围内等，而且教育方式单一，思想政治理论课教师多采用灌输式教育方法，且其理论语言苍白，不能够激发学生学习的兴趣；除此之外，还存在内容选择不够贴近实际的问题。比如，学生就业、食堂服务质量等学生热点话题，思想政治理论课教师却几乎没有将之加入思想政治教育内容，导致其无法与学生产生共鸣。

（二）网络中存在负面信息

随着网络的快速发展与普及，人们的行为习惯、思维方式等也发生了显著的变化，对高校思想政治教育以及当代大学生健康成长产生了巨大的影响。网络已经渗透到当今大学生学习与生活的方方面面。广大思想政治教育工作者应当予以高度重视：一方面，要认识到网络的先进性，利用先进的技术手段，辅助高校思想政治教育工作的开展；另一方面，网络是开放的、自由的，且难以控制，因此也会对大学生的思想观念、行为习惯等产生一些不良的影响，故高校思想政治教育工作者应该主动将其中的糟粕剔除，从而保证大学生的健康发展。

三、从教育媒介方面分析

（一）校园网络建设不完善

当前，我国高校校园网可以看作是各大高校在学校内部运行的局域网，有着特定的运用范围、使用对象等，为高校校园内的教师教学活动、学生学习活动等提供服务，并且能够与互联网相连接。作为当今开展思想政治教育的主要技术载体，网络具有成本低廉、传播范围广泛、受众群体庞大等优势。

与传统的宣传海报、黑板报等传播媒介相比，网络如今已被高校思想政治教育工作者和大学生所接受，在高校思想政治教育工作中发挥着愈发重要的作用。与此同时，为了紧跟时代的发展，许多高校特别重视校园网的建设与应用，并在此基础上达到革新教育方式、提高教育水平的目的。然而，部分高校校园网建设情况也不如人意，例如，部分教学场所没有实现网络信号全覆盖，校园网不稳定，安全性有待提高，等等，这都在客观上对高校网络思想政治教育工作的开展造成了影响。

（二）思想政治教育网站建设落后

我国高校思想政治教育网站最早可以追溯到 1997 年，清华大学计算机系的学生首先在清华大学的局域网上建立了一个高校思想政治教育网站，并在三年后将它正式与互联网连接起来。在清华大学学生建立高校思想政治教育网站的影响下，全国掀起了一场建网之风。在 2004 年，《中共中央国务院关于进一步加强和改进大学生思想政治教育的意见》（中发〔2004〕16 号）要求全面加强高校思想政治教育，各大高校积极响应中央号召，开始在全国高校范围内掀起建设思想政治教育网站的热潮。

在这股热潮中也存在着一些问题，最主要的一点就是部分高校对于思想政治教育网站的认识不清，存在跟风思想，看到兄弟院校建立了思想政治教育网站，觉得自己学校不能落于人后，必须也要抓紧建设自己的思想政治教育网站；第二点问题体现在，有许多高校在中央提出"思想政治教育进网络"后才不得不建立网站。由于高校对网站建设的认识不清，没有从学校的实际情况出发，也没有充分考虑本校学生在思想政治教育方面的实际需求，这导致跟风建设的众多高校思想政治教育网站上充斥着空洞的语言与无力的宣传方式，正是因为这样，网络才无法真正发挥其在高校思想政治教育工作中的重要作用。虽然经过整改，部分高校的思想政治教育网站已经大有改观，但是仍难以改变其在学生心目中刻板呆滞的固有形象。

部分高校对于思想政治教育网站建设存在认识不清、定位不准的问题，由于跟不上时代发展的潮流，仍是单纯地将网站作为传统灌输式教育的一个载体，只是一股脑地将原先书本上的知识照搬到网络上，对于网络上新兴的、热门的微博、论坛、时政热点讨论等方式鲜有涉及。除此之外，有部分高校的思想政治教育网站在建设初期，由于领导重视，质量能够得到保证，但到了后期，由于种种原因，网站内容更新缓慢，维护工作滞后，网站也逐渐沦为摆设。

（三）不能利用即时通信工具话语体系与时俱进

随着老一代的 QQ、新一代的微信等即时通信软件的大范围普及，网络世界中的点对点交流已经发生了翻天覆地的变化。这一类即时通信软件的使用群体，已经在某些语言的表达上形成了网络世界中的默契与共识，只需要一些表情符号、简短的语句，他们就能实现交流。但是，许多思想政治教育工作者却存在着无法理解学生语言，不知道网络用语，和学生沟通有代沟等问题，这就要求思想政治教育工作者应该熟练掌握此类即时通信软件，它们不仅能帮助教师与学生保持联系，而且还能帮助教师运用"00 后"学生的话语与之交流、互动，进而增进彼此的感情。

（四）自媒体平台使用不足

互联网具有虚拟性，现实生活中的个体可以在网络中自由发挥，尽显自己的个性。随着人类彰显自身个性的需求越来越多，微博、博客和公众号等自媒体平台应运而生，并逐步深入到人类的生活中，尤其为大学生等年轻群体所追捧。

自媒体网络平台有着天然的优越性。一是有利于深入思考。与即时交流软件相比，微博、博客等平台的交流时间更长，相应地，交流群体也更为广泛。这类交流平台有利于作者可以好好地整理思路，对所发表的文章与言论进行仔细推敲。二是有利于表达个人情感。粉丝关注较多的微博、公众号，其运营者一定是某个行业内的佼佼者，基本上都具有一定的学识与见识，思维敏捷，文字表达能力突出。三是有利于网络资料的保存。当学生浏览到自己喜欢或想要学习的内容时，可通过收藏、转发的方式进行资料的保存。

四、从受教育者自身分析

（一）大学生易受不良网络内容影响

任何事物都具有两面性。互联网包罗万象，由于缺乏有效的监督，其中的绝大部分信息，都能不经过滤直接被大学生所看到。从大学生身心发展的特点可以看出以下几点问题：在生理上，大学生正处在 20 岁左右的青年时期，对性懵懂又充满好奇，极易受到网上黄色、暴力信息的诱惑；在心理上，大学生自我意识逐渐成熟，容易产生理想与现实的自我矛盾，而网络的虚拟性可以承载诸多想象，于是一些大学生沉迷网络的虚幻世界，不愿回到现实中来。如此可见，大学生依赖网络的情况十分复杂、严重。长时间沉溺于网络，大学生很可能会性格孤僻，甚至出现心理疾患；在思想上，大学生由于仍处于象牙塔中，几乎没有社会阅历，思想单纯又青春热血，很容易会受到别有用心的人或信息的误导与煽动。一些不良信息很明显地影响了大学生的日常学习和生活。

（二）大学生缺乏辨别能力，容易上当受骗

与网络便捷相伴而来的还有潜藏其中的具有强大破坏力的网络诈骗行为，该行为是不法分子借助网络，通过虚构事实等欺骗手法，对网络上的受害人进行有目的的侵占财产的违法行为。大学生由于缺乏辨别能力，很容易就会为这些骗子所欺骗。

第四节　网络育人与高校思想政治教育的融合方法

一、坚持正确的指导思想

当前，高校要科学、有效地推进网络育人工作，就必须把握正确的指导思想。以正确的指导思想为引导，就是要牢牢坚持以马克思主义为指导思想，坚持社会主义核心价值观的引领。

（一）坚持以马克思主义为指导

马克思主义是人类的优秀文化成果，是 19 世纪欧洲重大社会科学成果和工人运动相结合的产物。马克思主义是我国立党立国的根本指导思想，在社会主义建设及发展中的地位是不可忽视的，同时，它也在社会主义精神文明建设过程中发挥着重要的指导和教育作用。

把马克思主义基本原理与我国实际情况相结合，立足国情，从实际出发，就能实现马克思主义在我国的具体化。高等教育的核心使命是立德树人，高校可以将马克思主义理论融入网络育人的全过程中，与时俱进地用马克思主义中国化的最新成果引导学生形成正确的价值观。高校要在网络育人的全过程中坚持以马克思主义为指导，将马克思主义与网络育人工作相结合，能激发学生学习马克思主义的热情，能引导学生思想的发展。

马克思主义为高校网络思想政治教育工作指明了方向，只有坚持马克思主义的正确指导，高校思想政治教育工作者也才能把握高校网络育人工作的正确方向。

（二）坚持社会主义核心价值观的引领

中央高度重视大学生社会主义核心价值观的培育与践行。当前，高校网络育人工作的重点是要提升学生对社会主义核心价值观的正确认识，学生只有正确认识了社会主义核心价值观，才能自觉使自己成为一个促进社会发展的人才。因此，要想实现网络育人与网络思想政治教育的融合，就必须坚持社会主义核心价值观的思想引领作用。在高校网络育人的过程中，要对学生重点加强社会主义核心价值观的教育，这对高校网络育人工作具有重要的指导作用。

二、发挥高校网络育人价值需要坚持的原则

发挥高校网络思想政治教育的作用，需要认真掌握学生的发展特点，充分把握学生的发展规律，要从学生实际出发，在尊重学生、坚持以人为本的基本原则的同时，更要加强学生的理论学习，并在理论学习过程中注重对学生进行实践的引导，坚持理论与实践相结合的根本原则。

（一）坚持以人为本的基本原则

高校在网络育人过程中既要坚持教育学生、引领学生、鼓舞学生、鞭策学生，又要做到尊重学生、理解学生、关心学生、帮助学生。要求高校网络思想政治教育者在新时期做好思想政治教育工作，必须坚持"以人为本"的基本思想，认真把握学生的本质特征，不断增强网络思想政治教育工作的亲和力、说服力。

在高校网络育人的过程中，要坚持以人为本的基本原则，要尊重学生、理解学生、关心学生，把不断满足学生的全面需求、促进学生的全面发展，作为网络育人工作的根本出发点和落脚点。

（二）坚持理论与实践相结合的根本原则

理论源于实践，实践是检验真理的唯一标准，二者是相辅相成、缺一不可的，理论与实践的关系是当前高校网络思想政治教育的一个极其重要问题。

当前，高校网络思想政治教育理论还存在着部分空洞陈旧、严重脱离实践的内容，相对于现实，它有时显得无力和无用。高校网络育人的相关理论应以实践为标尺来进行自我革新，而高校网络思想政治教育者要高度重视实践的重要意义，在实践中寻找高校网络思想政治教育的好的方式方法，在实践中反思不足，同时通过实践验证网络育人相关理论的同时，不断提炼出新的、适合学生发展的网络育人相关理论。

三、结合学生特点改进网络思想政治教育方式方法

今天，大学生几乎人人都有电脑、有手机，这使大学生随时随地都可以登录互联网，这给其学习与生活带来了便捷，但是我们也要清楚的是，这种便利也在一定程度上增加了管理的难度。高校思想政治教育者面对如此庞大数量的互联网接入平台，很难有效地对其进行管理。

（一）丰富高校网络育人内容

高校网络育人工作的实现离不开有效的工作方法。随着我国科技和经济的高速发展，手机从 20 世纪 90 年代的奢侈品早已成为人们生活的必需品。进入 21 世纪以来，移动互联网的普及率也不断上升。现在，手机网民已经成为互联网的主力军，移动互联网时代已经到来。移动互联网这一快捷、方便的新媒体形式，自然得到了喜欢追求时尚、享受科技的大学生的追捧，大学生几乎人人都可通过移动互联网沟通交流、获取信息。

针对高校大学生群体的时代特点，高校思想政治教育者可以采取更为新颖的网络思想政治教育方法，充分运用移动互联网时代的特点，大力宣传社会主义核心价值观的科学内涵，把枯燥的理论知识学习转移到生动、便捷的移动互联网上来。手机移动互联网的内容更易使大学生接受，学生已经习惯通过移动互联网登录 QQ、微信、微博等新媒体平台进行沟通与交流，通过手机浏览网页、阅读新闻，甚至发表评论。因此，教育者要高度重视移动互联网视域下育人工作的新方法，因为它不仅能促进教育发展的普及化与多样化，而且还能开阔学生的视野。此外，教育者还要使这种便捷的手机移动互联网媒体融入学生的学习、生活，及时对学生遇到的问题进行针对性解决，不断创新网络思想政治教育的方式方法，从而达到更好的教育目的。

（二）创新高校网络育人手段

当前，网络环境复杂多变，网络信息良莠不齐，高校要针对网络时代大学生价值多元化的现状，创新网络育人手段。高校要加大资金和人力的投入，精心打造主题校园网络思想政治教育品牌，充分发挥校园文化的引领示范作用。要加强高校网络思想政治教育文化阵地建设，建设好功能齐全的公共主页或网站，加大正能量公共主页和网站建设的投入力量，从而使传统的经典思想内容数字化和网络化。

为此，高校教育者要充分利用、微信、微博等学生频繁使用的网络平台，加强与学生

的互动、交流，在交流中循序渐进地对学生进行价值引导，并在交流沟通的同时把握好大学生群体的思想特征，更好地维系与学生的关系，从而为今后的网络育人工作提供参考。

要精心打造主题校园网络思想政治教育品牌，就要坚定地站在马克思主义的立场，大力弘扬中国优秀的传统文化，在社会主义核心价值观的引领下，发挥媒体的宣传整合作用，引导学生形成正确的世界观、人生观和价值观。在打造主题校园网络思想政治教育品牌的过程中，还要注重品牌设计层面上的服务指导及沟通交流功能的发挥，在加强品牌宣传引导的同时，充分关注网络主要舆论，尤其是要注意学生在政治体制、经济建设等敏感问题上的思想表达。

教育者要结合学生的思想价值特点，提高网络思想政治教育品牌网站的吸引力，从实际出发，以平等的身份在相互理解与尊重中，用寓教于乐的教育方式，潜移默化地完成对学生的思想引导，强化网络思想政治教育的效果，以知识、服务为本，贴近学生的生活和学习，对学生进行思想政治教育、职业生涯规划教育、心理健康教育等。这样从生活到学习，教育者就能全面地给学生提供服务与指导，同时，只有充分尊重学生的思想价值取向，才能更好地开展网络育人工作。

（三）建立高校网络育人载体

课堂教育是大学教育的基础阵地，因此，要充分把握高校网络育人载体，就要着重推进网络思想政治教育进入课堂，使高校网络思想政治教育成为当今高校思想政治教育的重要组成部分。传统的课堂教育是高校网络思想政治教育的重要基础，在传统课堂教育中，教育者通过传统课堂的教育模式，向学生解读与分析思想政治相关理论，并在传授知识的过程中，总结网络思想政治教育的各种现象、问题和规律，并对其进行必要的分析。

要加强课堂师生互动，教育者在互动过程中可以充分了解学生对高校网络思想政治教育的认识和态度，把握学生特点，有针对性地给学生提供网络热点话题和相关案例，并与让学生一起讨论，在讨论过程中，潜移默化地对学生的网络思想认知进行引导，并对案例讨论中突出的问题，进行系统分析与讲解，努力培养学生对网络思想政治教育的兴趣，进而提高其对网络思想政治教育的认同。

教育者在把网络思想政治教育带入传统课堂的同时，还要把传统课堂教育推向网络，要充分利用现有技术平台，进行多媒体教学。同时，在高校校园网主页中，给学生提供传统课堂教育的相关内容，使其乐于通过网络进行学习，在学习的过程中更好地认识网络，以正确的态度和思想应对当今复杂的网络环境。此外，教育者还要充分把握高校网络思想政治教育和传统课堂教育的关系，将网络思想政治教育和传统课堂教育有机结合起来，从而促进网络思想政治教育目标的实现。

四、健全高校网络育人长效机制

高校网络思想政治教育价值的实现，需要高校网络育人长效机制的有力保障，需要网络育人体系发挥育人合力，需要高校逐步加强校园网络制度化建设，提升教育者网络育人的能力。

在互联网高速发展的今天，海量的信息被存储在互联网中，互联网打破了时间和地域的限制，既为大学生获取信息资源节约了时间，又拓宽了思想政治教育工作的沟通渠道。

但是我们也要看到，网络虽然大大提高了大学生的社会化程度，促进了学生的发展，但也给高校思想政治教育工作带来了严峻的挑战。

当前，网络环境非常复杂，大量色情、暴力、封建迷信等低俗糟粕信息在互联网上传播和泛滥，对大学生的世界观、人生观、价值观产生了巨大的冲击。因此，高校要充分重视网络环境带来的挑战，积极发挥新媒体的作用，拓展思想政治教育工作渠道，营造浓厚的育人氛围，加快网络育人长效机制的建立，从而对学生进行正确的思想引导。

（一）构建网络育人体系，发挥网络育人合力

要实现高校网络育人价值，高校就要建立网络育人体系，以开放的心态应对互联网的挑战，有组织地建立一批主流网站，同时还要与社会各界的力量形成合力，这样才能取得良好的教育效果。

网络的自由和便捷给人们的生活带来了很大的改变，以往没有掌握话语主动权的网民，终于在网络上找到了发表自己独立观点的阵地。但是，需要清楚地认识到，目前网民所表达的观点依然充斥着不少极端主义、自私主义、色情暴力与批判主义等内容，这些内容能给网民带来很大的影响。网络舆论具有快速发酵、传播的特点，这导致网民只能从表面认识某些事件，只注重对这些事件的直观判断，严重缺失对事情真相挖掘和分析的能力。网民的这种面对网络事件，只注重自己主观臆断、不深入分析的现象十分普遍。

大学生是当今网络世界的主力军，其身处网络舆论的漩涡，没有较强的判断能力，且由于自身的知识水平和思想水平所限，其往往对网络中偏见的言论情有独钟，并加以评论和传播，这就给高校网络育人带来了极大的困难，因此，高校必须要构建网络育人体系，充分调动社会各界力量，让一切现实中存在的元素都可以自由组合和扩展。高校要结合当前网络舆论的特点和学生的特点，充分发挥社会各界的合力作用，充分利用网络平台对网络舆论进行疏导，及时发布准确信息，对网络不实言论进行澄清，避免大学生网民的无限联想和探讨，不断净化网络舆论环境。要准确结合学生的特点，充分了解学生所关心的问题，对网络观点改堵为疏，对学生进行正确的价值导向，对新闻信息提供多角度的思考观点，对煽动性的蛊惑信息进行屏蔽，这样就能更好地开展网络育人工作。

（二）完善校园网络制度化建设和监管

校园网络环境制度化建设是一个庞大的系统工程，需要在政府的宏观领导下多部门协调合作，要从大学生、高校教育管理者等各个方面深入着力进行。要在现有的校园网络制度上进一步发展和完善网络制度化建设，要在党、国家和政府的正确领导下，以社会主义核心价值观为指导思想不断深化改革、逐步完善网络思想政治教育体制，如将思想政治教育相关工作总结、教育者相关工作经验等信息输入网络并进行归类整理，从而使高校网络育人工作制度化。

要重视校园网络制度化建设。高校要根据学生的思想特点与上网习惯主动出击，发现问题并防患于未然，在校园网络制度化建设方面加大投入，紧跟互联网高速发展的步伐，拥有前瞻性的教育思维，积极推进高校互联网制度化建设，关注学生的思想观念、价值取向和行为方式等特点，推动网络育人工作的健康、高效发展，最终提高高校的德育教育水平。

（三）提升教育者网络育人能力

作为教育的主体，高校网络思想政治教育管理者的网络素质及能力，是高校网络育人工作的根本保证，因此，高校要重点提升教育者网络育人的能力。在高校网络思想政治教育进程中，必须要有一支专业的高素质互联网教师队伍对相关工作进行监督和管理，要能够时时掌控互联网资源和互联网发展状况。高校教育者管理队伍还要充分掌握互联网技术，利用互联网技术引导学生形成正确的世界观、人生观与价值观，培养其辨别是非的能力。

同时，高校要着重加强教师理论培训工作，使教师能正确认识互联网发展给高校思想政治教育带来的挑战与机遇，自觉提高其理论知识和技术文化水平。高校必须要认识到的一点是，只有建设一支政治坚定、素质过硬的队伍，才能更好地完成科学、高效的互联网监管任务。因此，高校要积极推进网络思想政治教育管理者的培训工作，提高教育者的思想政治教育理论素养，促使其关注学生在思想观念、价值取向和行为方式等层面上的特点，促进互网络育人价值目标的实现。

五、加强高校网络建设

当前，高校网络思想政治教育工作面临着巨大的压力和挑战，传统思想政治教育中重点弘扬的爱国、奉献等内容在互联网环境下相对弱势。互联网环境中的信息能被快速传播并讨论，大学生借助手机就能知晓"天下事"，这就在一定程度上增加了大学生思想的复杂性，受复杂思想的影响，他们可能对社会、体制、历史以及主流价值产生怀疑。大学生的价值观尚未完全形成，易被西方的意识形态和宗教思想渗透，因此，高校必须要加强校园网络建设。

虽然，近年来我国政府非常重视互联网舆论的引导与梳理，不断加强互联网宣传、监管和教育，但是面对数字时代下移动互联网快速发展的情况，明显缺乏快速反应的管理模式，面对复杂的互联网环境以及利益驱使下西方思潮的渗透，很多不良的互联网信息容易引起思想激进、意识活跃的大学生产生认同，这让高校网络思想政治教育面临着巨大挑战。互联网上的不少负面思想正逐渐在学生中传播，如消极主义、拜金主义、个人主义等庸俗化内容正逐渐腐蚀学生的理想和信念。如果不对学生加以正确引导，那么，他们原有的世界观、人生观、价值观就很可能会被动摇，甚至崩塌。因此，高校要充分结合学生的时代特点，正确分析高校思想政治教育工作面临的困境，把握好对学生引导的主动权。

（一）加强高校网络思想政治教育的网络文化建设

当前，大学生的思想价值观呈现出多元化、自主化特征：大学生的文化素质高，具有较强的社会责任感与使命感，但是他们的价值观、世界观、人生观尚不成熟。在网络时代下，大学生心理情绪波动大、自我意识强，非常注重和强调自身观点的表达，喜欢独立获取知识。教育者所使用的传统的说教方式已经不适应高校思想政治教育工作的发展，同时，也不符合新时代大学生的特点，这导致部分学生表现出对学校和老师建议的抵抗情绪和消极态度，尤其是在网络背景下，这种反感权威、抵触情绪会更加严重，高校必须要具体问题具体分析，有针对性地加强网络文化建设。

要在充分分析大学生所处的时代特点与网络世界特点的基础上，丰富高校网络文化建设，对大学生的思想进行引导，充分发挥学生的主观能动性，在潜移默化中引导学生进行自我学习与提高，要将传统的理论灌输式教育及时转换为大众化、生活化的实践教育，改单向传授式教育模式为双向平等互动模式，改变从前学生的被动接受式教育，积极引导学生主动参与，进行自律式教育。相比于传动的灌输式教育模式，大学生更愿意接受通过自己的渠道去了解的内容和观点，教育者要充分利用学生的这种心态，在网络上和学生进行平等沟通，以互动的方式和平等的口吻，不断引导学生形成主动学习的意识，不断实现自我价值。

（二）加强高校网络思想政治教育的网络道德建设

当今时代，网络影响着人类生活的方方面面，同时也已进入大学生的学习、生活，网络上的各种信息正深刻影响着当今大学生的思想。这种影响给传统高校思想政治教育方法带来了巨大冲击，也给高校思想政治教育工作带来深远影响。网络使学生能够更快速、便捷地学习各种知识，及时了解国家大事，也能丰富大学生的学习生活，但高校教育者也要清楚地认识到，网络是一把双刃剑：网络给大学生带来了很多好处，如果运用得当，对学生的全面发展将具有重要意义；如果不能引导学生正确运用，那么，它也会给学生的进步与成长带来很大阻力。

目前，我国高校网络思想政治教育的发展本就问题重重，尤其是在网络道德教育方面。由于科技发展过快，高校网络技术教育存在一定的滞后性，同时，网络具有自由性和匿名性特征，因此，大学生可以随心所欲地发表自己的观点，畅谈、点评各种社会现象，但高校并未对学生在网络上的行为进行必要、强有力的约束，也就是说，网络道德教育并未获得强有力的实施。因此，高校教育管理者要对学生加强宣传与引导，强化网络道德规范教育，从而使学生能够健康成长。

（三）加强高校网络思想政治教育的法治化建设

高校网络思想政治教育工作是高校思想政治教育工作的重要组成部分。当前，我国政府加强高校网络思想政治教育法治化建设的力度不够，相关网络立法缺乏针对性。同样，高校思想政治教育管理者也忽视了法治、法治教育与法治宣传，在网络道德培育方面也缺乏针对性和有效性。基于此，可以发现，高校网络育人价值的实现，需要社会各界的通力配合，形成多方面的合力，这样才能加强高校思想政治教育的法治化建设和道德建设。

高校网络育人的实践探索要加强系统性、注重长效性，要求高校要充分结合高校网络的发展规律、高校思想政治教育育人的基本规律和高校网络育人价值的工作实际，充分掌握高校网络思想政治教育育人价值的主导性。要深入开展法制宣传教育，着眼于网络时代的变化和育人目标，从实际出发，加强实践，重点关注高校网络思想政治教育的法治化建设，最终促进高校网络育人价值的实现。

第六章 高校思想政治教育与国家安全教育融合

随着改革开放的不断深入，我国与各国交往不断加深，国内经济转型，矛盾凸显，我国的国家安全将面临严峻的挑战。国家安全教育是大学生德育工作的重要组成部分，同时也是高校思想政治教育的重要内容之一，是培养大学生国家安全意识的重要途径，在高校的教学和日常管理中有着现实而深远的作用。本章将重点探究高校思想政治教育与国家安全教育的融合。

第一节 国家安全教育的重要性

一、国家安全是国家的根本所在

国家安全一般是指作为社会政治权力组织的国家及其所建立的社会制度的生存和发展的保障。[①] 它包括国家独立主权和领土完整以及人民生命财产不被外来势力侵犯；国家政治制度、经济制度不被颠覆；经济发展、民族和睦、社会安定不受威胁；国家秘密不被窃取；国家工作人员不被策反；国家机构不被渗透；等等。任何境外机构、组织、个人实施或者指使他人实施的，或者境内组织、个人与境外机构组织、个人相勾结实施的危害中华人民共和国国家安全的行为均视为危害国家安全的行为。

进入 21 世纪以来，中国在经济、军事、科技、文化等方面快速发展，取得了重大成就，中国的综合国力在全面迅猛地发展，全球都在关注着高速前进的中国，中国面临的安全形势也随之变得更加严峻。反华势力猖獗，民族分裂势力、宗教极端组织、暴力恐怖组织等多股势力勾结，新技术的发展更是为敌对组织的活动带来了便利，敌情更加突出复杂。

贯彻落实总体国家安全观，必须既重视外部安全，又重视内部安全，对内求发展、求变革、求稳定、建设平安中国，对外求和平、求合作、求共赢、建设和谐世界；既重视国土安全，又重视国民安全，坚持以民为本、以人为本，坚持国家安全一切为了人民、一切依靠人民，真正夯实国家安全的群众基础；既重视传统安全，又重视非传统安全，构建集政治安全、国土安全、军事安全、经济安全、文化安全、社会安全、科技安全、信息安全、生态安全、资源安全、核安全等于一体的国家安全体系；既重视发展问题，又重视安

---

① 张登沥. 大学生公共安全教育 [M]. 上海：上海交通大学出版社，2017：9.

全问题，发展是安全的基础，安全是发展的条件，富国才能强兵，强兵才能卫国；既重视自身安全，又重视共同安全，打造命运共同体，推动各方朝着互利互惠、共同安全的目标相向而行。

国家安全是国家的根本所在，国家利益高于一切，维护国家的利益和安全，是每个公民的神圣义务，任何情况下不得做有损国家安全的事情，并自觉与一切损害国家安全的行为做斗争。维护国家安全是每个公民义不容辞的责任，是党和国家对公民的基本要求。

随着对外开放步伐的不断加快，我国在政治、经济、科技、文化等各领域都有了飞越式发展，境外一些间谍情报机关和各种敌对势力把中国作为他们进行颠覆、渗透和破坏的主要目标，从来没有停止过危害我国安全的活动。他们一方面打着"人权""民主"等各种各样的旗号，继续对我国进行政治思想渗透；另一方面，他们正在并将继续利用我国扩大对外开放的时机，以公开的、合法的身份，通过各种渠道和途径，广泛收集、窃取、刺探我国经济、科技等情报，从事危害我国国家安全和利益的活动。与此同时，国内极少数敌视社会主义的分子，也极力寻求境外一些间谍情报机关和其他敌对势力的支持，与其相互勾结，进行破坏和捣乱。

新时代党和国家对大学生国家安全教育给予了高度关注。分析、研究大学生国家安全教育已成为时代之必然，深刻阐释大学生国家安全教育的价值，能够为大学生国家安全教育赢得更多主动性与力量，以此增强大学生对国家安全教育的认同感和接受度。

二、国家安全教育充实高校思想政治教育理论

加强大学生国家安全教育是国家安全教育普及的要求，也拓展了思想政治教育的广度和深度。

其一，有利于紧跟思想政治教育的新特征。新时代思想政治教育具有指导思想的时代性，全员参与性，内容全面性，明显的价值取向性，活动的全过程，方式方法的科学性、多样性和可操作性以及国家安全教育的紧迫性等特征。国家安全教育是新时代思想政治教育改革创新的助推力，有利于彰显思想政治教育的特色。随着社会发生的深刻变化，必须与时俱进研究思想政治教育理论与实践，将国家安全教育作为有益补充，紧握时代脉搏、展现时代风采、紧跟时代要求、体现时代精神。

其二，有利于充实高校思想政治教育的内容。目前高校思想政治教育主要还是以传统的教育内容为主，部分内容教条化、理想化、空泛化等，导致部分大学生对其丧失兴趣，使思想政治教育不能对大学生起到良好的引领作用。新时代将国家主权与安全、国家时事政治等内容贯穿在思想政治教育之中，能够丰富思想政治教育理论，完善新时代思想政治教育体系。

其三，有利于充实大学生对思想政治教育的新认识。在思想政治课程中补充国家安全教育的内容，有利于刷新大学生对思想政治教育的认识，意识到思想政治教育不是教条，有着深层的现实依据，从而提升大学生对思想政治教育的认同感，提高思政课堂的"抬头率"。

三、国家安全教育使国家安全意识深入学生头脑

大学生国家安全教育不仅事关国家的前途与命运，也关系着大学生个人的成长成才。

首先，有利于增强大学生国家安全防范意识。涉世未深的大学生国家安全防范意识不强、社会经验不足，部分大学生出于锻炼自身能力或寻求经济来源以支持学业等原因，想要从事一些兼职，因此，往往容易被境外间谍势力用"兼职可赚钱""高额酬金回报""共同兴趣爱好"等幌子所引诱，做出危害国家安全的行为。加强大学生国家安全教育，有利于大学生清醒认识到，其实间谍就在身边，离每个人都并不遥远，从而使大学生树立起反奸防谍、拒绝勾连的安全意识，在思想上构筑起维护国家安全的坚实屏障。

其次，有利于大学生认同国家安全教育理论。近年来网络调查结果显示，部分大学生对国家时政的关注度较低。加强大学生国家安全教育，有利于大学生将个人发展与祖国命运紧密结合，理解国家安全理论的具体内容，以深刻的国家安全知识武装头脑、指导行为。

最后，有利于大学生积极参与国家安全教育活动。当下，高校还没有设置专门的国家安全教育课程，相关的内容通常都是通过讲座交流、活动宣传、内容展览等形式来传递。因此，要使大学生明白以活动为载体进行教育的必要性与重要性，增强其参与活动的兴趣和积极性，并尽可能引导他们成为活动的志愿服务者和组织者，成长为新时代全面发展的大学生。

四、国家安全教育辅助高校培养社会主义合格接班人

从高校承担的责任来看，高校旨在培育合格的社会主义建设者和接班人。加强大学生国家安全教育是高等学校扎根中国大地办教育、服务国家重大战略需求、推进现代化建设的必然举措，有利于确保高校社会主义的办学方向；有利于顺应时代潮流，培养坚定的奋进者与拼搏者，全面提高人才培养能力，提高我国高等教育的整体水平。

从新时代大学生理应具备的素养来看，党的十九大报告指出："中国特色社会主义进入了新时代，这是我国发展新的历史方位。"新时代的到来意味着大学生已经成为时代新人。新时代的大学生在精神状态、使命担当以及综合素质方面都出现了新变化。国家安全教育应大学生的特点而生，应大学生的发展方向而成为必要。

总之，高校应顺应时代之需，顺应大学生之需，开展深入、持久、生动的国家安全教育，将国家安全教育内容融入立德树人的根本任务中，扎根中国大地为大学生实现出彩人生搭建舞台，这有利于提升大学生对历史使命与时代责任认识的深度，积极跟随时代脚步投身民族复兴的宏图大业之中，成为祖国坚实、可靠的接班人。

第二节　国家安全教育与思想政治教育的关系

一、国家安全教育与思想政治教育相互补充

高校国家安全教育教育不仅引导着学生的精神走向，而且通过对学生安全观的多途径教育，激发其正能量，使他们能更好地适应社会，认清自己，做真正有益于社会的人，实

现其人生价值。这也正是国家安全教育的价值功能的体现。思想政治教育不仅包括如何规范人们的行为，还包括如何有效地影响人们的思想，树立正确的安全意识和观念。所以，国家安全教育与思想政治教育在教育目的上具有一致性，这也使二者之间有了互补性。

国家安全教育作为思想政治教育内容的一部分，其发展也促进了思想政治教育的发展；思想政治教育为国家安全教育提供新的途径，为其实现教育目的提供保障。为适应时代的发展，从实现中华民族伟大复兴的战略高度出发，充分利用高校国家安全教育与思想政治教育之间的相互促进作用，在弘扬和培育民族精神过程中，必须把国家安全教育与思想政治教育相结合，让两者的价值作用得到最大程度的发挥。

二、思想政治理论课是国家安全教育的主渠道

（一）思想政治理论课为国家安全教育提供爱国主义情感基础

爱国主义作为公民维护国家利益的内心精神力量，是国家和民族生存和发展精神条件。爱国主义精神深深植根于中华民族心中，是中华民族的精神基因，维系着华夏大地上各个民族的团结统一，激励着一代又一代中华儿女为祖国发展繁荣而不懈奋斗。五千多年来，中华民族之所以能够经受住无数难以想象的风险和考验，始终保持旺盛生命力，生生不息，薪火相传，同中华民族有深厚持久的爱国主义传统是密不可分的。

爱国主义精神也是大学生增强国家安全意识、履行国家安全责任、提高维护国家安全能力的深层情感基础和内在动力。而大学生爱国主义精神的培育恰恰依靠思想政治教育，爱国主义教育是高校思想政治理论课的永恒主题和核心内容。离开爱国主义，离开思想政治理论课的爱国主义教育，国家安全教育就缺失坚实的基础与动力。

（二）思想政治理论课为国家安全教育提供世界观与方法论基础

高校思想政治理论课讲述的马克思主义是无产阶级的科学世界观和方法论，是指导我国革命、建设取得成功的强大的思想武器，也是我国国家安全建设理论的指导思想。习近平总书记提出的总体国家安全观的系统思想，是维护国家安全的行动纲领和科学指南，是运用马克思主义的基本立场、观点和方法分析、指导、解决我国国家安全问题的典范。对大学生而言，学习国家安全理论，增强安全意识和维护国家安全能力，就必须领悟总体国家安全观所蕴含的马克思主义的理论精髓，并运用马克思主义分析解决国家安全问题。

（三）思想政治理论课为国家安全教育提供新时代中国特色社会主义理论基础

习近平新时代中国特色社会主义思想是中国特色社会主义理论的最新发展，是新时代社会主义现代化建设的理论指南，也是高校思想政治理论课教学的主要内容。习近平新时代中国特色社会主义思想对我国经济、政治、法治、科技、文化、教育、民生、民族、宗教、社会、生态文明、国家安全、国防和军队、外交等方面建设进行了全面系统的理论分析。这些理论分析同时也内含了我国经济、政治、军事、科技、文化、生态等方面国家安全的理论分析，可以说，新时代中国特色社会主义理论也是国家安全理论的重要组成部分，为新时期国家安全提供理论基础，或者说，新时代中国特色社会主义理论与总体国家安全观是融为一体的。

第三节 国家安全教育融入高校思想政治教育过程存在的问题

一、国家安全教育的地位未得到应有的重视

众所周知，爱国主义内容丰富，包括爱国传统教育、国防教育和国家安全教育等。理论上爱国主义教育的各部分都重要，理应得到同等对待，但事实并非如此。目前国内学术界对爱国主义教育的研究屡见不鲜，理论研究和实践教育都取得了很大成果，国防教育也在不断创新，提出许多适应时代发展的新思路。但国家安全教育的研究状况却不容乐观。

党和国家一贯重视国家安全宣传教育工作，并印发诸多文件，为开展大学生国家安全教育提供了理论依据和指导，但目前，大学生国家安全教育还处于宣传阶段，远未达到有计划、有目标、规范化教育的层次。国家安全教育研究上缺乏深度、广度；内容、载体等方面缺少创新，有效机制尚未形成。而脱离爱国主义教育的范畴机制，对高校国家安全教育的独立性研究更是屈指可数。这种状况与国家安全教育的重要性及其地位是不相称的。有的学校甚至把国家安全教育等同于爱国主义教育，认为学生已接受爱国主义教育就无须再进行国家安全教育。这种错误认识导致了部分大学生国家安全意识的淡薄。

事实上，国家安全教育与爱国主义教育既有联系又有区别：它们属于交叉关系。二者在基本教育原则上是一致的，在教育功能上也有相似之处，都具备强大的社会动员作用，但在教育内容和教育方式方法上，却不尽相同：爱国主义教育内容相当广泛，其中也包括了国家安全教育的部分内容，而国家安全教育不仅要以爱国主义为主旋律，还必须包括许多其他的相关教育，如国家安全理论知识教育、国家安全法制教育等；爱国主义是人们对祖国最深厚的一种情感，往往在国家和民族最危难的时期具有特殊的魅力，相对于国家安全教育更倾向为一种情感教育，而国家安全教育在长期的理论及实践教育过程中将提供智力支持和精神动力，包括技术处理和公共关系处理，因此倾向于理论教育、行为教育、心理教育。

综上所述，目前，国家安全教育无论在理论研究还是实践当中，其地位都未得到应有的重视，这种状况难以符合全球化的发展需要。高校国家安全教育需从更大的视野、更高的基点，构建和实施全球化时代的国家安全教育。

二、尚未完全把国家安全教育纳入德育之中

我国一直强调要加强青少年的国家安全教育，将国家安全教育作为新时期爱国主义教育的重要内容，把青少年列为爱国主义教育的重点对象：在《初中德育教育大纲》中国家安全教育已被列入大纲条目，在九年义务制教材中可以找到国家安全教育的内容。但由于高校没有统一的国家安全教育大纲和统一的教材，没有统一的标准予以规范，没有时间、空间、人力、物力作为保证，国家安全教育仍然处于自发、随意、盲目的状态，有时搞得热闹非凡，有时又无声无息，这种"冷热病"着实令学生反感，也不可能收到理想

的教育效果。因此，为了有计划、系统连贯地对学生进行国家安全教育，切实提高国家安全教育的实效性，必须将国家安全教育纳入高校德育的具体规划中，编订统一的教材，确保固定的课时，配备专门的教师和制订科学的检查评估手段，并将成绩作为是否毕业的重要指标，从而使国家安全教育的内容、对象、方式、方法、管理等各方面都有明确的规定和要求，逐步实现教育内容系统化、对象层次化、形式多样化、活动经常化、管理制度化，从而使国家安全教育有章可循、有条不紊地发展。

三、国家安全教育内容、形式不适应新形势发展的需要

近年来，一些高校根据需要编写了国家安全教育的教材，但这还远远不能满足开展教育的需要，现有教材多数内容老化，缺乏时代感和系统性，对大学生的国家安全教育多集中在军事安全、政治安全等传统安全领域，缺乏非传统安全教育，这种状况难以适应新形势发展的需要。

不可否认，军事安全、政治安全仍是国家安全的主要内容。但随着全球化时代的迅猛发展，国家安全中的经济安全、文化安全、科技安全、信息安全等非传统安全因素日益突出，尤其是文化安全、科技安全、信息安全与大学生密切相关，因此，加强对大学生非传统领域的安全教育尤为迫切。

同时，大学生是一个好奇心重，求新、求深意识浓厚的群体，相信在国家安全教育过程中，适当引进经济安全、信息安全、科技安全等内容也一定会激发他们浓厚的学习兴趣，受到他们的欢迎，从而增强国家安全教育的课堂教学效果。为此，当务之急，应组织国家安全教育的专家、学者，编写出适合大学生阅读的教材。教材内容要面向世界、适应世界战略格局的重大变化，把握新方向，不断充实新内容，展开国家理论未来趋势，把国家安全教育引向高层次。

此外，大学生国家安全教育就其渠道和形式来说，总体上还是偏重于传统的课堂教学和对新生的军事训练上，一味的课堂说教和枯燥的政治宣传对活泼好动的大学生来说，缺乏吸引力，高校要不断发掘大学生喜闻乐见的教育形式，增强国家安全教育的吸引力。

四、大学、中小学、成人国家安全教育衔接不到位

国家安全意识的培养不是一朝一夕可以完成的，需要一个循序渐进、持续延伸的发展过程。高校的国家安全教育在纵向上，不仅要与中小学的国家安全教育衔接到位，而且要防止大学生与成人之间国家安全教育的断层，以保证国家安全教育的连续性。而目前在我国，许多大中小学在国家安全教育内容上出现较多的重复教育，突显层次不清，缺乏针对性。大学生的思想、心理更趋成熟，社会参与意识不断增强，对大学生的国家安全教育目标要体现出更高的层次，在国家安全教育的内容上要与中小学国家安全教育的内容区别开来。

广义的教育包括四个支点：学校、家庭、社会、自我。在我国的教育环境中，社会教育一环是最弱点。大学生毕业后走上岗位，工作单位只注重员工业务能力的培训，往往忽视国家安全意识的培养，导致员工在不经意间泄密事件时有发生，给单位和国家利益造成重大损失。因此，大学生毕业后走上工作岗位，用人单位仍要肩负起国家安全教育的义

务，以保证国家安全教育的连续性。

第四节　国家安全教育与高校思想政治教育融合的策略

一、明确教育目标

教育目标是从理论上讲是对教育应然状态的描述，对教育活动起规范和制约作用。大学生国家安全教育的目标应当体现现实性和前瞻性，目标的现实性是指在现实的条件下要具有可行性。因此，除了要关注目前国内外形势和我国国家安全面临的挑战，大学生国家安全教育还应该更贴近大学生思想特点，针对大学生的年龄与心理特点，仔细分析国家安全教育的现状及原因，发挥国家安全教育的最大效率，最终达到教育目标。

大学生国家安全教育的目标不能仅仅停留在当前需要，应该具有一定的前瞻性。国家安全涉及政治、军事、国土、经济、文化、信息、生态等众多领域。某些领域与处于校园中的大学生关系不太密切，例如，核安全和国家经济安全。而大学生在毕业之后会走上各种工作岗位，从事各个领域的工作，因此，大学生国家安全不应当仅停留在现实需要层面，而应当立足现实，着眼长远，体现前瞻性。

大学生国家安全教育的目标在体现现实性和前瞻性的同时，还应当避免仅停留在认知层面，应包含认知、意识、能力、行为等四个层面。

（一）丰富大学生国家安全知识

1. 国家安全理论知识
（1）巩固传统国家安全认知

冷战结束以来，随着全球化进程的加速推进，非传统领域的安全问题在国家安全中的地位不断上升，而传统的政治安全、军事安全的重要性和作用依旧不容忽视。在新的形势下，政治安全问题、军事安全问题与非传统安全问题相互交织，增加了维护传统安全的难度。巩固政治与军事安全教育，必须深化大学生对传统安全的理解。

政治安全是国家安全的根本，如果人民当家做主的社会主义政权的安全受到威胁，我国的国家安全也就从根本上受到了威胁，我国的其他安全利益也必将受到严重威胁。如军事是国防的重要组成部分，事关国家的生死存亡。近代中国屡受外敌入侵，国家利益屡受侵害，很重要的一条原因，就是军事实力太弱，军事安全得不到保障。近代中国的悲惨境遇一再昭示我们，必须要有强大的国防，必须要有一支强大的人民军队，确保国家军事安全不受侵害。

（2）普及非传统国家安全认知

非传统国家安全是一个动态的概念，是随着全球化进程和后冷战时代世界格局转变，在政治、军事领域之外的经济、文化、信息、社会、生态、资源等更广泛领域所产生的，能够危及人类社会整体和国家的生存与发展。影响国家和平发展的人口老龄化、极端思想泛滥、恐怖主义活动多发等问题都属于非传统国家安全范畴。在教育过程中应突出非传统领域安全问题的普及教育，防止大学生对国家安全的理解仅局限于传统的概念解读。

2. 国家安全法律知识

宣传普及国家安全相关法律是加强国家安全教育的重要内容。具体来看，要加强以下三个方面的教育。

第一，加强大学生对国家安全法律体系的认知。目前我们国家正在逐步建立以宪法和国家安全法为核心的国家安全法律体系。如 2015 年通过的新的《中华人民共和国国家安全法》（简称《国家安全法》）对维护国家安全的任务、职责、制度、保障以及公民和组织的权利和义务作了详细规定。除了宪法和《国家安全法》之外，还要加强其他相关法律知识的学习，例如，保密领域的《保密法》和《反间谍法》，与军事领域密切相关的《国防法》和《国防教育法》等。

第二，促使大学生对触犯国家安全法律的行为有基本认识，促使大学生能够辨别一些危害国家安全的行为，进而指导自己的实践，避免做出危害国家安全的行为。

第三，教育大学生知晓自身权利和义务。大学生只有知晓自己权利和义务，才能在国家安全实践中做到有所为，有所不为。

（二）增强大学生国家安全意识

大学生只有具备了维护国家安全所需的意识，才能够积极学习理论知识、提高自身能力、规范自身行为。大学生国家安全教育意识层面的目标就是培养他们的忧患意识、防范意识、责任意识、保密意识和法律意识。

1. 忧患意识

"生于忧患，死于安乐。"（《孟子·告子下》）只有每个公民都树立牢固的忧患意识才能主动发现国家安全面临的威胁和挑战，并及早将威胁消灭于萌芽状态。引导大学生对国家安全问题的关注，必须深化他们的忧患意识，培养大学生强烈的民族自豪感的同时也让他们具备"安而不忘危，存而不忘乱"的意识。

2. 防范意识

防范意识是维护国家安全的心理防线。全体国民，尤其是大学生缺乏防范意识就意味着国家安全在心理上的不设防。要通过国防教育使大学生认识到"中外有防"，只有物质防线和精神防线都可靠，国家安全才能得到切实保障。防范意识是大学生自觉维护国家安全的前提。增强他们对危害国家安全行为的了解和学习，只有明确知晓哪些行和事件为将危及祖国的安全和利益，才能增强他们的防范意识。

3. 责任意识

深化大学生的责任意识，有利于大学生国家安全意识的养成。通过中国近代史的教育，使大学生认识到国家贫弱，国民也会随着困苦，国家的命运与我们每个人的命运都是息息相关的。通过社会主义建设成就的教育，使大学生认识到只有国家富强了，普通国民的生活才会变得越好，促使大学生树立起"天下兴亡，匹夫有责"的责任意识。国家安全需要每个大学生的关心和维护，需要每个大学生付诸具体行动。

4. 保密意识

深化保密意识教育，有利于大学生国家安全意识的养成。高校在承担育人任务的同时，还肩负许多科研任务，一些高精尖的科研技术成果属于我国的国家机密。随着高校与社会联系日益紧密，高校对外交流日益频繁，境外敌对势力纷纷利用大学生保密意识不强等弱点，通过多种途径窃取机密。高校应当加强大学生对保密知识、保密法律、保密形势的学习，增强他们的保密意识。

5. 法律意识

大学生只有具备一定的国家安全法律意识，才能积极学习国家安全相关法律知识，才能规范自己的行为。国家安全意识不是与生俱来的，而是通过教育实现的。增强大学生国家安全的法律意识，要积极开展国家安全法的普及，使大学生了解国家安全法律知识，以便与他们自身能够遵守国家安全法律，履行自己应尽的法律义务。同时，要让大学生参与到国家安全法的普及，在向社会大众宣传国家安全法律的同时，自身也受到很好的教育。

（三）提升大学生维护国家安全的能力

能力是指完成一项目标或者任务所体现出来的素质。一定的技巧和能力在维护国家安全的活动是必不可少的。大学生应熟悉有关国家安全的活动，政策、法律、法规，善于识别各种伪装，对危害国家安全的不良言论有一定的鉴别和抵御能力，自觉抵制不良思潮的侵袭；通过学习马克思主义基本理论，学会运用马克思主义科学的世界观和方法论分析当前国际国内的安全形势；通过心理健康教育，在面对社会突发事件时有一个健康及正确的心理状态，对突发事件能作出正确判断，不会随波逐流，有一定的抗压能力、调节能力和适应能力，不轻易被危险、困难和挫折吓倒；通过科学素质教育，提升维护国家科技安全的能力。教育工作者在开展教育时，应将国家安全内容及时准确地传达给大学生，努力提升大学生参政议政的能力，促使大学生树立严肃认真的工作态度，积极主动配合国家安全机关开展工作。

（四）规范大学生国家安全行为

大学生国家安全教育不能仅停留在认知和意识层面，最终要落实到切切实实的行动当中，要通过权利和义务教育规范大学生的国家安全行为。所谓义务，是国家法律要求法律关系的主体必须履行的某种责任。通过相关法规的普及，积极向大学生宣讲必须履行的各项义务，使大学生认识到国家安全离我们每个公民并不遥远，使大学生明白哪些行为触犯了相关法律，避免做出危害国家安全的行为。所谓权利，是指法律赋予人实现其利益的一种力量。在大学生国家安全教育过程中通过各种途径向大学生宣讲国家安全法律法规赋予的权利，有利于大学生免除后顾之忧，积极参与国家安全的维护。通过权利与义务的教育，使大学生明白在国家安全活动中，应该做到"有所为，有所不为"，从而为大学生在实际生活和学习过程中维护国家安全提供指导和行为准则。

二、丰富教育内容

认同是个体对客观事物所持的一种积极和肯定的态度。国家的安全首先是建立在全民对国家、国家的各种制度、国家的指导理论、国家所走道路认同的基础上，只有对此产生了发自内心的认同，才有可能为了保卫它的安全而奋斗。对大学生进行国家安全教育，主要是通过加强中国特色社会主义理论教育，增强大学生政治认同；加强国防与爱国主义教育，增强国家认同；加强中国优秀传统文化教育，增强大学生文化认同；加强科学与信息素质教育，增强大学生对科技作用的认同，加强生态道德规范教育，增强大学生生态文明认同来完成。

（一）新时代中国特色社会主义理论教育

习近平总书记在主持召开学校思想政治理论课教师座谈会上强调，新时代贯彻党的教育方针，要坚持马克思主义指导地位，贯彻新时代中国特色社会主义思想。[①] 习近平新时代中国特色社会主义理论为高校思政教育工作提供了根本遵循。

1. 主动回归马克思主义原著经典

习近平总书记强调，马克思主义基本理论是共产党人的必修课。[②] 思政教育要重温经典，回归马克思主义基本原理和马克思主义中国化的理论宝库。要充分了解马列主义产生的社会背景与历史，马克思主义经典是无产阶级革命家与人民群众的合著，是特定历史时期世界工人农民运动的历史总结，不是凭空产生的，是生产力与生产关系相互作用的客观反映，也是无产阶级对资产阶级充满血泪的抗争史，认识历史、铭记历史能帮助我们更好地掌握和理解马克思主义。回归经典和马克思主义中国化的智慧结晶，就像重走长征路一样，给予人精神洗礼，是寻找初心、呼唤真理感召力的必由之路。

2. 不断提升马克思主义素养

在思政教育中要灵活采用马克思主义哲学的基本方法，努力呼唤真理的感召力。思政教师要提升自身政治素养，以马克思主义观点讲出贴近生活与工作、符合社会运行规律的课程，能运用马克思主义基本原理指引学生的工作与学习。

3. "两个维护"要做到知行合一

要坚持建设性和批判性相统一，传导主流意识形态，直面各种错误观点和思潮。因此，思政教育要敢于用马克思主义的观点与国际国内各种错误思潮硬碰硬，坚决做到"两个维护"，紧跟党中央各项决议，努力成为党中央与青年学生的桥梁，让学生了解使国家和社会正常运行的各项工作措施的目的、背景和意义，并学会运用马克主义观点客观真实看待社会问题，不偏激、不过度解读，更不能借着马克思主义课堂宣扬错误思潮。

4. 以"四个自信"筑牢精神上的万里长城

我国有悠久历史与丰富的思想遗产，百家争鸣时期，儒、墨、道、法家等都涌现了灿若星辰的代表人物，留下了社会、科学、历史等领域的宏篇巨著。古代先哲以思想为载体，跨越千年来到今天，是中华民族身份认同的重要组成部分，坚持文化自信是"四个自信"中最广泛、最基础的自信，道路自信、理论自信、制度自信体现了中国人民对中国特色社会主义道路、中国特色社会主义理论体系和社会主义制度的坚定信念，历史在不断证明，我们的路是行得通、走得远的，因此，思政教育一定要为学生做好示范。这就是习近平总书记提出的"为谁培养人"的问题，思政教育应当旗帜鲜明地指出，是为了培养马克思主义者和社会主义接班人。要对投机钻营的个人庸俗主义逐利观和自由主义坚决说不。

---

① 习近平. 用新时代中国特色社会主义思想铸魂育人 贯彻党的教育方针 落实立德树人根本任务 [N]. 人民日报，2019-03-19.

② 新华社. 习近平：深刻感悟和把握马克思主义真理力量 [J]. 创造，2018（04）：8.

（二）国防与爱国主义教育

传统的政治安全、军事安全、国土安全、军用核安全是建立在中国人思想深处的两个观念——"中外有别""中外有防"之上的。"中外有别"，即我和其他国家的公民是有区别的，我们来自不同的国家，通过相互区别产生对自己祖国的认同。"中外有防"，即通过国防维护自己国家的国土和军事安全，从而形成"中外有防"的观念，进而加强原来已经形成的国家认同。加强大学生对祖国的认同需要加强爱国主义情感教育和国防教育。

1. 爱国主义教育

只有在具备了爱国主义情感的基础上，才能增强大学生国家认同，使其积极学习知识、增强能力，并积极参与到维护国家安全的伟大实践当中。加强大学生爱国主义情感教育应当做好以下三个方面工作。

第一，加强中国历史教育，增强民族荣誉感。历史教育能够帮助大学生学习我国的传统文化，继承中华传统文化的精华。通过历史典籍、音频资料、影视资料、历史遗迹、实物等，帮助大学生回忆我国形成和发展的历史过程，以及在此过程中为了独立和富强而作出的种种努力。

第二，加强基本国情教育，增强民族忧患感。进行"优势"国情的教育，激发他们热爱祖国的热情，保卫祖国安全的热情。通过"弱势国情"的教育，使大学生产生一种危机感，激发他们奋起直追的斗志，维护国家安全的斗志。

第三，加强理想信念教育，增强民族责任感。加强对大学生进行理想信念教育，帮助大学生树立"苟利国家生死以，岂因祸福避趋之"的崇高理想和坚定信念，有助于增强大学生的民族责任感。

总之，通过国情教育、历史教育、理想信念教育培养大学生高尚的爱国主义情感，增强他们对社会主义祖国的认同，激发大学生维护祖国安全的热情。

2. 国防教育

国防教育是大学生增强国防观念和意识、接受国防知识和技能、提高自身素质的重要方式，也是加强我国国防后备力量的有力措施。

大学生国防教育应该利用有利时机，利用新生军训和征兵等机会对大学生开展国防法制教育，使大学生认识到参加军训和参军入伍是每个公民应尽的法律义务；利用每年的八一建军节、十一国庆节等节日组织大学生开展国防宣传和国防教育实践；组织大学生参观军事纪念馆，通过历史实物、工具、图片、文字等，使他们感受到近代中国由于"有国无防"而导致的国家、人民任人宰割的悲惨局面，进而激发他们为国防积极作贡献的热情。

（三）中华优秀传统文化教育

国民的文化认同是国家安全的文化基础。如果没有长期以来形成的、多民族统一的中华优秀传统文化的自我认同，中国就有可能在全球化的浪潮中、现代化的过程中被同化，而失去自己的民族特色。加强优秀传统文化教育，增强大学生的文化归属感和文化认同对维护国家文化安全极为重要。

1. 努力拓宽传统文化在高校课程中的覆盖面

高校除了开设"中国传统文化概论"等相关课程外，还应开设如书法、国学、古代乐器、传统体育项目的课程内容，尽量拓展与传统文化相关的通识教育选修课；精心组织编写全面、系统的传统文化教育的教材，应结合文学、历史、哲学等方面的内容，帮助大学生梳理好传统文化的源头、发展历程、冲突矛盾；同时，将传统文化整理归纳为现代学科，如经济学科、政治学科、文化学科，将传统文化与这些学科知识融合，构成现代教育体系，让大学生通过对这些内容的学习、参与及传承，深入理解当中精髓，筑牢大学生文化传承的历史基础。

2. 充分发挥高校思想政治理论课和艺术课程的重要作用

高校思政课教师应在课堂上深入挖掘中华优秀传统文化中与国家安全观念相关的教育资源，在深刻理解教学内容的基础上，寻找适合大学生特点的教学方法，以达到提高教育实效性的目的。

除此之外，高校应充分利用传统文化中的艺术资源，将这些资源与高校艺术课程结合，普及古代美学、音乐、戏曲、武术、舞蹈、杂技、健身、美容及养生等中华传统文化知识，帮助大学生修身养性，陶冶情操，使其得到全方位的发展。

（四）科技与信息素质教育

随着科学技术的不断发展和社会信息化的不断深入，科学技术和信息在促进社会发展的作用日益重要，科技安全和信息安全问题已成为国家安全新生的两项基本内容。大学时期是个人信息素质和科学素质养成的重要时期，加强大学生信息科学素质的教育，对维护信息安全和科技安全有着重要的意义。

1. 科技素质教育

高等教育显著的两大特点是普及型教育和大学生多样化的能力培养，大学生的科技素质教育亦是如此。我国的高等教育已进入大众化阶段，高等教育的普及性要求大学生的科技素质教育范围也要相应扩大。

在高校教育规模扩大的前提下，科技素质教育还要体现其多样化和专业化的特点。文科生和理工科学生的专业领域以及思维方式存在巨大的差异，我们不能以单一的模式进行科技素质教育，要体现其差异性，将两者区分开来。这意味着不同的专业要寻找适合自己定位、符合自身发展特点的教育教学模式，从而达到师资利用效率最大化、教育教学成果最优化的目的。

2. 信息素质教育

大学生信息素质教育内容是十分丰富的，除了传统的信息技术、信息理论和信息系统等知识的传授外，其基本内容还包括以下几个方面。

（1）信息意识教育。大学生信息意识教育过程中应当注重培养大学生信息主体意识、信息获取意识、信息传播意识、信息守法意识等。

（2）信息技能教育。大学生信息技能教育主要是加强信息检索、信息获取、信息加工、信息组织、信息评估和信息利用的能力。

（3）信息道德教育。信息技术是一把双刃剑，如果仅仅具备高超的信息应用能力，但不具备良好的信息道德，大学生有可能会造成很大危害，甚至窃取国家机密，危害国家信息安全。

（五）生态道德规范教育

随着经济的发展和人口的不断增长，我国所遭受的环境污染和生态破坏和资源短缺问题日益严重，对人民群众的生产生活构成了严重的威胁，生态问题和资源问题由此上升到了国家安全的层面，已经成为国家安全新生的两项基本内容。生态安全和资源安全的维护，需要包括大学生在内的全体国民增强自身对生态文明的认同，用生态道德规范或准则来约束自己的行为。加强生态与资源安全教育，增强大学生对生态文明的认同，应该突出以下三个方面的内容。

1. 珍爱自然，善待生命

大自然养育了人类，关心和保护自然环境就是关心和保护我们人类自己的生存环境，和自己赖以生存的家园。其他动物和植物也都是大自然的一部分，如果其他动物和植物不复存在，那么人类也将难以在地球上生存。我们要同破坏环境的行为做坚决和彻底的斗争，积极参与到保护自然环境的活动中。此外，要认识到生命都是平等的，我们有义务保护濒危的动植物，善待自然界的一切生命。

2. 节约资源，减少污染

自然界的许多资源是不可再生的，例如，煤、石油、铁矿等各种矿产。如果不加节制地开采和利用，不仅会破坏自然环境，而且还会使我们的子孙面临着无资源可用的悲惨境地。对大学生来说，随手关灯、参与废物利用等都有助于节约资源，维护我国的资源安全。

3. 科学消费，绿色消费

当前一些大学生在消费上盲目攀比，缺乏文明、健康、适度的消费观念，甚至炫耀性、奢侈型的消费现象也开始在大学校园中蔓延。大学生应该树立科学消费和绿色消费的观念，这样不仅可以减轻经济负担，而且可以节约资源。

三、拓宽教育渠道

（一）社会教育渠道

1. 社会实践

社会实践活动是大学生走出校门、了解国情、接触社会的一个重要途径。大学生国家安全教育也应当强调大学生积极参与到社会实践活动中，在实践中接受教育：开展参观纪念馆、宣讲法律法规、社会调查等国家安全常识宣传教育活动；组织大学生参观由各级政府批准挂牌的国家安全教育馆、国防安全教育基地、爱国主义教育基地、国防科技场馆及与国家安全相关的名人故居、历史纪念地等。

在社会实践中要注意与学校的理论教学结合，注重能力的提升。同时，社会实践活动应该向固定化、长期化、经常化，不能作为一时一事的突击活动。

2. 大众传媒

大众传媒具有覆盖面广、受众率高等特点，是开展大学生国家安全教育的一个不可或缺的渠道。大众传媒包括报刊书籍、影视、网络等。

（1）报刊书籍

各大高等院校均配有完备的硬件图书设施和在线阅读刊物，学生可以充分利用学校的资源来接触、学习相关理论知识。学校也应当更加重视图书馆以及电子阅览室的优化建设，提高报刊、书籍的使用率，在学校中营造一种会看书、爱看书的良好氛围。

（2）影视

随着时代的发展以及科学技术的进步，影视的发展速度越来越快，技术水平也越来越成熟。作为覆盖面最广、传播速度最快的现代大众媒介，影视在现代人的生活中扮演着不可或缺的角色，对受众起着潜移默化的影响作用。影视所涉及的内容之广，影响范围之大是前人始料未及的。就国家安全方面而言，影视所产生的影响力也不容忽视，受众对于信息的直观接收以及受众面积扩散的速度，决定了影视已经逐渐成为服务于国家安全的重要手段。

影视之所以能在国家安全的教育和维护过程中起至关重要的作用在于其娱乐性、消遣性、大众性、日常性、世俗性等特点。这些特点都是从人民大众的需求出发的，能够有效地发挥影视传媒的作用。因此，国家、社会、政府应该高度重视影视传播对增强社会，特别是大学生国家安全教育的作用。

影视传播途径也具有多样化的特点，例如创作优秀的历史题材的电视剧、电影、戏剧、宣传片，等等，通过各式各样的优秀影视作品使大学生在潜移默化中接受国家安全教育。

（3）网络

网络作为现代政治、经济、文化建设的至高地，在大学生国家安全教育过程中也发挥着至关重要的作用。高校应该积极主动地开辟网络教育阵地，努力净化网络教育空间，充分利用网络对大学生进行国家安全教育。

首先，一些境外敌对势力对我国的社会制度以及现行政策存在敌视。他们试图通过一些活动和渗透对我国实施"西化""分化"的图谋，对我国的国家安全产生巨大的威胁。在这样的国际环境之下，就网络这个途径而言，我们应当在坚持网络信息安全的基础上，对不良信息和恶意诋毁信息进行反击。高校必须在网络上进行正向的舆论引导，澄清重大事件的是非曲直，创造良好的网络环境。

其次，国家安全教育专业网站的建立有利于国家安全知识的宣传，有利于激发大学生的爱国热情和维护国家安全的责任意识，与此同时，设立国家安全论坛以及相关栏目也是进行国家安全教育的有效途径。国家安全的内容不是一成不变的，而是与时俱进的，网络传播途径的优点在于能够体现国家安全教育的时效性；且其丰富的内容、多样的形式也能够更为生动、具体、有效地宣传国家安全的相关知识，充分体现了其艺术性。通过这样的网站建设，能够更好地保证国家安全政策、制度、思想、文化在网络上、社会中占主导地位。

最后，我国设立有全民国防教育日、国家安全教育日、阅兵、建军节、国庆节、建党日，等等，在这些重要的日子都会开展丰富且有意义的国家安全系列活动。在这些活动的开展过程中，网络的作用不容忽视。网上答疑、政策咨询、问卷调查、意见收集、交流探讨、对策反馈等方式，充分显示了网络在大学生国家安全教育中的时效性和全面性优点。总而言之，充分利用网络这一教育平台对大学生进行国家安全教育将是非常有效的途径。

（二）学校教育渠道

1. 课堂教学

（1）通过思想政治理论课开展国家安全教育

思想政治理论课担负着大学生思想政治教育的重任，是维护我国文化安全和意识形态的重要防线，它关系到大学生社会责任感的培养和国家安全战略的实现。"思想道德修养与法律基础""马克思主义基本原理""毛泽东思想与中国特色社会主义理论""中国近现代史纲要""形势与政策"这些课程中都有与国家安全法律、国家安全意识、近现代政治、经济、军事安全状况、马克思主义的国家学说、新国家安全观等与国家安全密切联系的相关内容。为此，必须加强大学生的思想政治教育，把国家安全教育与法律基础教育、近现代史教育、形势与政策教育相结合，使大学生在思想政治理论课中受到国家安全教育。

（2）将国家安全教育和专业课教学相结合

当前我国国家安全包括政治、军事、经济、文化、科技、信息、社会、生态、资源等多个领域。思想政治理论课由于课时有限，不可能做到面面俱到、处处精讲。高校的特点是学科多、专业众多，应该充分利用不同专业的特点，在专业课程讲授过程中渗透国家安全教育，让大学生体会国家安全和他们今后的生活工作紧密相关。例如，针对电子信息类学生，进行信息安全意识教育。因此，专业课不能只注重专业知识、专业技能的教育，还要有相应的道德、素质培养，职业安全教育，其中国家安全教育尤其重要。

（3）开设相关选修课

选修课可以扩展学生的知识面，满足学生的兴趣爱好，发展他们某一方面的才能。学校可以结合本校实际情况和学生的特点，开设与国家安全教育内容相关的科技类、伦理类、军事类、文化类等选修课程，给对这些领域感兴趣的学生提供学习机会，从而提高大学生国家安全教育的效果。

2. 军事训练

当前绝大部分高校都把军训作为学生的必修课，进行军事技能训练和军事理论教学，这实际上是对大学生进行国家安全教育的一个良好切入点。

（1）军事技能训练

军事技能训练作为军训工作的重要组成部分发挥着不可替代的作用。例如，将军事技能训练作为大一新生的一门必修课，设1个学分，保证学生全员参与。通过军事技能、匕首操、战地救护、实弹射击、军事理论、野营拉练、紧急集合、礼节礼貌、内务卫生等训练科目，增强学生的国防意识，磨炼学生的意志品质，增强参训学生的组织性、纪律性、服从意识、团队意识和集体精神。

（2）军事理论教学

军事理论课教学作为大学生军事训练的一个重要组成部分，在促使大学生学习基本的军事理论知识和了解当前国防形势方面发挥着不可替代的作用。我国高校应探索出既结合专业特色，又激发学生兴趣的动态模块教学。例如，针对信息学院的学生，结合专业课程向他们讲述军队信息化的重要性，以及我国与美国在信息化指挥系统的差距，激发他们的忧患意识，促使他们努力学习本专业知识，为改善我军信息化装备做贡献。又如，针对材料科学工程学院的学生，则要突出新材料在军事装备中的应用这一主题。

总之，军训是大学生学习、接受、感悟国防教育和国家安全教育的大好机会。高校在进行军事训练和军事理论课的教学中，将国家安全教育的内容融入其中会收到事半功倍的效果。

3. 校园文化活动

校园文化活动是进行国家安全教育的重要资源和重要载体，充分发挥校园文化活动的作用，对大学生国家安全教育具有十分重要的意义。以学生社团为依托，开展丰富多彩的与国家安全相关的校园文化活动；建立国家安全宣讲团、环保协会、军事爱好者协会等有影响力的社团；大力支持大学生开展国家安全教育活动，例如，以国家安全为主题的演讲比赛、知识竞赛、情景剧表演、电影赏析等；同时，高校要从人、财、物三个方面给这些社团开展文化活动以支持，配备具有国家安全专业背景的指导教师，为他们开展活动予以指导，给予必要的资金支持，帮助他们购买开展活动所必需的器材和设备。

（三）自我教育渠道

1. 主体意识

主体意识是人自觉主动地意识到自身对客体的主导地位和作用，意识到自己主体价值的一种意识。如果大学生只是被动地接受国家安全教育，其教育效果必定不理想，必须发挥他们的积极性和主动性。只有在主体意识的支配下大学生才能自觉地进行自我评价，审视现实自身与国家安全所需的理想自我之间的差距，从而产生自我教育的需求，自觉投入自我教育中。

在大学生国家安全教育中，强化主体意识，激发其自我教育的内在需要，具有很强的现实意义。首先，要使大学生认识到自我教育的必要性和可能性，使大学生认识到自我教育不仅是提高自身素质的必备能力，而且也是适应维护国家安全任务的需要。其次，要尊重和保护大学生的自尊心，增强大学生的自信心，一个具有自尊心和自信心的大学生更容易接教育工作的教育和引导。最后，国家安全教育工作者应从大学生情感体验出发，引导大学生进行自我教育，使大学生产生自主感和信任感，增强他们对大学生国家安全教育目标的认同感。

2. 自我修养

自我修养是指人们在思想、政治、道德和知识方面进行自我教育和自我锻炼，以此达到一定的程度和水平。大学生通过自我修养提高国家安全意识的方法有很多。

第一，通过反省和反思加强自身国家安全意识。反省和反思可以认识到自身的缺点和不足，引导大学生对自身国家安全行为进行反思，为此后的行动提供借鉴和参考。

第二，通过自我改造提高维护国家安全的能力。引导大学生在社会实践中发挥自身主观能动性，进行自我分析，自我评价，对自身的不足加以改正，从而提高自身的国家安全认知，增强自身维护国家安全的能力。

第三，通过自我管理来规范自身国家安全行为。自我管理是指受教育者有意识、有目的地对自己的思想进行转控的能力。教师应引导大学生主动用与国家安全相关的法律、法规、纪律、规章制度、道德行为规范等来规范和调节自身的行为。

四、强化教育保障

（一）组织保障

鉴于当前大学生国家安全教育力量太分散、各自为政、互相协调不够的情况，为了能够引导国家安全教育事业的发展，贯彻党中央的国家安全教育政策、维护国家安全教育环境、协调国家安全教育关系，迫切需要建立专门管理机构。

第一，成立大学生国家安全教育领导小组。建议由学校主管思想政治教育工作的校党委副书记担任组长，直接领导大学生国家安全教育工作，统一协调校团委、学工部、保卫处、马克思主义学院、保密机构等部门的职责和任务。主要职责包括：贯彻落实大学生国家安全教育的政策，研究、制定和部署大学生教育的总体规划。

第二，成立国家安全教育工作办公室，负责大学生国家安全教育规划的贯彻、落实和实施。研究和制定各种规章和制度，检查国家安全教育实施情况，对工作突出的人员予以嘉奖和表彰。同时，负责协调国家安全教育所需经费、人员和物品。

第三，建立国家安全教育教研室。整合学校原有的形势政策教育、国防教育、思想政治理论教育队伍，建立一个集科研、教学、管理、评价等功能于一体的教研室。

第四，建立国家安全教育社团。由学校团委指导国家安全教育社团吸收优秀同学加入国家安全教育的队伍中，开展与国家安全相关的社团活动，例如，理论宣讲、演讲比赛、知识竞赛等。

（二）制度保障

好的制度可以通过奖励先进、惩罚落后，从而激发人的积极性和主动性。大学生国家安全教育需要建立一个良好的制度，保障教育计划和规划能够很好地实施。

第一，建立定期学习制度，设立"大学生国家安全教育周"。2015 年通过的新《国家安全法》规定，每年的 4 月 15 日为"全民国家安全教育日"。高校应该在法律规定的基础上设立"大学生国家安全教育周"，起到定时唤起大家对国家安全的关注的作用，同时，还可以为大学生国家安全教育提供一个制度平台。

第二，建立奖励表彰制度。高校应该对在国家安全教育中表现优秀的师生和部门予以定期的表彰。通过授予荣誉称号、颁发奖状、奖章和奖杯等方式，给予他们精神鼓舞，通过颁发奖品和奖金的方式给他们以物质奖励。通过奖励表彰制度，可以激发各部门师生开展国家安全教育的热情。

第三，建立组织协调制度。在国家安全教育中，组织协调制度也是大学生国家安全教育活动有序开展的必不可少的条件。高校可以根据大学生国家安全教育工作的总体规划，按照团委、学工办、保密办、保卫处、马克思主义学院的职责，分解工作任务，制定落实措施，并严格考核，从而避免在大学生国家安全教育工作中出现分工不明、责任不清、落实不力的情况。

（三）资源保障

1. 加强大学生国家安全教育师资队伍建设

第一，加强思想政治理论课与形势政策课教师队伍建设。建设思想政治理论课与形势政策课教师队伍，一方面要注重引进外部力量，在教师引进方面，向有国家安全教育相关学科背景的人才倾斜，邀请国家安全方面的学者、专家、领导干部，定期为学生做专门的形势政策报告会。另一方面，要重视对原有的教师队伍加强培训，帮助他们学习国家安全教育的相关知识，以便他们更好地在实际教学中开展国家安全教育工作。

第二，加强高校保卫队伍建设。当前高校保卫部门侧重于管理和服务工作，没有根据自身工作特点对大学生开展国家安全教育。高校可以聘请有国家安全教育背景的人充实学校保卫队伍，还可以组织学生志愿参与校园安全工作，让他们参加校园志愿巡逻队，加强学生安全信息员队伍建设；在实践过程中加强大学生对保卫工作、对高校国家安全工作的了解，从而使他们在耳濡目染中接受国家安全教育。

第三，完善高校政治辅导员队伍建设。政治辅导员是高校思想政治教育的一线工作者，他们直接参与大学生的日常教育和管理工作，他们对学生的思想动态掌握得最为及时和全面，他们最了解大学生国家安全意识的状态，因此，必须高度重视高校政治辅导员队伍的力量，充分发挥这支队伍在大学生国家安全教育中的作用。

2. 加大大学生国家安全教育经费投入

大学生国家安全教育经费主要投入在理论教育方面、宣传活动方面、实践调研方面以及资料设备方面。教育的开展需要一定的经费投入，给予必要的物质和资金奖励能够大大提高师生参与国家安全教育的积极性和主动性。例如，提高授课教师的课时费，增强他们教学的积极性。

此外，高校可以预留出专门的经费聘请国家安全方面的专家学者开展相关讲座，为思想政治理论课教师、形势政策课教师、政治辅导员、保卫人员外出培训学习提供经费支持；同时也可以增加资金投入，购买网络教学设备，增加国家安全教育方式的科技含量；为知识竞赛、演讲比赛、国家安全小品、朗诵比赛、实践调研、参观国家安全教育基地提供专项经费支持。

（四）法律保障

法律具有强制性，是国家意志的体现，大学生国家安全教育要想真正落到实处，也必须有完整的法律法规体系作为保障。

首先，制定《国家安全教育法》。现有的《国家安全法》虽然对国家安全教育做了规定，但它并不是一部教育法规，对教育主体、教育客体的规定较为宽泛，不能适应大学生国家安全教育的需要。《国防教育法》也仅仅是针对国防领域，没有对其他领域的国家安全作详细的规定。因而，我国迫切需要制定《国家安全教育法》，制定一部符合中国实际、又有中国特色的《国家安全教育法》，为大学生和全体国民的国家安全教育提供法律依据和保障。

其次，制定地方性的法律法规。各省级人大和政府应根据实际情况，制定符合本地区实际情况的地方性法律法规。例如，在少数民族聚集的地方，根据现实情况，制定地方法规保障国家安全教育的开展；在边疆地区制定地方法规，突出、保障国土安全教育。此外，还要加大国家安全相关法律的宣传，增强大学生遵法、守法的意识。建立健全各种监督机制，提高监督和执法的力度，确保法律法规的有力实施。

第七章　高校思想政治教育与党建工作融合

在新时代背景下，随着经济社会与教育水平的提升，市场对高层次人才的需求日益增加，大学生的培养工作也变得更加复杂与多元化，如何在提升专业知识能力的同时培养学生的政治素质对新时期我国社会的有序发展具有重要意义。在这样的社会背景下，高校的党建与思想政治教育工作就显得格外重要，积极探索两者的协调发展关系对于大学生政治素质的提升意义非凡，也是促进大学生树立价值导向的重要保障。本章对高校思想政治教育与党建工作融合问题进行了探讨。

第一节　高校思想政治教育与党建工作的关系

一、高校党建的内涵

（一）高校党建的定义

高校党建是指高校党委按照党章要求，根据党的目标、任务，结合高校实际，对学生党组织开展的思想建设、组织建设、作风建设和制度建设等活动，以提高学生党组织的凝聚力和战斗力，发挥学生党支部的战斗堡垒作用和学生党员的先锋模范作用。其主要内容包括入党积极分子培养和教育、发展大学生党员、大学生党员再教育和管理以及大学生党支部建设。

（二）高校党建的本质

高校党建作为一种社会现象，区别于其他社会现象的本质特征是什么？也就是说，它的质的规定性是什么？

认识一个事物的本质，就是要找到这个事物的特殊矛盾，这个矛盾是其他任何事物都没有的。因为任何运动形式，其内部都包含着本身特殊的矛盾。这种特殊的矛盾，就构成一事物区别于他事物的特殊本质。

高校党的建设是高等教育的一个重要组成部分，它和其他组成部分一样都是高校党委按照党和社会的根本要求，有组织、有计划、有目的地对学校办学定位、教育教学、人才培养、学校管理及其发展与稳定等方面而进行的建设活动。这样的表述虽然不错，但是它所揭示的并不是党建的特有本质，而是高校办学的本质，也就是高校为达到办学目的、促进学校发展而进行各方面教育及管理工作的共同本质。因为要把一所大学办好，也就是说要使这所学校得到全社会的赞赏就必须进行各方面的建设活动。只有各项建设到位，特别是学校的各项软件建设不断提高与创新，学校教育质量才能稳步提升；只有学校教育质量提高，特别是人才培养质量深受用人单位欢迎，这所大学才能得到社会的赞赏。

高校党建在办学中的特有职能是根据党和社会要求，围绕学校人才培养的根本任务和教育教学中心工作的展开，从政治上、组织上、思想上充分做好对校园人的教育管理工作，从灵魂深处调动师生员工的工作积极性、主动性和创造性，为学校的改革、发展、稳定提供坚强的政治和组织与思想保障。高等教育的一切活动都带有方向性和原则性，比如在教育目的和人才培养质量问题上，就是要坚定不移地贯彻执行党的基本路线和教育方针，强调教育必须为社会主义现代化建设服务，培养德智体美劳全面发展的（又称德才兼备的）中国特色社会主义事业合格建设者和接班人。

（三）高校党建的主要内容

坚持以马克思列宁主义、毛泽东思想、中国特色社会主义理论和习近平新时代中国特色社会主义思想为指导，深入贯彻党的十九大精神，坚持党的教育方针，坚持社会主义办学方向，以办好让人民满意的高等教育为目标，以培养社会主义合格建设者和可靠接班人为根本任务，把思想政治建设与组织建设、作风建设有机结合起来，使制度建设贯穿其中；全面加强高校各级领导班子建设，不断提高高校领导干部的思想政治素质和领导科学发展的能力，把高校领导班子建设成为政治坚定、求真务实、开拓创新、勤政廉政、团结战斗的坚强领导集体；全面加强高校基层党组织的先进性建设，坚持不懈地提高党员素质，增强党员意识，使其永葆先进性，继续优化组织设置，扩大组织覆盖范围，创新活动方式，充分发挥基层党组织推动发展、服务群众、凝聚人心、促进和谐的作用，这样才能为推进高校各项事业全面、协调、可持续发展，提供坚强的思想、组织和人才保证。

（四）高校党建工作现状取得的显著成效

中国共产党自建党以来一直高度重视青年党建工作，始终将青年作为推动社会进步和历史发展的重要力量，积极主动吸收优秀青年学生加入党组织，不断扩大党的群众组织，以此保持党的先进性，提高党的凝聚力和战斗力。

近年来，在各级党委、教育部门和高校的共同努力下，大学生党建工作取得了显著成效，呈现出朝气蓬勃的新气象。总的来看，当前我国大学生党建工作取得的显著成效主要体现在以下几点。

第一，大学生党建工作使学生党员的思想更加积极向上。我国高校大部分学生党员的思想总体上呈现出积极向上的良好氛围，能够在大是大非面前保持清醒的头脑和卓越的鉴别力，忠于党、忠于祖国、坚定对共产主义的信仰，对社会主义现代化建设充满信心，具有高度的责任感和使命感。

第二，各高校在班级或年级建立的党支部充分发挥了战斗堡垒作用。各高校制定了较为规范的学生党员发展、支部活动、组织生活等制度体系，以灵活的组织形式和严密的组织体系扩大学生党建工作的范围，不断增强学生党建工作的渗透力，进一步促进了大学生党建工作的制度化、规范化及常态化，强化了高校党支部的战斗堡垒作用。

第三，大学生党员的先锋模范作用更加得到体现。通过切实加强大学生党建工作，学生党员能够更好地发挥其在学生群体中的模范带头作用。同时，学生党员获得各类荣誉称号、受到各级表彰和在各领域作出突出贡献的比例明显增加。

二、新时代高校学生党建育人的历史使命

中国特色社会主义进入新时代，中国高等教育发展进入新阶段，高校也必须要承担新使命——立德树人。新时代高校学生党建育人不同于一般性育人，必须立足于实现"国家富强、民族振兴、人民幸福"的宏大叙事之中，突显出党建育人的政治战略定位，肩负起培养担当民族复兴大任的时代新人、保证社会主义办学方向、发挥基层党组织的战斗堡垒作用、引领青年贡献青春力量。

（一）在推进伟大事业中培养担当民族复兴大任的时代新人

中国特色社会主义进入新时代，需要党始终走在时代发展前列，创新基层党建，为推进伟大事业保驾护航。当前，中国的高等教育进入争创世界一流、努力建设高教强国的新阶段，高校必须以学生党建育人为龙头，勇于担当培养民族复兴大任时代新人的历史使命。培养担当民族复兴大任的时代新人，这也是中国特色社会主义进入新时代，实现中华民族"强起来"的战略任务。作为党的基层组织，新时代高校学生党建在高校人才培养中必须承担重要使命。

新时代高校学生党建育人把培养担当民族复兴大任的时代新人作为自己的重要使命，须注意以下两个问题：一是要准确辨析时代新人的内涵特质。二是要准确把握培育时代新人的核心要义。

（二）在进行伟大斗争中保证社会主义办学方向

习近平总书记指出，加强党对高校的领导，加强和改进高校党的建设，是办好中国特色社会主义大学的根本保证。① 新时代办好中国特色社会主义大学的首要标准就是要坚持社会主义办学方向，牢牢掌握高校意识形态工作的领导权，使高校始终成为培育社会主义事业合格建设者和可靠接班人的坚强阵地。当前，党在带领人民进行社会主义建设的过程中，时刻为应对外部风险、重大挑战而进行着伟大斗争，如西方社会思潮对社会主义意识形态的冲击、民族分裂主义对我国国家安全的挑战等影响着高校的办学方向。高校学生党建育人不同于其他育人平台，不仅要在学生党组织思想建设中完成育人，更重要的是要在政治建设中实现育人；不仅是培育社会主义的建设者，更为重要的是培育党的接班人；不仅需要提升大学生社会主义意识形态认同，更为重要的是，要加强学生党员的党性修养、宗旨教育。提升新时代高校学生党建育人质量是确保高校社会主义办学方向的重要保障。

新时代高校学生党建育人要保证社会主义办学方向，可从以下几个方面入手。

1. 要加强对青年学生的思想引领，构筑大学生的精神家园

面对西方社会思潮的冲击，许多学生因自身马列主义理论水平不够，缺乏辨别能力，

---

① 习近平就高校党建工作作出重要指示强调：坚持立德树人思想引领　加强改进高校党建工作［N］. 人民日报，2014-12-30.

思想上陷入了迷茫。因此，高校学生党建育人应注重马列主义理论教育，提升学生的思想认识水平，用社会主义价值规范引导个人的价值取向，筑牢大学生的精神家园。

2. 提升学生对社会主义意识形态的认同，保证育人的正确方向

在高校学生党建育人中，要突出主流意识形态的主导作用，加强爱国主义教育和共产主义理想信念教育，增强大学生的四个自信。

3. 积极培育与践行社会主义核心价值观

高校学生党建育人通过引导学生践行社会主义核心价值观，开展社会志愿服务活动等，在行动中磨炼学生意志品质，巩固学生党员的宗旨意识，提升育人质量。

（三）在建设伟大工程中发挥基层党组织的战斗堡垒作用

党的十九大报告指出："党的基层组织是确保党的路线方针政策和决策部署贯彻落实的基础。"① 在当前党的建设伟大工程中，必须加强基层党建，充分发挥基层党组织战斗堡垒作用，发挥党员的先锋模范带头作用，促进各项事业的顺利开展。

学生党支部是党在高校的基层党组织，高校学生党建实质上就是通过加强基层党组织建设来巩固学生党支部的战斗堡垒作用和党员学生的先锋模范带头作用。一方面，学生党支部战斗堡垒作用的发挥需要围绕高校人才培养的中心工作来实现，需要通过育人的实效来检验。另一方面，优秀的学生党员需要学生党支部来培育，学生党员的先锋模范带头作用能有效提升组织形象，增强基层党组织的凝聚力和战斗力。新时代高校学生党建育人实现了党建与育人的一体化，手段与目标的统一，能有效发挥基层党组织的战斗堡垒作用。

新时代高校学生党建育人充分发挥基层党组织的战斗堡垒作用，落实高校立德树人的根本任务，要从以下两个方面着手。

1. 要把提升学生党支部组织力作为基础

组织力是指党的基层组织为了确保党的路线方针政策和决策部署得到贯彻落实所表现出来的对党的方针政策和决议、对党组织自身、对人民群众的能力。学生党支部的组织力既是一种"合力"，更是一种"能力"。在高校学生党建育人工作中，选配一支素质精良的学生党建干部队伍，为学生党建提供必备的物资资源，是提升组织力的重要路径，也是充分发挥基层党组织战斗堡垒作用的必要前提。

2. 要把构建特色鲜明的学生党建文化作为突破口

高校学生党建文化是学生党组织在长期的党建活动中所形成的观念体系，包含思想观念、组织观念、价值观念、思维方式、情感方式、行为方式等。从某种意义上来说，新时代高校学生党建育人就是具有时代特色的学生党建文化样式。构建富有时代特色的学生党建文化，在实现高校学生党建育人的同时，有助于提升组织政治站位、凝聚组织力量、增强组织战斗力，有效发挥基层党组织的战斗堡垒作用。

（四）在实现伟大梦想中凝聚引领青年贡献青春力量

实现中华民族伟大复兴，是中华民族近代以来最伟大的梦想。这个梦想代表着每个中

---

① 习近平. 决胜全面建成小康社会　夺取新时代中国特色社会主义伟大胜利——在中国共产党第十九次全国代表大会上的报告 ［M］. 北京：人民出版社，2017：65.

华儿女对未来美好社会的共同期盼，是历史赋予当代青年的重大使命。"中国梦是历史的、现实的，也是未来的；是我们这一代的，更是青年一代的。中华民族伟大复兴的中国梦终将在一代代青年的接力奋斗中变为现实。"① 每个人都有梦想，青年一代在实现个人梦的过程中，只有把个人梦融入中国梦，把个人理想与国家需要相结合，把个人聪明才智投身于中华民族的复兴大业中，才能不断提升自我，实现自己的人生价值。新时代高校学生党建育人需要积极发挥组织优势，不断凝聚团结青年、引领教育青年、服务激发青年，让青年学生把自身的发展与祖国的前途命运紧密结合起来，为实现民族复兴的中国梦而贡献自己的青春力量。

新时代高校学生党建育人要凝聚引领青年在实现伟大梦想中贡献青春力量，需要做好以下几点。

1. 塑造学生党建的组织形象，提升高校学生党建育人的凝聚力量

高校学生党组织的社会形象，不仅靠组织的政治地位和政治权力得以建立，更多地表现出社会公众对学生党组织的情感认同。在高校学生党建育人工作中，需要发挥党员学生的先锋模范带头作用，这样才能增强学生群众对组织的信任度；需要改变育人的工作方式，增强育人的亲和力。只有组织形象提高了，高校学生党建育人的凝聚力量才会增强。

2. 强化学生党建的政治功能，提升高校学生党建育人的引领能力

当前，部分青年学生深受不良社会思潮影响，其政治意识淡薄、人生态度消极、价值取向功利。高校学生党建育人必须准确把握社会主义发展的方向，强化学生党建的政治保障功能，发挥组织的思想引领作用，帮助大学生树立更为崇高的理想目标。

3. 树立学生党建的人本理念，增强高校学生党建育人的服务意识

"贴近学生、贴近生活、贴近实际"是大学生思想政治教育的基本原则，也是高校学生党建育人的行为准则。高校学生党建育人要始终关注大学生成长发展的迫切需要，努力提高育人的精准性，在服务学生成人成才中，让学生主动为实现中华民族复兴贡献自己的青春力量。

三、高校思想政治教育与党建工作的关系揭示

（一）在内容上有共通性

高校学生党建工作和大学生思想政治教育工作虽然属于不同的范畴，前者属于党的建设，后者属于思想政治教育，但是党的建设包括思想、政治、作风、组织和制度建设等内容，其中思想建设居于首位，也就是说高校学生党建工作涵盖了大学生思想政治教育的内容。长期以来，中国共产党在革命和建设的实践中，积累了大量的思想政治教育的新鲜经验，形成了正确的指导原则和方针，这是思想政治工作的宝贵财富，是我党独有的优势，也反映了我党思想政治工作的本质和生命力。这在很大程度上丰富了大学生思想政治教育的内容，也是大学生思想政治工作在新形势下必须继承和发扬的优良传统。

---

① 习近平. 决胜全面建成小康社会 夺取新时代中国特色社会主义伟大胜利——在中国共产党第十九次全国代表大会上的报告 [M.] 北京：人民出版社，2017：70.

（二）在目标上有一致性

大学生思想政治工作的目标是指高校的思想政治工作者通过在一定时期内一定条件下所进行的有目的的活动，预期在大学生的思想和行动上要达到的状态。

高校党建的主要任务就是坚持社会主义的办学方向，把坚定、正确的政治方向放在第一位，培养德智体美全面发展的社会主义建设者和接班人。这里所说的"社会主义的办学方向"和"把坚定正确的政治方向放在第一位"主要都是指思想政治工作在培养社会主义建设者和接班人中的地位和作用，培养出一批具有共产主义觉悟的先进分子是高校思想政治教育工作的内在要求和培养目标。可见，高校学生党建工作与思想政治工作的目标是一致的，都是要培养中国特色社会主义事业的合格建设者和可靠接班人。

（三）在方式上有互动性

党建是大学生思想政治教育最为有效的途径，发展大学生党员的过程对于每个发展对象而言都是一次接受深刻的思想政治教育的过程。入党前的系统教育培训是集中的思想政治教育。思想汇报是大学生党员发展对象自我剖析、自我提升的有效手段。发展大学生党员的过程对于每个发展（介绍）人而言，也是一个不断自我再教育的过程。发展大学生党员还能够形成示范效应，强化"发展一个，带动一片"的育人效果。比如，发展大学生党员本身就是思想政治教育的一种形式；深入细致地开展思想政治工作、谈心活动、社会实践，不仅是学生党员发展过程中常用的方式，也是强化大学生思想政治教育效果的有效途径。

党建是大学生思想政治教育的基础工程，大学生思想政治教育的重点始终与党在各个时期的工作重心保持一致，与此同时，思想政治教育的内容也根据时代的要求不断地丰富和发展。

在21世纪，我们党提出了全面建设小康社会的奋斗目标，提出了构建社会主义和谐社会的纲领，而大学生的思想政治教育则把以人为本、全面提高人的素质、大力倡导社会主义荣辱观、构建社会主义核心价值体系、弘扬伟大的抗震救灾精神等作为教育重点，这些变化都反映了我国一定时期政治经济发展的要求，体现了大学生思想政治教育的重点始终与党的中心任务保持一致。

（四）在功能上有互补性

加强高校党的基层组织建设能够增强思想政治工作的时代感。高校党的基层组织建设是党的全部工作和战斗力的基础，最容易体现新形势下党的理论研究的先进性、时代性。高校党组织可以通过给德育工作者提供理论支持和党史知识培训，提高德育工作者的理论水平，通过他们的常规教学工作将党的创新理论成果及时传播到学生那里，从而使德育教学更具思想性、理论性、学术性。

高校党建工作为加强德育教学提供了可靠的组织保证。学生党支部是党的基层组织，它肩负着向青年学生宣传党的知识的重任，学生党员是联系党组织和周围非党员学生的桥梁和纽带，在思想、学习、社会活动中起着先锋模范作用，极具影响力和感召力。因此，充分发挥学生党支部和学生党员在提高学生思想政治素质方面的作用，在思想政治教育教学实践中是可行性的。

德育教学的各种优势可以扩大学生党建工作的辐射面和辐射力度。在时间上，德育教学往往是先于党建工作的理论传播的；在教育对象上，更不止于占学生少数的学生党员和先进积极分子，而是全部的大学生；在教育主体上，德育教师更具有教育人才的专业性、教师的教学手段更具有多样性和灵活性，可以把更多的非党员学生吸引到党组织周围来，以先进的理论武装他们的头脑、以先进的文化熏陶他们的身心；另外，德育教学对党员学生和党员积极分子的教育还具有长效性。

以上论述揭示了高校大学生党建工作与思想政治工作的内在联系。它们在目标、内容、任务、途径等方面存在较强的互动性、互补性，两者在培养目标和促进学生全面发展以及维护社会稳定等方面相互促进；它们同属上层建筑范畴，都涉及世界观、人生观、价值观、政治观、道德观等各个重要领域，都坚持用马列主义、毛泽东思想、中国特色社会主义理论体系等一系列党的理论创新成果武装大学生头脑，努力提高大学生的政治素质；它们同是传播共产主义信念、社会主义理想的重要途径，是培养和塑造社会主义事业接班人的重要手段，可以为未来社会经济发展提供智力支持和人才保证。

第二节　高校思想政治教育与党建工作融合的重要性

一、是党员队伍素质提升的重要基础

高校思想政治理论课的教育对象是广大学生群体，主要是让大学生了解思想政治教育的基础知识，能够更加理性与客观地看待政治问题，树立良好的价值观与社会观。而高校党建则是思想政治教育的高级表现形式，党建工作的主要参与者或者受教育对象是高校的学生党员，因此，高校党建的目的是进一步强化学生党员的政治意识，以党的理论武装学生党员，发挥学生党员的模范带头作用。高校思想政治教育与党建工作存在着一脉相承的关系，思想政治教育在二者融合过程中起着基础性作用。当思想政治教育环节出现偏差时，党建工作的顺利开展必然会受到影响，学生党员的党性培养也会受到影响。高校思想政治教育与党建工作必须要融合发展，这是打破学生功利主义的现实要求，是强化学生党员选拔、提升学生党员素质的现实要求，也有利于促进党员队伍整体素质的不断提升。

二、有利于促进高等院校的科学发展

以党的思想作为和谐校园构建的基本准则，有利于促进学校服务水平的提升，促进"以师为本""以学生为中心"管理理念的落实，促进学校的功能转型。此外，高校党建与思想政治教育的融合发展还有利于推进教育体系的现代化转型。在党的指导思想引领下，思想政治教育与党建工作的融合发展，能够促进思想政治教育与学校管理的有机结合，一方面，既能提升思想政治教育的理论性，另一方面，又能促进学校管理工作的发展，更重要的是，还能打开思想政治教育与党建工作融合发展的新局面。

"党建工作入课堂"也有利于促进学校优秀党员的选拔：一是有利于转变学生的功利主义思想，能够让学生在加强思想政治教育的同时接受党性的洗礼，更有利于学校、教师在课堂教学过程中发现优秀党员的后备人才；二是可以提高教师队伍的整体素质，以党的理论知识武装教师队伍能够充分发挥教师教学的主动性与积极性，加深教师队伍对党的认识与了解，在提升课堂教学质量的同时还能提升教师队伍的整体素质，营造良好的校园氛围，促进高校的科学发展。①

三、是推进大学生思想政治教育的客观要求

对大学生进行思想政治教育是实现我国高等教育教育目标的要求，是必须解决的方向性问题。按照一定的计划、目的对大学生开展信仰教育和世界观、人生观、价值观教育，能帮助大学生认识到树立什么样的信仰和坚持什么样的主义的重要性。学生党建工作对于高校学生思想政治教育工作有重大的引导作用，是高校思想政治教育的基础。

当前，建立一支以学生党员和入党积极分子为主体的学生政治骨干队伍，并充分发挥他们在高校思想政治教育中的作用，是高校各级基层党组织面临的重要任务。由于学生政治骨干有着学生的身份，因此，其便于和广大同学接触、谈心，能够了解许多教师了解不到的情况，能比较准确地掌握广大学生的思想脉络；通过他们在学生中做工作，可以及时把党的声音传到青年学生中。同时，加强学生党建工作，有利于使大学生党员形成优良的生活学习作风，在日常的学习、工作和生活中处处发挥模范带头作用，进而帮助党在广大普通学生心中树立光辉形象。管理好、教育好、使用好大学生党员，充分发挥他们在高校思想政治教育中的作用，是大学生思想政治教育工作进一步加强和改进的需要，也是培养中国特色社会主义事业接班人的需要。大学生党建工作与大学生思想政治教育工作两者之间有着紧密联系，相辅相成，相互促进，可以形成一股合力，全面推进高校学生工作迈向新的台阶。

四、是促进大学生全面发展的客观要求

学生党建工作要坚持以人为本和全面、协调、可持续发展的科学发展观，实现学生在马克思主义指导下的个性自由。因此，学生党建工作要坚持党要管党、从严治党，强化学生党员的教育、管理和监督。一方面，给学生党员提要求，强化对学生党员的约束；另一方面，贯彻以人为本的管理思想，尊重学生党员的民主政治权利，满足学生党员合理正当的需求，帮助学生党员实现自我价值，关心学生党员和关注学生党员利益，激发学生党员的内在动力。

学生党员作为中国共产党的一份子，代表中国先进生产力的发展要求和先进文化前进方向，必须对其加强思想、组织、作风建设，使他们通过学习党的历史，不断提高思想意识、组织意识和政治意识，自觉加强自身管理，进而力促进其全面发展。

---

① 雷虹艳. 新时代高校学生思想政治教育与党建工作的协调发展研究 [J]. 学校党建与思想教育，2019（21）：53-54.

五、是提高党的执政能力、巩固党的执政地位的客观要求

学生党员是大学生中的优秀分子，当他们走上工作岗位之后，可能会成为党和国家的高层次人才和党政干部。现在切实把他们教育好、管理好，在将来党政干部队伍中就能涌现出更多的优秀分子，从而巩固党在人民群众中的地位，进一步巩固党的执政地位。同时，把学生培养成才也是人民群众的殷切期望，把大学生培养成对祖国、对人民、对社会的有用之才，这也是高校提高党的执政能力，实现好、维护好、发展好广大人民根本利益的重要体现。牢牢把握学生党员这个优秀群体，符合党对党员先进性要求的初衷，更是巩固党的执政地位、保持党的先进性的必然要求。

大学生党员已成为巩固党的执政地位的基础力量。执政党的先进性是巩固党的执政地位的重要基础。大学生党员能否具有并保持先进性，关系到我们党能否保持先进性的问题。实践经验还告诉我们，青年学生，特别是高校学生，在政权更替过程中所发挥的作用越来越凸显。

六、是建设中国特色社会主义事业的客观要求

我国的社会主义发展需要经历漫长而曲折的过程，需要一代一代中华儿女的不懈努力。高等教育作为我国教育体制中的重要组成部分，在培养社会主义事业的建设者和接班人方面，担负着重要的责任。要把几千万青年大学生的思想和力量统一和凝聚起来，让他们共同参与中国特色社会主义建设，就必须统一认识，加强青年学生党员的培养工作，把他们培养成为具有坚定的马克思主义理想信仰，较高的科学文化素质并始终坚持党的工人阶级先锋性质，全心全意为人民服务，适应社会主义建设需要的高素质人才，这样他们就能自觉完成中国共产党的历史使命。

大学生党员已成为我国社会经济发展的重要依靠力量。无论是发展先进生产力还是发展先进文化都必须造就一批批保持先进性的大学生党员。各高新技术产业开发区的高科技企业，其发起人和领军人物几乎全部来自高校；在民营企业中，受过高等教育的企业家的比重也在日益提高。大学生党员作为社会中的高素质人员，其在社会文化发展过程中也是引领文化潮流的群体。

总之，加强学生党建工作，有利于进一步提高党对高等学校的领导能力，提高高校人才培养的质量，切实维护和促进高校的稳定、团结、和谐与发展，有利于高校教育教学任务的顺利完成。这项工作是新形势下进一步增强党的阶级基础、扩大党的群众基础的战略需要，是建设高素质党员队伍和干部队伍的战略措施，也是培养大批高素质创新人才的组织保证。

第三节 高校思想政治教育与党建工作的发展现状

一、高校党建工作重视不到位

从我国高校的发展现状来看，"重教学，轻党建"的现象非常普遍，很多高校片面强调教学的重要性，将教学任务与学生的专业知识培养放在所有工作的首要位置，而对思想政治教育与党建工作的重视程度不足，"一手硬、一手软"的问题难以从根源上解决。例如，在很多高校的学生培养方案中，思政课教学的占比普遍较小，基本上集中在第一、二学年，而第三、四学年则几乎没有思政课，思政课教学也以说教为主，学生能够获得的主动学习的机会相对较少，而短暂的课堂学习又往往难以引起学生的注意，导致学生对思想政治教育缺乏系统性认识。

此外，还有部分高校对党建工作的执行采取敷衍、应付的态度。例如，部分高校为了节省时间，往往在行政会议上宣读党建的重要精神，仅仅把"报材料"当作完成党建任务的考核指标，这就导致很多基层党组织存在"浑水摸鱼"的现象，并没有按照上级党组织的要求定时召开党员会议，而是以文字或者图片的形式应付党组织；部分党组织缺乏完善的生活管理制度，组织管理非常松懈，关键材料的缺失问题也比较为严重，难以形成对党员有效的约束力，致使学校的党建工作难以有效开展。

二、高校党建权责不明问题突出

我国高校党委组织权责不明的问题较为突出，大部分高校由上至下呈现出院党委—组织部—系—学生基层党组织的管理模型，但是在人事调动与财务管理方面院党委并没有实际权力，而是主要由院行政部门负责，这就导致党委的部分决策很难层层推行，并且加剧了党政之间的失衡性。具体表现为：党政工作人员的职责不明，各项党建工作的目标不清，党政组织的部分权力存在着重叠现象，这又导致党建工作人员的部分工作难以有效开展，工作效率不高，而当工作出现疏漏时，党政人员又会互相推诿。

此外，还有部分高校的党建工作存在着封闭运行的现象，既不参与教学，也不参与学生管理，这导致学校的党建工作与高校思想政治教育完全脱钩，党的重要精神难以通过课堂进行传达，学校党组织的思想引领功能也被削弱了。高校的思想政治教育内涵丰富，发展好思想政治教育不仅仅是院系等行政部门的职责所在，也是党建工作的重要内容，党政权责不明的现象加剧了高校管理问题的严重性，也造成了学校资源的无形浪费，同时也阻碍了思想政治教育与党建工作的融合发展。

三、党建教育工作缺乏创新活力

高校党建工作的开展往往以完成上级任务为最高目标，高校相关部门在执行过程中存在着松散懈怠的现象，很多基层党组织在接收到上级任务后，基本上沿袭着"党组织—

党员"的传统模式来完成上级的任务要求,强调以"材料"为任务完成的基本标准,形式主义浓厚,缺乏实践训练与针对性学习,这导致任务完成的效果并不理想。

此外,党建工作的传统模式也导致组织内部的交流相对较少,各级党组织的活动内容过于老套,形式过于守旧,尤其是在新时代背景下,仍然停留在学习文件、观看影片、撰写心得等层面,缺乏对时局变化的把握,这导致党组织与党员群众难以及时了解党的最新的方针、政策。部分党员干部因为受到传统观念的影响,不愿意改变现有的管理模式,缺乏改革创新的勇气与活力,接纳新鲜事物的速度相对滞后,这导致党建工作的完成度一直不高,也难以将党的最新思想融入学校的思想政治理论课中,从而会对学校思想政治教育水平的提升产生影响。

四、大学生对待思想政治理论课态度消极

目前,大学生对待思想政治理论课的态度并不乐观,大学生在思想政治理论课上的逃学现象较为普遍,很多学生入党的热情远高于其参与思政学习的热情。但是,从思想政治理论课的内容体系与党建工作的内涵上来看,两者都是高校贯彻党的教育方针的重要体现,不过,思想政治教育活动主要针对大学生开展,而党建工作则是以此为基础继续展开。"重入党、轻思政"的学习态度导致很多大学生并未深入学习党的理论,而这些未系统学习党的理论的大学生党员在一定程度上拉低了党员的整体素质。同时,这种现象的出现也在一定程度上反映出部分大学生的入党动机比较复杂的问题,这严重影响着党员队伍的纯洁性。因此,必须高度重视高校思想政治教育活动的开展,加强思想政治教育与党建工作的融合性,以党建工作为抓手提高学生对思政学习的积极性,推进两者的协调发展。

第四节　党建工作融入高校思想政治教育的策略

一、坚持党建与思想政治教育理念的创新

理念创新在党建工作与思想政治教育中起着引领性作用。在新时代背景下,国际事务的变化纷繁复杂,以创新思维开展党建工作与思想政治教育对大学生正确价值观的培养具有重要意义。因此,高校要不断寻求具有前瞻性的党建发展理念,以新理念引领高校思想政治教育,提升思想政治教育的党性内涵,这是促进文化传播、发展与大学生健康发展的重要保障。

基于此,高校要依托现有的技术手段,在互联网与大数据的支撑下推动党建信息的高效传递,推进党的内涵与思政文化的课堂传播,增强大学生对思想政治教育的认识,构建起现代党建与思想政治教育的转型发展体系。在管理过程中,高校要不断强化党建工作的有效性,构建具有时代性与科学性内涵的高校管理体制,从思想层面改变大学生对思想政治教育的传统认识,让学生真正认识到思想政治教育的重要性与价值内涵。此外,高校还要鼓励教师勇于破除传统思想的桎梏,不断开创新的思想政治教育课程模式与教学体系;

注重培养教师的创新思维，鼓励教师吸纳先进的文化思想，以党的理论知识武装其头脑；帮助教师寻找更为高效的工作、学习路径，从而为学生的成长进步保驾护航。

二、将校园文化融入党建与思想政治理论课

在新时代背景下，高校也迎来了改革发展的新机遇，需要其不断适应新的历史环境，根据自身发展的特殊性，发挥自身的优势与长处，这样才能促进学校的全面发展。

坚持党的领导是高校管理的基本准则，也是实现高校科学发展的前提条件。经过长期探索，现代高校已经逐渐具备了丰富的文化内涵与雄厚的科研能力，在长期的教育管理过程中，还形成了符合地方发展与时代要求的校园文化，即高校校园文化已经成为现阶段优质文化的典型代表。因此，在党建工作与思想政治教育的融合发展过程中，高校要不断挖掘自身的优质资源，将独特的校园文化融入党建与思想政治教育工作中，充分发挥自身的文化优势，打造符合教师、学生与各级党组织发展的特色路径，不断夯实学校的文化基础，从根本上创新党建与思想政治教育的传统模式，使其形成别具一格的文化特质，从而为深入推进新时代高校的思想文化建设打好基础。

三、注重高校学生正确意识形态的培养

意识形态是任何时期都不得掉以轻心的重要议题。高校肩负着培养未来接班人的重要使命，在新时代背景下，高校更应该加强对学生意识形态的重视程度，不断建立健全意识形态宣传与教育机制，以学生的发展特点为依据探寻科学的党建管理模式，创新思想政治教育课程体系，力争党建工作与思想政治教育可以再上新台阶。

在学生党建方面，高校要充分利用多种渠道加大对党的文化、历史、内涵的宣传力度，增强学生对党的认识，提高其入党的积极性，突出党建工作的重要意义与实践价值。具体而言，各院系与学生群体中的优秀党员干部可以组成党课宣讲团，深入教职工与学生群体进行党建的宣传工作，这不仅增大了党建工作的宣传力度，而且还能让更多的大学生认识到党建不仅仅是学校的职责，也与其自身的实际利益息息相关。

此外，对于在校大学生，尤其是大学新生，党委要积极组织召开专题讲座，向大学生普及新时代党建工作的正确价值观，为其营造良好的党建氛围，从而使其可以形成正确的意识形态，这就为高校的党建与思想政治教育工作的融合开展奠定了良好的群众基础。

四、拓宽党建与思想政治教育的工作渠道

新时代为高校党建工作与思想政治理论课的融合发展带来了历史机遇，同样也冲击着传统的党建模式与教育体系。作为高校教师，其必须要紧跟时代发展的步伐，不断革新育人理念与教学模式，根据学生发展的特点，利用互联网技术的优势，不断整合各类信息资源，丰富教学内容，提升学生对思想政治理论课的新鲜感。

五、坚持以人为中心的高校教育管理

以人为中心是实现高校思想政治教育与党建工作优化转型的必然要求，尤其在新时代背景下，经济社会的发展更加关注个体的内在感受，党建与思想政治教育工作也要关注学

生的内心感受。在传统的高校思想政治教育工作中，学生通常处于被动的位置，缺少自主探索的机会；在党建工作中，学生的权力也难以有效体现，这就导致思想政治教育与党建工作存在着脱离实际的现象，教育者也很难从学生队伍中选拔出具有创新思维的优秀党员。因此，在党建与思想政治教育的融合过程中，教育者要逐渐转变以往的教育模式，坚持以学生为中心，根据学生的需求调整培养方案，让学生参与培养方案的制订，这样制订出的方案才符合学生的发展需求，新时代的思想政治教育与党建工作体系才更加符合学生发展的特点。

此外，在管理过程中，高校也要重新认识党建的重要性，遴选优秀人才作为党建工作的负责人，适当提升党建工作人员的实际权力，不断减少党建工作的现实阻力，形成现代化的党建工作格局。

第八章　高校思想政治教育与党史教育融合

新时代的大学生，成长在改革开放的新时期，思想活跃，对新知识、新思想接触了解得比较多，但对新旧社会翻天覆地的变化缺乏对比，对党艰苦卓绝的奋斗史缺乏了解，有的可能还会因为缺乏对历史知识，特别是党史知识的了解，容易受错误思想理论的误导。我们一旦忽视党史和国情教育，历史虚无主义、民族虚无主义思想和资产阶级意识形态就可能乘虚而入。为此，在高校思想政治教育中融入党史教育就显得尤为重要。本章对高校思想政治教育与党史教育的融合问题进行了分析与探讨。

第一节　党史教育概述

一、党史与党史教育

（一）党史

关于党史的定义，中国共产党的众多专家学者都进行了深入的研究，目前从学科方面对党史进行界定的代表观点主要有以下几种。

中国共产党党史是专门研究中国共产党领导全国人民进行革命建设的历史，是马克思主义学说的发展，也是在新的历史背景下坚持中国共产党领导的重要学科。

中国共产党党史学是中国共产党历史进程的研究，而中国共产党党史是中国共产党历史的简称，二者并不相应。

中国共产党党史学科不仅包括对中国共产党历史内容的相关教育，更为重要的是，它还包括理论教育，是从中国共产党的历史研究中，总结出中国共产党目前发展现状和规律的科学。

中国共产党的历史是中国共产党在坚持中华民族伟大复兴的基础上，带领各民族人民进行革命和建设，并且取得了辉煌成就的历史，包括奋斗史、探索史和自身建设史。

中国共产党的历史是团结带领全国各族人民不断为实现民族独立、人民解放和国家富强、人民幸福而不懈奋斗的历史，是不断经受住各种风险和挑战考验、不断发展壮大的历史。

总之，中国共产党党史是一部奋斗史、发展史、革命史、英雄史和自身建设史。

（二）党史教育

"教育"一词最早出现在《孟子》中，之后国内外的教育家和思想家都对这一词进行了进一步的解释。

广义上的教育是指能丰富人的知识、提高人的技能，发展人的智力与体力，影响人的思想观念的活动。无论是何种教育类型，只要能达到这一目的即可。狭义上的教育是指学校教育，学校中的教育人员根据学生的实际情况，按照计划使学生朝着既定方向变化。

党史教育，顾名思义是从教育者对他人进行的党的历史教育活动。大学生不是唯一的中国共产党党史的学习者，同时，党史教育并不是只能由学校教师完成，但是学校仍然是其完成的主要途径。

二、中国共产党党史教育的主要内容

（一）党的奋斗史教育

党的奋斗史是中国共产党为中华民族的民族独立解放和为全国各族人民的和谐、幸福，以及为中国经济社会发展与进步而不懈奋斗的历史。党的奋斗史记录了党领导全国人民进行革命和建设，以及不断进行改革与发展的奋斗过程。党的奋斗史充分体现了没有共产党就没有新中国、体现了中国共产党全心全意为人民服务的根本宗旨，证明了中国共产党是推进中国特色社会主义事业的坚强领导核心这一事实。

对大学生进行党的奋斗史教育，必须要在 1840 年以来中国 180 多年不断发展的历史大背景下，要对一直以来中国在发展过程中所取得的历史成就进行宣传和发扬，这会更加具体地把中国共产党在历史革命和建设以及改革开放的各个历史时期，对中华民族作出的重大贡献突出显示出来，把中国共产党的历史地位和核心作用反映出来，进而揭示出中国共产党领导改革开放和推进中国特色社会主义现代化建设的历史必然性。

在充分运用党的伟大成就对大学生进行激励的同时，还应该对党在一百年的奋斗历程中的失败经验进行充分认识与总结。党史教育能让大学生深刻地体会到在中国这样一个大国进行革命、建设和改革，没有现成的道路可走，没有相同的模式可套用，必须进行艰辛的探索。在探索的道路上，很难避免不会出现这样那样的曲折、失误，甚至失败。要对大学生进行积极引导，让他们从党和人民的立场和角度，对党在新民主主义革命和社会主义建设中的失误、曲折历程及其教训进行科学、辩证的分析，从而把主流与支流、成就与失误的关系分清，对党所从事的伟大事业和艰辛探索有充分的认识，对党所取得的伟大成就和历史贡献有充分的肯定。

（二）党的理论创新史教育

中国共产党一百年的发展历程，就是将马克思主义基本原理与中国具体实际进行充分结合的历史。毛泽东思想以及中国特色社会主义理论体系，是经历了两次历史性飞跃所取得的理论成果。对于马克思主义在中国发展的实践应用来说，这些成果就是理论创新的结果。中国共产党永葆生机活力的重要方法就是时刻进行理论创新，而理论创新又给中国共产党领导革命和加强中国特色社会主义建设提供了保障。

党的理论创新史是一项伟大的工程，许多历史经验和精神力量都能给今天的许多工作以启示。只有对党的理论创新史进行深入的学习，才能感知理论的魅力所在，才能实现对其中的深刻性、科学性以及革命性的理解。也正是由于这个原因，必须要在大学生中间开展党的理论创新史教育，目的在于让他们懂得中国共产党的历史是共产党对执政规律、社会主义建设规律和人类社会发展规律不断探索的历史，是对马克思主义理论的精华进行积极汲取，是与我国国情和时代发展进行紧密结合，是对理论创新和实践创新始终坚持的历史。

（三）党的自身建设史教育

中共党史是中国共产党始终加强自身建设、对马克思主义政党所具有的优良品质加以发扬的历史，是始终对党的光荣传统以及其优良的作风进行保持和发展的历史。

中国共产党建党一百年来，始终坚持把自身建设的重点放在作风建设上，同时还将它与治国理政的实践紧密结合，从而使党形成了一系列优良作风。优良的作风以及其精神的核心都是马克思主义理论中国化的世界观和价值观的具体体现，其基础都是放在了中国历史革命和国家建设发展以及改革开放的伟大实践上，其宗旨是全心全意为人民服务，继承和弘扬中华民族的优良传统，同时对世界其他文明的优秀成果进行吸收，是中国共产党人行为活动的基本规范。

大力弘扬党的优良作风和精神是对大学生进行党的自身建设史教育的核心内容，只有对党在自身建设中形成的优良作风和光荣传统以及发展脉络进行深入的了解，才能对党的历史价值和现实意义有更深切的体会。因此，高校应当从新的时代条件出发，运用一切手段，使大学生自觉地学习与传承党的优良传统，并将其化为其精神力量，使该力量可以不断促进学生的发展。

第二节　思政教育与党史教育融合的重要性

一、党史教育在高校思政教育的重要价值与时代内涵

（一）党史教育是高校思政教育的应有之义

高校思想政治教育的根本目标是要不断提高青年学生的思想道德素质，提高其认识世界和改造世界的能力，为中国社会主义现代建设培养合格的建设者和接班人。这一根本目标是对中国近代以来革命、建设、改革发展进程的接续，是中华民族伟大复兴的必然要求。近代以来，中华民族的伟大复兴之路荆棘丛生。自1921年中国共产党成立以来，党带领中华民族风雨兼程已经走过了百年的奋进之路，党的使命实现了从"革命""建设"到"改革"的转换，中国共产党在发展上取得重大成就的同时也积累了宝贵的精神财富。党史教育理应成为高校思政教育的重要内容，应该成为人们的心灵柱石、灵魂灯塔。

（二）党史教育是抵制错误思潮的重要依托

时代发展风云变幻，意识形态领域形势复杂。"去意识形态化"、新自由主义等错误思潮以更隐蔽的方式传播，普世价值、"历史终结论"和西方宪政民主的错误舆论甚嚣尘上。在新媒体时代，历史虚无主义与"泛娱乐化"思潮对高校思想政治教育提出了新的挑战，高校思政教育正面临着前所未有的冲击与考验。如何防止意识形态阵地的丢失，成为当下高校思想政治教育要解决的重要问题。

高校要高度重视占领思想阵地的极端重要性和现实紧迫性。要加强政治意识与阵地意识，加大主流意识形态的引导力，有针对性地做好青年学生的思想政治教育，在应对错误思想、思潮复杂形势时牢牢掌握主动权。党史教育是应对错误思潮的重要举措，是落实高校思政教育实效性的切入点。以党史教育培养青年学生的爱国情怀，可以使其在内心深处形成民族归属感、荣誉感，从而自觉抵制错误思想的干扰。

（三）党史研究的实证精神与方法是提高思想政治理论课说服力的重要抓手

将实证精神与方法引入思想政治理论课教学中，是避免课堂教学理论枯燥、空洞，提高思想政治理论课说服力的重要抓手。目前，高校思想政治理论课普遍存在不同程度的"抬头率"与"听课率"较低的问题。思想政治理论课内容枯燥、教学形式呆板、教学方法落后等问题较为突出。党史研究从内容到方法都对改进这一状况具有现实的参考价值。

党史是历史人物、历史事件、历史规律的集合。高校思想政治理论课理论性较强，是对中国近代以来革命、建设、改革历史进程的抽象与凝练，与党史存在本质上的一致性。改革开放已经四十余年，在改革实践中，马克思主义中国化产生的理论成果渐成体系，因此，在教材编写中要体现理论的凝练，这对思想政治理论课教学提出了更高的要求。在教学实践过程中，教育者可以通过一个个鲜活的党史案例将理论讲解带入历史情境，党史与思想政治理论的结合能够有效解决思想政治理论课内容枯燥的问题。党史与理论的结合既符合"理论联系实际"的方法论要求，又能进一步丰富课堂教育形式，强化青年学生对理论的感悟，从而更加鲜活地体悟中国特色社会主义的发展道路，坚定四个自信。

（四）党史研究是营造思想政治理论课学术氛围的重要切入点

为落实高校思政教育的实效性，从整体上提升思想政治理论课的学术性是一条切实可行的道路，也是坚持教师主导地位与学生主体地位的必然要求。发挥高校思想政治理论课在立德树人中的主渠道作用并使之蓬勃发展，必须要深层次挖掘思想政治教育的内核，改变思想政治理论课的定位，使之能为学生观察世界、观察当代中国的基本立场提供观点和方法，而不仅仅是一些概念、原则和结论。

高校思想政治理论课不仅要讲政治，还要有思想，并且体现学术要素。马克思主义中国化理论是经过实践千锤百炼的历史经验，因此，无论是从指导思想、授课原则上来看，还是从教师教学实践上来看，都要体现思想政治理论课的学术性。学生通过自主探究得出的结论往往更具有说服力，因此，教师可对学生加以引导，在科学研究的视野下带动学生提出问题、思考问题、解决问题，帮助其学会从历史中寻找思想。近年来，中国学术界不断强调科学研究与教学实践的结合，但是真正落实从科研到教学的转化还有很长的一段路要走。

二、对学生发展的促进作用

(一) 党史教育具有促进高校大学生思想认识的作用

在经济全球化背景下，各种信息的广泛传播和不同文化的频繁交流，使传统文化受到了多元化思想文化的冲击和挑战，同时也导致少数大学生社会责任感缺失，社会主义道德意识渐渐弱化。严峻的形势要求高校必须加强对青年大学生的思想政治教育，而党史教育就是教育的重要内容。

现代大学生对马克思主义、毛泽东思想和中国特色社会主义理论体系的学习不够重视。教育者可以让学生通过对中国近现代史中"中共党史"的学习，了解中国共产党的历史是将马克思主义基本原理与中国革命、建设的实际结合的历史，是有血有肉的，这样其就能深刻理解、把握思想政治理论的内涵。

(二) 党史教育对高校大学生具有激励作用

高校在思想政治理论教育的过程中，需要让学生深刻认识到，在中国共产党的领导下，国家、民族革命和建设取得的成就来之不易，通过党史教育，可以激励他们的自豪感和进取心。

中华民族的近代史，既是中国各族人民的一部血泪史，也是中国人民的一部抗争史，更是中国人民在中国共产党的领导下争取国家独立和民族解放的一部奋斗史。高校大学生只有充分认识和了解这段历史，才能深刻理解和体会国家独立的不易、今天中国特色社会主义现代化建设伟大成就取得的不易；才能激发他们拥护中国共产党领导和坚定走中国特色社会主义道路的信心；才能激发他们努力学习科学知识、将来为中华民族伟大复兴的中国梦的实现贡献自己聪明才智的勇气和决心。

(三) 党史教育有利于坚固学生的理想信念

思想政治教育的根本功能和根本任务就是要解决大学生深层次的理想信念问题，因为思想政治教育就是关于社会主义和共产主义世界观和人生观以及价值观的理想信念教育。

理想信念，是世界观、人生观和价值观在奋斗目标上的集中体现。党史教育以理想信念教育为核心，能让学生加深对马克思主义世界观、人生观、价值观的理解，充分认识到辩证唯物主义与历史唯物主义是中国共产党人的世界观。面对当今国际经济局势的日益动荡，西方敌对势力对我国意识形态的渗透，各种思想文化的相互激荡，各种社会矛盾的相对集中，大学生必须牢固共产主义理想信念。高校要通过党史教育，引导广大学生树"魂"立"根"，在实践中进一步坚定从革命先辈那里传承的崇高理想、对党和人民无比忠诚、对革命事业锲而不舍，投身建设中国特色社会主义的伟大事业。

(四) 党史教育有利于提升学生的思想道德境界

党史教育把提高人的精神境界、促进人的自我完善、推动人的全面发展作为其目标，旨在帮助学生正确认识社会道德生活的规律和原则。党史中蕴涵的为人民服务精神、实事求是、敢闯新路的创新精神、敬业、奉献精神、艰苦奋斗精神等，都为思想道德教育提供了丰富的内容，使学生能在一系列的社会活动思想感情得到熏陶、精神生活得到充实、道德境界得到升华，争做一个知荣辱、讲道德的人。

（五）党史教育是大学生爱国主义教育的重要内容之一

四十多年的改革开放成果已经充分证明中国特色社会主义道路的正确性和坚定性。虽然中国特色社会主义现代化目标的最终实现还有很长的路要走，但只要沿着这条道路走下去，中华民族的伟大复兴必将会实现。

高校大学生通过不断学习中国共产党的奋斗史和新中国创业史，就会更加坚信中国特色社会主义道路的正确性，更加增强其为国家、民族作出贡献的神圣使命感。中国共产党的历史就是一部爱国主义史。中国共产党从成立起就肩负着争取国家独立、民族解放和复兴的历史重任，在中国共产党的领导下，中华民族正向实现民族伟大复兴阔步迈进。正因如此，当代大学生接受党史教育就是接受重要的爱国主义教育，党史教育可以使当代大学生们的爱国主义情感得到进一步的培养。

三、新时代大学生党史教育是最好的爱国主义教育

"只有坚持爱国和爱党、爱社会主义相统一，爱国主义才是鲜活的、真实的，这是当代中国爱国主义精神最重要的体现。今天我们讲爱国主义，这个道理要经常讲、反复讲。"[1] 党史教育与爱国主义教育二者是协调统一、互为促进的。中华民族经历的从站起来、富起来到强起来的历史飞跃，同样印证了中国共产党人竭尽全力为国家、为人民求取光明未来的历史进程。百年党史蕴含着丰富的爱国主义教育元素，在中国共产党的坚强领导下，从积贫积弱、国势衰微的旧中国到综合国力跻身世界前列的新中国，每一个奇迹都呈现出中国精彩，都是党的历史上熠熠生辉的不朽篇章。中国共产党始终以民族复兴和祖国强盛为己任，以马克思主义为指导思想，认识社会发展的逻辑规律，创造了一个个历史奇迹和民族伟业。加强党史教育能够使青年学生从国家和民族发展的历史性跨越中，从人们生活面貌的历史变迁中，接受最为生动、最具说服力的爱国主义教育，深刻明白这盛世正是人民在中国共产党的领导下、在坚持弘扬爱国主义精神的条件下创造的。

具体来讲，加强大学生党史教育，能够进一步使广大学生认识到中国共产党人始终是最忠实的爱国主义者，始终站在为民族独立、国家富强和人民幸福而奋斗的最前沿。党史教育通过党的百年奋斗历程的一系列事件以及革命烈士、英雄人物、模范人物为国家、为民族奋斗的事迹能激发出青年学生的爱国主义情感，并使其可以将这种爱国主义情感升华为对新时代中国特色社会主义的热爱，自觉将个人命运与祖国命运紧密结合起来。

（二）新时代大学生党史教育是最好的理想信念教育

理想信念是精神之"钙"，对政党、国家、民族和个人从来都是最重要的。青年兴则国家兴，青年强则国家强，青年有理想信念，国家和民族就有希望，新时代做好大学生党

---

[1]　习近平在中共中央政治局第二十九次集体学习时强调：大力弘扬伟大爱国主义精神　为实现中国梦提供精神支柱［N］. 人民日报，2015-12-31.

史教育则是对大学生开展理想信念教育的最好形式之一。

坚定而崇高的理想信念是中国共产党人的政治灵魂，理想信念教育是开展党史教育的重要内容和题中应有之义。中国共产党人的理想信念是党员干部和广大党员的安身立命之本，以党的理想信念教育理论为基本依据，有助于凝聚人心、团结人民。做好大学生党史教育，可以通过党追求理想信念、践行初心使命、发挥政治优势、继承优良传统的实际来感染大学生，以丰富多样的教育方式再现生动的历史，让大学生懂得中国共产党人的初心使命，懂得坚定的理想信念的价值，懂得中国共产党自成立起就始终坚定共产主义远大理想，懂得坚定理想信念就是要将共产主义远大理想与实现中华民族伟大复兴中国梦紧密联系起来。可以说，新时代大学生理想信念教育应充分汲取党史教育的有利条件，切实有效地解决广大青年学生的理想信念问题，从而使大学生坚定四个自信，具备判断是非的能力，把握正确的人生航向，积极投身到中国梦的伟大实践中，成为担当民族复兴大任的时代新人。

（三）新时代大学生党史教育是振奋民族精神的有效途径

回望百年党史，中国共产党形成了井冈山精神、长征精神、遵义会议精神、延安精神、西柏坡精神、红岩精神、抗美援朝精神、"两弹一星"精神、特区精神、抗洪精神、抗震救灾精神、抗疫精神等伟大精神，这些伟大的精神构筑起了中国共产党人的精神谱系，深刻熔铸于中华民族精神之中，为新时代奋进之路提供了坚韧的精神支撑。

党史中的宝贵精神财富历久弥新，与国家、民族、人民血脉相连。做好新时代大学生党史教育，能够使这些伟大精神成果化作连接过去、现在、未来的无形纽带，转化为深沉、持久地激励新时代大学生前进的力量。只有重视对党的历史、民族的历史的反思，才能促进中华民族精神文化的接续传承，否则就难以创造更加美好、更加辉煌的未来。处在成长阶段的个别大学生可能面临着精神紧张、思想困惑等各种各样的难题，这就迫切需要高校思想政治工作的有效干预。党的历史所蕴含的精神力量，可以帮助青年学生激励斗志、振奋精神、克服难题，能够引导青年学生树立正确的价值导向。

（四）新时代大学生党史教育是防范历史虚无主义的有力举措

做好新时代大学生党史教育工作，就是要教育和引导大学生正确评价党的历史、人民革命的历史、社会主义建设事业的历史，进而认清历史虚无主义错误思潮的本质。表面上，历史虚无主义思潮是在拿历史问题做文章，实质上，它是在迷惑认知、扰乱人心，企图引起我国意识形态领域的混乱，达到否定党的领导和否定社会主义道路、否定社会主义制度的目的。高校青年学生的理性认知能力、明辨是非能力都不是很强，对历史虚无主义的虚假意图和惯用手法尚不能果断判断和抵御，因而极易被错误引导，造成思想上的混乱。开展大学生党史教育对于克服历史虚无主义错误思潮来讲十分必要和紧迫，能够帮助大学生及时认清和避免其带来的政治危害，帮助大学生了解红色政权来之不易、新中国来之不易、中国特色社会主义来之不易以及当前美好幸福生活来之不易，认清近现代中国社会历史发展的主题脉络，认识到百年来党为人民幸福、民族复兴所作出的卓越贡献，认识到坚定党的领导和中国特色社会主义制度的历史必然和现实基础，进而自觉抵制历史虚无主义思潮的负面影响，坚定正确政治方向，端正政治态度，树立正确党史观。

第三节　当前高校思想政治教育与党史教育融合的困难

一、外部环境：改革开放以来思政课改革对党史教育带来一定影响

高校思想政治理论课主要有"思想道德修养与法律基础""马克思主义基本原理概论""毛泽东思想和中国特色社会主义理论体系概论""中国近现代史纲要"四门课程。党史教育部分的课程由早期的"中国共产党党史"依次变为"中国革命史""毛泽东思想概论""中国近现代史纲要"。几次思想政治理论课改革体现了改革开放以后务实的时代要求，形成了以党史为核心的"中国近现代史"教育格局，形成了以革命为主线的近代史教育氛围，体现了革命与多种救国方案之间的辩证思考。但是，党史教育也面临着改革带来的冲击和发展困境。就现有思想政治理论课程的布局而言，党史教育的分量不足，高校对它的受重视程度不够，党史教育扁平化，这在一定程度上使其已经淡出了大众视线。现有的思想政治理论课体系不能完整地体现系统的、旗帜鲜明的党史教育，同时也给高校的思政教育带来困惑。

二、高校层面：没有正确把握党史教育

（一）高校对大学生进行党史教育的重要性认识不够充分

虽然在教育部门、各个高校的不懈努力之下，高校的党史教育取得了长足发展，但仍然存在着一些影响教育成效的问题。

部分高校领导没有充分认识到党史教育的重要性。许多高校没有具体部署和规划党史教育，学校各职能部门没有明确党史教育的具体目标和任务等。

高校部分教师对党史教育的重要性没有足够认识。由于党史教育往往贯穿在思想政治理论课教学中，没有专门的教材，部分教师本身的党史知识也比较欠缺，又不努力弥补不足，进而导致党史教育的理论与实践得不到应有的联系，学生也就无法对其产生兴趣，教学的效果也欠佳。

大学生没有充分认识到党史教育的作用。目前，高校大学生多为"00"后，他们由于没有系统学习过党史，没有充分认识到党史资政育人的作用，本身受西方文化观念、市场经济负面效应以及实用主义价值观的影响又较严重，这致使部分大学生选择价值观时存在不同程度的迷茫和困惑。

许多高校没有把足够的人力、物力和财力投入到党史教育之中。就实际情况而言，学校的许多党史教育教师都是兼职的，只有少量是专职的，但整个学校党史教育的工作量却很大（如每年的党课教育等），师资短缺的情况在党史教育中明显地表现了出来；对于高校的整体党史教育情况而言，党史教育基地、网站和实践等方面的建设明显滞后，即使有些高校有专门的党史教育网站，但常规维护和管理往往不到位，党史教育实践活动一般没

有专项经费支持，这些因素都限制了党史教育在高校中的开展。

（二）高校进行党史教育的活动不够规范

目前，许多高校没有对党史教育实践活动做出整体部署和规划，"各自为政"和重复浪费的现象普遍存在，各部门搞的活动相互不协调、不通报。校党委和宣传部、组织部和学校党校、学生处和学校团委、院（系）党团委和思想政治理论教育部等部门往往开展各自的活动。就是开展的党史教育实践活动也不规范，受师资和时间的限制、场地和经费的制约、没有开展规范的实践教学以及没有教学计划和大纲等，党史教育实践活动往往无法落到实处。

（三）高校进行党史教育的针对性和实效性不强

目前，高校大学生的党史教育主要体现在思想政治理论课中，而思想政治理论教育课在针对性和实效性方面存在诸多问题，这样的问题在党史教育中同样存在。思想政治教育的整体合力功能在绝大多数高校中没有真正发挥出来，思想政治理论课程存在内容、教学方式、手段以及教师水平等在一定程度上跟不上时代发展步伐的情况，加之大学生又受多到元化文化带来的负面影响，这些问题不同程度上加大了思想政治教育工作的难度，同样也给党史教育工作带来了难度。另外，一些高校大学生自身的资历和学识水平不高，以及又受到社会各种因素的制约和影响，这导致他们世界观、人生观和价值观尚处于逐步成熟阶段，难以从深层次上把握马克思主义理论内涵和中国共产党领导人民奋斗的历史，进而影响了思想政治理论教育课（中共党史教育）的针对性和实效性，造成学生对中国特色社会主义理想信念的摇摆不定。

对此，高校需要对党史教育工作给予高度重视，并要对新形势下党史教育的新特点和新要求做进一步的研究，把党史教育工作的新途径积极探索出来，从把新规律掌握着手，使高校大学生的中共党史教育工作能够扎实、有效的推进。

三、教师层面：思想政治理论课开展党史教育的实践误区

当前，思想政治理论课中的党史教育也存在着诸多实践误区。这些误区的产生，有些是常见的课堂教学方法性误区，有些则是教师的教学认识性误区。总体而言，主要表现为以下四个方面。

（一）"书本教育"

在开展党史教育的过程中，部分教师仅仅使用教科书来开展教学，把教科书当作唯一的教学材料。结果，很多学生易误解为党史知识是来自书本的，党史教育也只能借助书本来开展，从而忽略了更为丰富的现实生活世界。党史教育的一个重要特点就是紧密联系实际，尤其是联系中国共产党领导下的中国特色社会主义改革和发展的实际。中华人民共和国成立以后，特别是改革开放以来，我国经济和社会生活发生了翻天覆地的巨大变化，各个领域快速发展，显示出日新月异的时代新貌。然而，我们应理性地认识到这些时代之变、社会之变，是在中国共产党的坚强领导下实现的。没有中国共产党的科学执政、民主执政、依法执政，便没有当代中国的深刻变革。这些鲜活的素材为新时代开展党史教育提

供了重要资源。如果思想政治理论课教师没有看到这些变化，而仅仅从书本知识出发开展党史教育，那么学生就无法对接快速发展的社会生活，自然对党史知识失去了兴趣，甚至对党的领导缺乏关注，从而在很大程度上弱化了党史教育的时代性、实践性。这种"书本教育"的危害性在于阻断了知识与社会、理论与实践之间的联系，从而弱化了知识、理论的功效。

（二）"被动教育"

党史教育在思想政治理论课教学过程中，总体上表现为政治学常识中关于中国共产党的有关知识的教育，很多教师在教学过程中也愿意在有关章节开展党史教育。但如果没有讲到这一章节，有的教师便不会主动进行有关党史知识的教学设计，对学生开展党史教育。实际上，思想政治理论课教师的这种行为正是一种"被动教育"的过程，即没有意识到中国共产党对当代中国社会生活的领导是存在于各领域的，是立体化、全方位、全局性的。如果讲授党史知识非要等到有关章节才进行，开展党史教育非要在某个特定时刻来实现，那么就会很容易造成学生对党的领导的认识偏颇，误以为党的领导仅仅是政治方向上的领导。其实，中国特色社会主义经济、文化、社会以及生态等多个领域，存在于教材的不同模块中，在知识性、事实性描述的过程中均充分折射出了党的科学领导。思想政治理论课教师只有充分意识到这一点，才能在思想政治理论课教学的全过程有效开展党史教育，化被动为主动，不断形成更为科学的党史教育观。

（三）"盲从教育"

本质上，思想政治理论课教学的说理性极强，绝不是一种盲目说教、不断说服的教学。遗憾的是，一些思想政治理论课教师不顾学生在思想观念等层面的时代性变化，而一味生硬地将知识"填充"进学生的头脑中，这不是引导，而是劝服学生接纳理论、接受知识。例如，有的思想政治理论课教师仅仅是让学生热爱党、相信党，而不说"为什么"，不解释具体的原因。这种"盲从教育"的出现充分反映出一些思想政治理论课教师在教学理念上的失误、在教学方法上的失策以及在教学过程上的失序。

党史教育是一项需要深入人心、扣人心扉的教育，思想政治理论课中的党史教育更需要紧密结合学生的思想样态，基于社会生活中的具体案例，进行有根据、讲事实的学理分析，鞭辟入里、深入浅出，而不是生搬硬套、故弄玄虚，一味地说服学生去信任，劝导学生去遵从。如果这种"盲从教育"持续下去，很多学生便无法发自内心地产生信任感，更不会对中国共产党的领导产生正确的政治信念。当然，思想政治理论课教学中出现的党史"盲从教育"也表明，教师缺乏对学生理性思辨能力的有效引导，也缺乏对学生求真求实意识的执着引领。

（四）"结论教育"

当前，我国思想政治理论课存在着以结论去教育学生的现状——不问教育过程，只注重结论，忽视了教育过程中必要的具体化、操作化程序，而直接为学生呈现结论。在思想政治理论课教学过程中，党史教育往往遭遇着这种"结论教育"的窘境。一些思想政治理论课教师不管教科书中提到了哪些过程性的叙事，也不问学生是否理解了、学懂了，就只是传授给学生中国共产党的地位、性质、宗旨以及执政理念等一系列理论性知识，让学生去背诵、记忆，以应付考试。结果，学生对相关党史知识的掌握越不牢固，对党史相关内容也就越缺乏系统性、立体化的理解与领悟。这种"结论教育"广泛地存在于思想政治理论课教学过程中，也成为教师典型的教学问题。对于党史教育而言，这种"结论教育"的危害性极大，因为党史教育本身就是一项十分严肃的过程性教育。例如，如何在世界各国政党轮换、变革的过程中理性认识中国共产党的执政地位，如何正确看待中国共产党人全心全意为人民服务的价值追求，等等，都需要来自教师潜移默化、细致入微的教育。这种教育需要一定的时间和耐心，也需要对学生进行更为深入的引导。

四、大学生层面：缺乏正确学习中共党史的态度

祖国的未来和民族的希望将寄予在当代大学生身上，他们是中国特色社会主义现代化的建设者和接班人，历史赋予的光荣而伟大的使命将由他们来承担。大学生对中国共产党的历史是否了解以及对这段历史如何认识和评价，不仅关系到高等院校思想政治理论教育的效果、社会主义核心价值观的构建、中国共产党的领导地位和统一的多民族国家历史文化的认同，而且更与中国特色社会主义现代化事业的兴衰和整个中华民族的前途命运关联。

目前，从总体上来看，大学生学习历史的态度比较积极，认为中国历史具有丰富多彩的内容，其中，中国共产党的革命建设史更具有震撼力；认为通过系列课程学习可以把近代以来中国历史发展的基本掌握，并能明确自身的历史使命。但也有部分大学生没有明确学习"中国近现代史"（中共党史）态度，将获得学分看作是学习的目的，认为在当今的和平年代，没有必要谈论战争和革命，历史已经是过去的事情了。还有部分大学生由于历史授课教师照本宣科和课程死记硬背的教学考试方式，使其讨厌学习"中国近现代史"（中共党史）。

对大学生了解"中国近现代史"（中共党史）的途径进行分析是对当代大学生"中国近现代史"（中共党史）教育现状进行分析的前提。思想政治理论教育者没有充分认识到"中国近现代史"（中共党史）教育的意义，就不可能形成正确的教学态度，学生也就无法激起学习的兴趣，思想政治理论教育的效果也会受到一定程度的影响。

第四节　高校思想政治教育与党史教育融合的方法、路径探索

一、党史教育融入高校思想政治理论课的内容构成

（一）将党史学习教育的书目内容有效嵌入、融入高校思想政治理论课的教学体系

党史学习教育的权威教科书包含《论中国共产党历史》《毛泽东、邓小平、江泽民、胡锦涛关于中国共产党历史论述摘编》《习近平新时代中国特色社会主义思想学习问答》

《中国共产党简史》四本书。作为党中央指定的学习材料，四本书在篇章结构、内容编撰、形式设计方面各有特点，是一个内容各有侧重又融会贯通的知识系统，需要相互参照、互相印证、互为补充才能全面系统地明晰历史事件的演变过程，准确把握党的历史发展的主题主线、主流本质。

将党史教育融入思政课教学是新时代高校思想政治工作的一项重要任务，党史学习教育的书目内容是新时代创新高校思想政治教育的信息宝库，必须将其有效嵌入、融入思政课程教学中。教育引导青年学生认识并把握党和国家事业发展的历史主动，用党的创新理论武装头脑、指导实践，不断增强反对历史虚无主义的政治自觉；教育引导青年学生准确把握中国共产党"人民中心"的政治立场、"实事求是"的工作方法和"自我革命"的精神品格；教育引导青年学生深切感悟中国特色社会主义理论的创新性、制度的优越性、道路的正确性、文化的先进性，深刻理解把握习近平新时代中国特色社会主义思想的精神实质、核心要义、理论品格，真正弄懂马克思主义为什么"行"、中国共产党为什么"能"、中国特色社会主义道路为什么"好"，实现学史明理、学史增信、学史崇德、学史力行。

（二）挖掘、保护、利用红色资源，推动思政小课堂和社会大课堂的结合

开展党史学习教育，要注重方式方法创新，用好党的红色资源，让干部群众切身感受艰辛历程、巨大变化、辉煌成就。红色资源是党在领导人民革命、建设和改革的过程中留下的历史遗存、精神印记和文化宝藏，红色资源与高校思想政治理论课在思想内容、价值导向和精神蕴涵方面高度契合。因此，在推进党史学习教育过程中，红色资源是重要内容和有效载体，要活化红色资源、讲好红色故事，释放红色文化的历史魅力和当代价值。

重大历史事件、重要历史人物、伟大历史精神的诠释是思政课理论教学不可或缺的史实载体。通过历史与现实的联系与比较，化抽象理论为鲜活事例、化被动学习为主动接受，教会学生坚持运用唯物史观准确认识和把握历史，培养学生的历史思维、历史眼光和历史担当，增强其对中国特色社会主义道路、理论、制度和文化的认识与理解。要保护红色资源，探索研学实践教学。

革命历史纪念场所，如革命博物馆、纪念馆、党史馆、烈士陵园等是党和国家的红色基因库，其景可感、其形可观、其质可触、其情可共，具有强烈的感染力和影响力，可以培养学生的高尚情操，引导学生树立马克思主义信仰、形成中国特色社会主义信念、坚定实现中华民族伟大复兴中国梦的信心。要坚持创造性转化和创新性发展，提升红色文化内容供给质量，推进媒介协同和媒介融合优化供给形式，不断增强教育内容的生命力、感染力，提高红色文化传播的影响力和渗透力，在潜移默化中厚植爱党、爱国、爱社会主义的情感，在情感共鸣、思想认同中知史爱党、知史爱国，传承红色基因、争做时代新人。

（三）整合校史、地方史、家乡史等史学教育资源，构建校本思政课程

党史学习教育有其自身的特点和规律，要发扬马克思主义优良学风，坚持分类指导，推进内容、形式、方法的创新，坚持规定动作和自选动作相结合，开展特色鲜明、形式多样的教育活动。

高校应坚持创造性转化和创新性发展，以史学理论研究与教学实践应用相结合为着力

点，充分挖掘校史、地方史、家乡史等史学教育资源，建立起红色文化的价值内蕴与社会主义核心价值体系的内在连接，并将其转化为鲜活的、生动的、接地气的思政课教学资源，促进党史教育与思政课教学的深度融合。将校史、地方史、家乡史等史学教育资源融入高校思想政治理论课，是有效整合学校、社会、家庭的教育资源，建设开放性教育资源体系，确保教学资源效能最大化的重要途径。校史、地方史、家乡史等史料和素材一般都比较具体、直观，密切联系现实生活，是高校思想政治理论课实现课堂延伸的重要教学路径，从学生的生活世界出发实现教学话语体系的创新转化，更容易引起学生共鸣、激发学生的学习内生动力。以史实事件、人物对标教学内容，通过对马克思主义立场、观点和方法的深刻诠释来有效地回应、说服、引导学生，培养青年学生树立正确党史观、运用唯物史观认识把握历史的能力和对马克思主义理论的高度自觉，真正做到实践体验、知识获取、能力提升的有机结合，引导青年学生做社会主义核心价值观的坚定信仰者、积极传播者、模范践行者。

二、高校思想政治教育与党史教育融合的方法总结

（一）通过专题研究式教学提高党史教育的思想性、理论性

目前，高校思想政治理论课实施的"05方案"课程设置和教学体系有其自身的教学目标要求和内容特点，现阶段，将党史教育融入高校思想政治理论课，就要处理好党史教育与已有课程体系之间的关系。由于教学方案中并没有明确规划各门课程应承担的关于党史、新中国史、改革开放史、社会主义发展史教育的具体内容，而专题研究式教学具有针对性、开放性特点，因此可以作为当下推进党史教育融入思政课教学的有效方法之一。

专题研究性教学是一种开放型的教学方式，是将知识传授、能力培养和素质提升融为一体的多教师联合授课模式。高校思想政治理论课的教学设计要充分结合党史教育书目的编写特点和优势，针对学生思想实际和社会现实问题构建涵盖系列专题单元的教学框架，如《习近平新时代中国特色社会主义思想学习问答》一书采用大众化的叙事方式、问答的编写方式聚焦理论热点和问题，根据习近平总书记对重大实践和理论问题的最新重要论述和重要指示批示回应干部群众和高校师生关切，彰显了理论的时代引领力和思想的现实穿透力，应作为开展专题研究式教学的理论指南和教学参考。此外，将党史教育融入高校思想政治理论课的专题研究式教学，导言专题设计也很重要，关乎整个专题研究式教学内容设计的科学性、整体性及连贯性。

（二）通过启发引导式教学发挥学生的主体性作用

将党史教育融入高校思想政治理论课教学，必须坚持主导性和主体性的统一。通过主体意识的激发和自我教育能力的提升来激发大学生学习成长的内生动力，形成高校思想政治理论课教师主导性和学生主体性之间相统一的动力叠加效应。在具体的教学实践中，结合党史教育的相关安排，可以组织案例分享、情境教学、红色研学、社会调查等教学和活动，使青年学生真正成为教学过程的设计者和教学实践的参与者；通过理论与实践相结合助力青年学生把理论认知转化为推动实践创造的现实力量，从思想上、实践上深刻理解把握习近平新时代中国特色社会主义思想的精神实质、核心要义、理论品格，更好地肩负起

培育社会主义建设者和接班人的历史使命。

此外，启发和引导学生探索和解决问题的过程具有重要的理论和实践价值，能够提升他们对社会实际和发展趋势的认识、分析和判断能力，有利于青年学生增进与现实生活和人民群众的血肉联系；准确理解和把握开展党史学习教育的深远考量，对标"时代新人"的要求观照自身，从立德树人的高度深刻理解党和团的特殊政治关系；坚持"学党史、强信念、跟党走"，不断提高政治判断力、政治领悟力、政治执行力，做习近平新时代中国特色社会主义思想的坚定信仰者和忠实实践者。

（三）通过融媒体教学增强教学的针对性和实效性

随着虚拟现实和增强现实技术的迅速发展和大规模行业应用，信息物理社会空间实现了不断融合。虚拟现实技术是一种可以创建和体验虚拟世界的计算机仿真系统，增强现实技术是基于真实世界和虚拟世界信息内容的综合叠加，进而实现超越现实的感官体验的一种技术。信息技术在教育领域的广泛应用带来了教学环境和教学方法的转型发展，如虚拟教室、虚拟实验室、网络教学、虚拟考试等。融媒体教学就是基于信息技术发展而出现的一种新型教学模式，它以学生的参与性、适应性、接受性和教学过程的互动性、感知性、开放性和易用性为原则，为党史教育融入高校思想政治理论课提供了技术路径和教学方法。在具体的教学实践中，高校要积极推动思政课教学方式与现代信息技术的有机融合，通过移动课堂、虚拟现实体验课堂、智慧课堂等教学软件或平台让思政课"活"起来，拓展教学实践在网络空间的延伸，积极探索虚拟实践、网上纪念馆研学等新兴的思政课实践教学形式，增强高校思想政治理论课教学的趣味性和实效性。高校要加强虚拟仿真实践教学资源建设，利用虚拟现实技术开展虚拟现实教学，让学生在沉浸式、交互性、多感知性的体验教学中实现理论与实践的有机融合，通过对历史事件的情景模拟、角色扮演、交互体验等方式走进历史的真实、感知历史的浩瀚、体悟历史的价值。

（四）创新党史教育的方法

在教育方法方面，应着重在以下几个方面进行创新。

首先，党史需要灌输，就要进课堂，但这种灌输不是说教。既要说，但是又要运用比较活泼的方式，比如讲故事，选择的方式要适合"00后"这些青年人的特点。有些党史、重要历史是可以变成故事来讲的，这种方式会增强教育的效果。

其次，讲述党的历史要全面，要实事求是。成就要讲充分，但是我们的失误、挫折也不要回避。这样讲出来的党史才可信、才能够说服人。一定要全面、客观、实事求是地讲党的历史，正面的成就、成功的经验要讲，同时，我们经历的曲折、失误也不要回避，也要实事求是地讲清楚，使学生懂得失误和挫折是前进道路中应该付出的代价。任何时候，历史的发展都是曲曲折折的，不可能是笔直的，没有任何的成功是不付出代价的。

最后，在党史教育中要采取丰富多彩的形式和方法。除了课堂教学外，还可以采取一些学生喜闻乐见的教育形式和方法，如纪念征文、知识竞赛、演讲比赛、参观展览、歌咏会、报告会、座谈会、红色旅游、主题实践活动等，以提高党史教育的效果。

三、高校思想政治教育与党史教育融合的路径总结

利用好建党百年的伟大历史节点，做好大学生党史教育，应把大学生党史教育作为提升思想政治工作质量的重要抓手，深入探究做好这些工作的有效路径。

（一）发挥思想政治理论课主渠道作用，把党史教育放在更加突出的地位

高校要充分发挥思想政治理论课的主渠道作用，把党史教育放在更加突出的地位。高校要把党史知识系统融入思想政治理论课，确保开展党史教育的基础性、系统性、规律性，集中体现党的思想理论，并与其他学科课程建立起相互联系，在理论层面对大学生进行党的历史观教育，引领学生树立起正确的世界观、人生观、价值观，在课堂讲授与互动中培育青年学生良好的道德情操和爱国情怀。例如，"中国近现代史纲要"课是高校思想政治理论课教学体系的重要组成部分，是教育青年学生学习和感知中国近现代历史的重要课程，高校要将党史教育融入其中，以最大限度地调动学生学习党史的热情。高校既要让青年学生懂得人民解放的历史、民族独立的历史、国家富强的历史，也要让青年学生懂得中国共产党领导中国人民反抗侵略、反击压迫的历史，使其历史思维能力不断提升，善于思考和挖掘复杂社会现象背后的历史根源，善于总结和汲取在历史过程中积累的经验教训，增强其对党的历史的深厚情感。思想政治理论课是思想政治教育的主渠道，在党史教育中具有无法替代的地位和作用。

（二）架构课程思政体系，把党史教育统筹于各门课程

课程思政主要着眼于学科课程教育过程中的德育功能，在课程建设和课程实施过程中充分实现了课程目标、课程内容、课程结构和课程评价等课程要素的德育价值。大学生党史教育应当贯穿于高校课程思政建设的环节，使党史教育蕴含的德育价值发挥出来，在潜移默化中引导学生形成正确的党史观念。课程思政是对所有教师的共同要求，因此，教师要自觉承担党史教育的责任，引导学生从党的伟大奋进历程中汲取正能量，将党史知识学习与思想道德认识提升紧密结合起来。要力求党史教育与高校整体教育实践互为配合、共同发展，与学校教育管理系统密切协同，充分利用社会各领域提供的教育机会，在共同发力中营造良好的党史教育氛围，收获思想政治教育成效。

（三）开展专题教育活动，把党史教育与日常教育工作相结合

专题教育活动是对思政课程和课程思政的有益补充，高校要积极探索党史专题教育的多种形式，把党史教育当作学生思想政治教育的必修课，把党的辉煌历程、艰辛探索、优良传统传递给广大学生，深化学生对中国共产党性质、宗旨的认识，使其从百年党史中学习理论、拓展实践。各高校要把专题教育作为党史宣传教育工作的基本形式，如举办形势报告会、英模报告会、辅导报告会、座谈讨论会等，围绕既定主题加深认识和统一意见，提高大学生党史学习的实效性，增强党史教育的育人功能。党史专题教育活动要落实到日常教育工作部署上，广大党员教师要以身作则、务求实效，确保有主题、有目的、有领导，鼓励学生积极参与到专题教育活动中去，发挥榜样典型的引领作用，为主题教育活动的开展创造有利条件，从而获得良好的教育效果。

（四）开辟研学实践大课堂，把党史教育融入社会实践环节

推动全党学习历史唯物主义基本原理和方法论，更好认识国情，更好认识党和国家事业发展大势，更好认识历史发展规律，更加能动地推进各项工作。因此，只有把党史教育延伸到社会实践环节，才能更好地把党的理论和政策理解透彻，才能做到以党史经验来启迪和指导实践。在大学生党史教育中要制订研学实践规划，营造更加安全、更加有利的研学环境，开展志愿者活动、生产劳动、公益活动等多种课余活动，带领学生走进党史纪念馆、博物馆、党史教育示范基地、党史文物保护单位等教育场所，为学生还原中国共产党带领人民进行革命、建设和改革的历史，以客观事实去说服人，从而全面增强实践教育的育人效果，激发学生的爱国爱党热情。要引导大学生把党史教育与社会实践要求紧密结合起来，使学生了解工农群众的实际生活，增进其实践体验和感悟，用实践来检验自身对理论的认识是否正确，进一步加深其对党史知识、对马克思主义理论知识的理解。

（五）形成长效机制，把党史教育贯穿学生思想政治工作全过程

高校要把党史教育各要素贯穿在学生思想政治工作的全过程，要保障党史教育在思政课程、课程思政、专题教育活动及社会实践环节的顺利实施；要提升机制运行的效率和效益，提升机制设计的科学性和可操作性，防止出现一纸空文、脱离实际、效益低下的情况。高校要注重各项举措和做法之间的耦合性、严密性、联系性和接续性，提升机制整体效应，达到内在逻辑的统一，实现环环相扣，推进党史教育机制体系实现结构合理、关系协调、运转顺畅。党史教育长效机制建设的重点和难点在于具体工作措施的落地、落实，为此，要推进有效做法的制度化。高校要把经验上升为理论，建章立制，出台保障长效机制的各类政策文件和规章制度，确保党史教育常抓不懈，把制度内容转化为高校师生自发自觉的行动。各高校要贯彻落实好教育主管部门党史教育的各项要求，抓好组织领导，健全体制机制，加强督导落实和教育宣传，把党史教育纳入学校思想政治工作重要日程，面向全体干部师生开展党史教育，确保新时代大学生党史教育走深、走实。

四、促进党史教育在高校思政工作中的若干思考

中国特色社会主义进入新时代，巩固党对意识形态工作的领导权，巩固高校思政工作成为时代赋予我们的新的历史使命。在立德树人根本目的指导下，党史理应成为当下高校思想政治理论课系统开展的底色和支柱。总的来看，学界对高校思政工作中党史教育的重要性已有充分的认识和较为扎实的论证，但是对于如何具体落实党史教育的实践基础还比较薄弱。产生这一问题的重要原因是我们对党史教育的整体研究不足，党史资源的开发不足，红色文化资源的转化不足。传统党史研究和当下高校思想政治理论课的现实需求之间存在明显的疏离。解决这一问题的关键，一方面是构筑党史教育与研究的扎实基础，使党史教育建立在扎实、丰富的党史资料的基础之上；另一方面要在高校立德树人的整体视域下，依据教学与研究需要提升党史文献的思政价值，重塑和提炼党史、国史发展的内在逻辑，增强党史研究对中国近代以来革命、建设、改革的解释力，进一步从整体上构建中国特色发展道路解释框架，加强中国特色理论话语体系建设。在高校思政工作体系中进一步发挥党史教育的积极作用，应着力做好以下几个方面的工作。

首先，重视党史文献搜集、整理工作。一方面为党史教育奠定现实基础；另一方面为高校思想政治理论课发挥主渠道作用提供历史依据。贯彻党中央"思想政治理论课要坚持在改进中加强"的指导精神，融神铸魂，党史是最好的教科书。

其次，加强党史教育的针对性。基于档案文献的党史教育是应对历史虚无主义等各种错误思潮的必要举措。党史研究具有实证精神，这使高校思政工作有理有据，有血有肉，有情怀，有温度，使青年学生从情感上深刻认同国家、民族、政权、制度，坚定四个自信，进一步推进青年学生对"从哪里来，在干什么，往哪里去"的深度思考。在历史发展长河中明确知道"自己是谁"，才能不忘初心，牢记使命，砥砺前行。

再次，从学科发展的角度来看，新时代高校立德树人的根本任务要求党史教育要提高到新的水平，进入新的发展阶段，承担新的历史使命。适应新时代思政工作的总体要求，强化高校思想政治理论课主渠道作用，加强党史文化教育主阵地建设，探寻高校党史文化传播和价值引领的路径，成为高校思政工作的应有之义。党史文献与红色文化资源的挖掘与转化，是重塑和提炼党和国家发展的历史规律，是增强党史研究对中国近代以来革命、建设、改革的解释力的重要前提。

最后，重视理论框架与话语体系的构建。党史研究与党史文献的基础工作为构建中国特色话语体系提供了历史依据。思政工作框架指引下的党史研究，为探讨近现代中国革命、建设、改革特殊发展规律，构建中国特色社会主义发展道路解释框架，加强中国特色社会主义理论话语体系建设提供了基本的历史遵循，也为更好地树立四个自信，为讲好中国故事，提高中国国际话语权，提高中国国际核心竞争力提供了支撑，为世界发展贡献了中国智慧、提供了中国方案。

第九章 高校思想政治教育与心理健康教育融合

　　心理教育彰显了思想政治教育以人为本的核心理念，是新时期提升高校思想政治教育亲和力和针对性的重要抓手，心理教育具有提升思想政治教育的情感共融性、实效性等多重价值。从这里可以看出，高校思想政治教育与心理健康教育融合是十分有必要的。因此，我们要注重心理教育与思想政治教育之间在教育队伍、教育阵地、教育内容和教育方法上的融合，以心理教育为切入点，探索新时期高校思想政治教育的新思路、新方法，切实提升思想政治教育的效果。本章对高校思想政治教育与心理健康教育融合问题进行了分析与探讨。

第一节　思想政治教育与心理健康教育的关系

一、大学生心理健康的意义

　　随着经济全球化、政治多极化和文化多元化时代的到来，以及国内改革开放的不断深入，我国社会生活的各个领域迎来了更加激烈的竞争和挑战。在高等教育走向大众化的今天，大学校园已不再是封闭的"象牙塔"。大学生在校期间面临着环境适应、学习适应、人际交往、性与爱、就业等各方面的心理压力和冲突。这些问题如果处理不当，就会导致大学生心理健康问题的产生。因此，在新的形势下，我们必须重新思考和审视心理健康和心理健康教育对大学生的意义。

　　（一）心理健康是大学生全面发展和成才的重要基础

　　大学教育就是要培养全面发展的高素质人才。心理素质不仅是个体素质的重要组成部分，更是影响其他素质形成和发展的重要因素。心理健康对大学生的成长成才有着极为重要的影响。只有心理健康、心理素质好的人，才能承担繁重的学习任务，承担较高的社会期望和社会责任，才能对社会、对环境、对自己和他人形成正确的认知，才能与他人建立良好的人际关系，充分发挥自己的潜能，形成良好的道德品质，适应社会，成为全面发展的人才。如果一个大学生心理不够健康，经常处于焦虑、抑郁、孤僻、自卑、暴躁、怨恨、猜忌等不良的心理状态之中，他便不可能在学习、生活和工作中充分发挥自己的才能，成为全面发展的合格人才。

（二）心理健康是时代对大学生的要求

当今世界综合国力的竞争，实质上是科学技术的竞争，归根结底是人才的竞争。科技的发展、经济的振兴，乃至整个社会的进步都取决于人才素质的提高。大学生作为正在接受高等教育的青年群体，是国家未来的栋梁之材，既代表着先进青年的精神风貌，更预示着国家和民族的未来，他们的心理健康状况具有特别重要的意义。

一方面，大学阶段是一个人世界观、人生观和价值观形成的重要时期，健康的心理是大学生接受思想政治教育和学习科学文化知识的前提和基础，是大学生正常学习、交往、生活和发展的基本保证。

另一方面，现代社会的竞争已不单纯是体力和知识的竞争，更重要的是心理素质和人格的较量。国内外教育专家在讨论21世纪人才应当具备的素质时，所提出的素质要求很多方面都属于心理素质范畴，如开拓创新意识、独立自主精神、较强的社会适应能力、高度的责任感、良好的自信心、崇高的人格、对科学和真理的执着追求、善于学习、具有合作精神等。

因此，大学生的心理健康不仅关系到大学生个人的全面发展和成才，更关系到民族素质的提高与国家的未来。具备良好的心理素质和健康的心理，是时代对大学生的基本要求。

二、影响我国大学生心理健康的因素

大学生心理健康问题的形成非一日之寒，而是在各种内外因素的共同作用下长期累积的结果。因此，我们有必要全面探讨在大学生成长过程中，特别是早期，影响其心理健康的各种因素。

（一）生物因素

遗传是个体心理发展的生物学基础，没有这样的基础，或者在遗传上有严重的缺陷，都会对个体心理发展造成不可弥补的或者极为严重的不良影响。人们通过大量的家谱研究和双生子研究发现：遗传因素对学生心理健康有着重要的影响。学生某些心理健康问题与某些遗传因素有着不可否认的联系，有些心理疾病存在明显的家族性倾向。

神经系统的生化因素是影响心理健康的重要因素。研究发现，精神病患者脑组织、血液或尿中含有的一些化学物质，如果注入健康人体内，便会产生相应的精神症状。不同的神经递质对人的精神状态和精神疾病会产生不同的影响，如过多的肾上腺素能转化为一种致幻剂，影响神经传递而引起狂躁型精神病症状；一些精神分裂症状则与多巴胺过多有关。

同时，大量的研究也表明，母亲在孕期的营养、情绪及身体健康状况不佳，分娩过程异常，一些生理疾病、外伤及中毒、微量元素缺乏，神经内分泌系统异常等生理因素，都可能对子女的健康造成不利影响。

（二）家庭因素

大量的研究均表明，个体的早期经验对其一生的心理健康具有重要的影响。大凡成人所表现出来的各种心理问题，或多或少总带有其童年的体验和遭遇的痕迹。早期所经受的较大的挫折或创伤，可能会压抑在个体的潜意识中，在以后会以各种形式表现出来，形成个体的心理障碍。而个体早期的生活环境主要是家庭，家庭的结构和生活氛围、父母的教养方式、家庭经济状况等均对子女心理发展和心理健康具有重要影响。

1. 家庭的结构和生活氛围的影响

家庭的结构对儿童的心理健康有很大的影响。完整的家庭对子女的心理发展有良好的影响。父母对子女的带有差异性的教育是一种天然的和谐，是一种相互取长补短的巧妙配合。而不完整家庭则对子女的心理健康具有十分不利的影响。所谓不完整家庭是指双亲的一方或双方死亡、离婚等家庭。在这样的家庭中，由于性别残缺，缺少父爱或母爱，而且父母对子女的作用不相同，两者不能互相代替，因此易使个体心理发展，特别是个性、情绪上出现缺陷或障碍，如孤僻、冷漠、粗暴、焦虑、敌意、忧郁、退缩等。

家庭中的生活氛围也对儿童的心理健康有直接的影响。儿童生活在家中，时刻感受和体验着家庭的生活氛围。如果家庭各成员之间互相尊重、互相爱护、坦诚、谅解、和气和忍让，家庭中形成一种和谐、温暖的人际关系和积极向上、轻松、欢乐的生活氛围，则非常有利于个体情绪稳定和良好性格的形成，有利于其心理健康。相反，如果家庭成员之间充满敌意和猜疑，父母经常吵架，则会导致个体焦虑不安和缺乏安全感，不利于其心理健康。

2. 父母的教养方式的影响

一般来说，父母对子女的教养方式主要有三种：专制式、溺爱式和民主式。在专制式的教养方式下，子女的意见和愿望得不到表达，他们很少得到尊重和温暖，其行为常常会受到斥责和禁止，容易形成畏惧、缺乏安全感、缺乏自信、富有攻击性等性格，会严重抑制其心理的发展，影响他们对社会的适应性。

在溺爱式的教养方式下，子女得到过度的保护，得不到应有的锻炼，不承担应有的责任，同时，无原则地迁就，使子女成为家庭的主宰，他们容易变得任性、自私、嫉妒，并且自理能力差，缺乏应变能力和正确的自我观念，一旦欲望得不到满足，就容易发生攻击行为，不易适应社会和学校中的人际关系。

在民主式的教养方式下，子女既得到尊重和保护，又受到良好的教育。家长对子女起到指导性的作用，既满足他们的正当需要，又对其不正当的要求和言行给予及时说服教育和帮助。在这种方式下，子女懂得关心人、尊重人、同情人，形成积极乐观和开朗的性格，能较好地适应社会和学校生活。

由此可以看出，民主式的教养方式有利于子女的心理健康，而专制式和溺爱式的教养方式则不利于儿童的心理健康。但是近年来，由于人们生活水平的提高，大多数的家庭对子女的教养模式是：在物质上尽可能满足子女的要求，甚至百般迁就，而在学习上对子女期望过高，要求过严。前者造成子女的独立性差，心理承受能力低下，难以应付挫折；而后者又使他们面临重重挫折，经受着很大的心理压力。这样，子女的内心充满了矛盾和冲突，心理处于失衡状态且难以自拔，最后导致心理障碍的出现。

3. 家庭经济状况

从目前各高校的状况来看，学生的家庭经济状况，特别是家庭经济长期严重困难，会极大地影响大学生的心理健康。社会上的贫富不均在高校也明显体现出来。一些学生高消费，而一些学生却没钱交学费，甚至连维持日常生活都困难。这种巨大的落差会使许多家庭经济困难的学生产生强烈的自卑感。他们希望得到帮助，但是又不愿意让别人知道自己的困境，以免被人指指点点；他们想参加各种班级、社团活动，但是经济条件又不允许等。他们内心存在着严重的心理矛盾和困惑，由此造成各种烦恼抑郁、交往退缩等。此外，家庭中发生的重大事件等都会对学生的心理健康产生重大影响。

（三）学校因素

在大学生的成长过程中，学校教育对其心理发展和心理健康的影响很大。主要有以下几个因素。

1. 教师的管理方式、期待的影响

与家庭的教养方式类似，教师的管理方式可以分为民主式、专制式和放任式。显然，民主式的管理方式最有利于学生的心理健康，而专制式、放任式的管理方式均不利于学生的心理健康。教师对学生的态度和期待也会对其心理健康产生影响。如果教师对学生有良好的、积极的期待，即使不用言语明确表达出来，学生也会不知不觉地感受到这些信息，并朝着教师所期待的方向健康发展。相反，如果教师对学生抱有消极的或失望、悲观的看法，就会导致学生消极心态的出现，从而影响其心理的健康发展。

2. 学习压力的作用

我们国家目前虽然正在大力推行素质教育，提倡给学生减负，但是应试教育的影响依然不可忽视。学校追求升学率，教师力求高分，家长望子成龙、望女成凤，在这种情形之下，学生的学习压力可想而知。虽说现在高校扩招，上大学的比例大大提高了，但是学生的学习压力却丝毫未减。

中等的压力，会使学生产生中等程度的紧张，易于注意力集中，调动积极性，有利于学习，但是过重的压力，会造成学生的焦虑不安等，长期处于这样的状态下，学生可能会出现心理问题。在目前的教育体制下，无论是差生还是优生，均感压力重重。最近几年，由于学习压力过大而患上考试焦虑症的学生呈逐年增加之势。

3. 学校中人际关系的作用

学校中的人际关系是影响学生心理健康的重要因素。这是因为任何人都不能离开他人而生活，人有归属感和交往的需要。人际关系良好与否，会直接影响学生的心理健康，或者说人际关系本身就是心理是否健康的重要标志之一。一个有良好的师生关系和同学关系，在班集体中得到肯定、尊重、温暖、平等对待的学生，会产生安全感，必然有利于其心理的健康发展。相反，一个缺乏良好师生关系，在群体中遭到否定、排斥并感到孤独的学生，会产生敌意、自卑、退缩或攻击性，从而不利于其心理的健康发展。

此外，校风、学校的管理制度、教育方法与奖惩措施等都会影响学生的心理健康。

（四）社会因素

人总是生活在一定的社会环境之中，社会文化背景、政治经济状况、社区环境、社会风气、风俗习惯及重大的社会事件等，都会对大学生的心理健康产生影响。近二十年来，人类在社会经济、政治、文化和科技等领域取得了巨大的进步，人们的生活得到了很大的改善，但是也充满着竞争，人们的生活节奏加快了，生活的压力变大了，这导致人类心理疾病的发生率不仅没有降低，反而呈不断升高。下面我们着重讨论两个与大学生心理健康有直接关系的社会因素，即就业问题与网络问题。

1. 就业问题

职业是人生命中的重要组成部分，它决定着一个人的收入、生活水平、社会地位、个人的价值和生活的满足与否。而一个人在事业上的成功与否，关键在于他是否能在所选择的工作中发展自我和实现自我价值，享受他所选定的生活方式。因此，对于大学生来说，就业问题非常重要。

近年来，我国大学生的就业分配制度发生了重大的变化，由过去"统包统分"的就业模式向"供需见面、双向选择、自主择业"的模式发展。同时，由于国家经济政策的调整，大学生的就业形势变得十分严峻，许多地区，特别是欠发达地区，出现了大学毕业生就业十分困难的局面。在这种形势之下，许多大学生没有转变自己的择业观念和降低职业期待，对自己的个性、能力、兴趣等缺乏正确的了解，也缺乏求职的经验和面试技巧等，这更加大了其就业的困难。上大学时的"风光"和毕业时的失落、无奈形成了强烈的反差，这使许多大学生出现了心理的失衡，进而导致心理疾病的产生。

2. 网络问题

互联网与其他科学技术一样，也是一把双刃剑。它既有助于大学生开阔视野，给他们带来机遇，但同时也给大学生造成了许多不容忽视的消极影响，特别是在心理健康方面。

首先，互联网对大学生的人际交往有重大影响。网上的人际交往不是面对面的直接交往，而是符号化的间接交往。应该说，在网络交流过程中，大学生们会感到更轻松、更自在。在虚拟化的社交环境中，大学生们不用担心、掩饰自己的缺陷，可以通过网络塑造自己的新形象，展现自我，满足许多现实中不可能满足的愿望。但是这种交往方式在物理空间上隔绝和孤立了交流主体，丧失了现实交往所固有的丰富的人情表达和密切的人伦关系，导致人际关系数字化、非伦理化、非人性化，使人际关系能力下降。学生一旦离开网络，置身于现实社会中，面对现实中的人际交往时，其就会出现人际交往的障碍。

其次，网络会给大学生的人格发展带来影响。网络上所承载和传播的信息鱼龙混杂、良莠不齐。这既为大学生带来了新的观念和信息，有利于大学生形成开放的心态，也给世界观、人生观和价值观正在形成中的大学生带来很大的冲击，使大学生丧失对本民族文化传统和价值观的认同、信任，造成大学生思想意识上的混乱和迷失，甚至可能还会严重扭曲其人格。

（五）大学生自身的心理特点

前面讨论了影响大学生心理健康的生物因素、家庭因素、学校因素和社会因素，这些因素对大学生心理健康的影响程度与其本身的内在心理素质有很大的关系。同样的生活事件对于不同的大学生个体来说，有不同的评价和态度，且有不同的意义和结果，因此对大学生心理健康的影响程度是不同的。

在大学生的各种心理特点中，最为重要的就是个性特点。那些性格开朗、乐观、自信、果断、坚强、独立的大学生，在面对各种得失、面对各种冲突与选择、面对各种困难与挫折时，他们能理性地对待，会有正确的态度和评价，而且会努力去克服困难，这样就会减少或消除这些应激源对其自身心理健康的不良影响。相反，那些自卑、退缩、孤僻、悲观、焦虑、依赖的大学生，在面对困难与挫折时，会出现不正确的态度与评价，会感到不知所措，会觉得自己生不逢时或者觉得生活对自己如此不公平，因此感到心灰意冷，甚至产生自杀的念头和行为。

三、心理健康教育概述

（一）心理健康的概念

所谓心理健康，是指在身体、智能以及情感上与他人的心理健康不相矛盾的范围之内，将个人的心境发展成最佳的状态。正确理解心理健康的含义要注意以下三点。

1. 心理健康是多方面健康的统合体

心理健康包括健康的身体、正常的职能以及良好的情绪状态，缺失任何一方面，都不能说是达到心理健康。同时，这三者之间的关系也是相互影响、相互依存的，是一个相互作用的统一的整体。

2. 自身心理健康状态不能与他人的健康相矛盾

自身心理健康不能以损害他人的健康作为成就自己的前提。心理健康的目标是追求一种自身与他人和谐共处的双赢状态。

3. 心理健康是指个体所能达到的最佳状态，而并非完美的境界

心理是否健康是要基于自身的条件，以自身作为参照系，同时，也不要苛求完美，否则就与健康之路背道而驰了。

（二）大学生心理健康教育的内容

心理健康不仅关系到大学生的生活、学习、成长、幸福，也关系到社会的发展、民族的兴衰。

除了应向大学生普及心理学知识外，更重要的是应针对当代大学生存在的主要心理困惑和问题，在全体大学生中开展以下专题的心理健康教育。

1. 认知发展教育

认知发展教育是使大学生了解认知发展的规律、特点及自身认知发展水平，然后通过常规或特殊训练，帮助大学生挖掘和认识自身不良的认知，并学会对认知进行调整。比如认知教育的一个重要内容是进行学习指导，通过指导使大学生迅速适应高校学习，掌握有效的学习方法，养成良好的学习习惯，形成独立思考的能力，具备积极的探索精神，并会自觉调节自己的学习心理和学习行为，提高学习效率。

2. 情绪稳定教育

情绪稳定教育是使大学生了解人情绪的正常值及自身情绪变化的特点，学会运用有效手段，科学调控自己的情绪，使自己经常保持良好的心境和乐观的情绪，获得适度的情绪反应能力和抗干扰能力，避免情绪的大起大落、两极波动，避免心理失衡。情绪是引发大学生心理问题的主要因素，大学生生活中发生的各种各样的过激行为，很多都是因为不良情绪失控引起的。

3. 意志力优化教育

意志力优化教育是使大学生充分了解意志在成才中的作用和自身意志品质的弱点，协

助大学生提高调节自我、克服困难的主观能动性，学会调节激情，应对挫折刺激，增强心理承受能力，克服内部困难，提高意志行为水平，不为偶发诱因所驱使，形成意志自觉、果断、坚持、自制的优良品质。

4. 个性健全教育

个性健全教育是使大学生了解健康人格的标准及培养途径，在客观、准确地认识自我、评价自我的基础上，学会修身养性，增强自我教育能力，纠正不良个性，并通过有意识的训练形成开朗、活泼，具有同情心和正义感完善的人格。个性健全教育要做到面向全体学生的发展性教育和对个别学生的矫正性指导相结合，使每一个学生的人格都得到健全发展。

5. 人际和谐教育

人际和谐教育是在帮助大学生把握人际关系基本知识和人际交往特点规律的基础上，让学生通过训练掌握一定的人际交往技能技巧和人际交往艺术，学会在群体中与人和睦相处，与老师、同学、家长、朋友、异性等保持融洽的人际关系，懂得尊重他人，悦纳他人，也悦纳自己，善于在群体中发挥自己的才干，达到高水平的自我实现。

6. 积极适应教育

积极适应教育是使大学生积极适应自身、环境、社会的各种变化，学会调节自己学习、生活中的各种烦恼，通过有意识的训练掌握排解心理困扰、减轻心理压力的方法，保持心理和谐健康。

大学生心理适应涉及学校环境、学习、生活、交往、恋爱、自我心理认识和发展、竞争、择业等许多方面的内容，大学生除了依靠自身努力增强社会适应能力和心理承受能力，主动进行自我调节和心理适应外，还有赖于心理健康教育帮助其提高心理适应水平。

7. 挫折教育

挫折是导致心理障碍的原因之一。挫折承受力差的人在面对某些事件时可能会产生不理智的反应，如攻击行为、自毁行为等。对大学生进行挫折教育，主要是让他们了解挫折对人的辩证的影响及挫折产生的原因，懂得人是在战胜自己的挫折中成长的，懂得逆境成才的道理，知道受到挫折后应理智地去找出解决办法，在挫折的自我教育中培养耐受力，积累生活经验，锻炼出坚强的毅力和不屈不挠的意志。

（三）大学生心理健康教育的原则

1. 发展性原则

发展性原则是指在学校心理健康教育工作中，教师要注意以发展变化的观点来看待学生身上出现的问题，不仅要在对问题的分析和本质的把握中善于用发展的眼光做动态考察，而且在对问题的解决和教育效果的预测上也要具有发展的观点。

发展性原则有两层含义：一是在心理健康教育过程中，教育者必须要以发展的观点来看待大学生的心理；二是心理健康教育活动必须要立足于促进人的心理发展这一理念，以发展为出发点，而不仅限于心理健康的要求。

就发展性原则的第一层含义来看，是要对一切受教育对象的心理发展都持乐观的态度。在心理健康教育中，切忌对人的心理持形而上的僵化的看法。只有以发展的观点来看待心理教育对象，心理健康教育才有意义，这也是心理健康教育的意义所在。

从发展性原则的第二层含义来看，是要全面地、正确地理解心理健康教育的目标。心理健康教育包括三部分的内容，分别为培养良好的心理素质，预防与矫治心理疾病，开发心理潜能，而以人的心理潜能的充分发挥为其最终归宿。这里需要说明的是，即使是心理健康者，其心理品质也有高低之分，因此，唯有发展才是心理健康教育之最高目的。

2. 可操作性原则

这是指我们确定的心理健康教育目标和内容不能含糊不清和过于抽象，应该是明确而具体的，是可以观察和测量的行为特征？如我们在具体实施心理健康教育中不能把"培养良好的个性"作为目标和内容，而应把"良好的个性"这一抽象概念具体化为各种人格特征或人格变量，如合作性、自制力、责任心等。这些人格变量都是可以观察、测量和评估的，并且是可以通过一定的教育手段和方法来加以培养和改变的。

3. 超前的社会适应性原则

今天在校的大学生是我们国家未来的栋梁。因此，根据未来社会发展需要，我们应选择那些有助于学生适应未来社会的心理素质作为心理健康教育的目标与内容，如创造力、竞争与合作、自主自立等。

4. 主体性原则

在实施心理健康教育的过程中，我们要认识到学生的主体地位，以学生为出发点。要创造条件，使学生成为活动的主角，并让学生意识到这一点。要看到学生的潜力和人格中积极的一面，给学生以充分的理解和信任，调动学生的主动性、积极性和创造性，保证每个学生都有机会进行自我培养和自我教育，以便更有效地发展和提高其心理素质。

5. 民主性原则

民主性原则与主体性原则是相辅相成的。民主性原则的基本含义是，心理健康教育应在民主型师生关系中进行。在活动中，师生是平等的，享有同样的人格尊严，享有同样的表达自己思想情感的权利，因此，教师应避免说教，要以平等的讨论和沟通方式代之；要重视学生的意见，并最大限度地表示理解；要尊重学生的人格，不能侮辱、讽刺、挖苦或嘲弄学生。

6. 因材施教原则

既要面向全体学生，又要针对学生的不同特点（如年龄、性别、表现等特点）因材施教。只有这样，心理教育才能取得理想的效果，才能全面而有效地发展与提高全体学生的心理素质。

（四）心理健康教育的目标

心理健康教育的总体目标是培养和提高学生的心理素质，维护学生的心理健康。具体来说包括三个层次：具体目标、中间目标和终极目标。

具体目标是根据大学生不同年级的特点、发展任务和需要，通过各种途径对学生的各种具体的心理素质因素进行培养、训练和塑造，同时通过各种途径帮助大学生，使他们减少和避免各种可能遇到的危及心理健康的伤害和消极影响。

中间目标是进一步通过各种途径和方法，促进大学生各种心理素质的发展与提高，使各种心理素质因素协调发展，提高大学生整体心理素质，提高他们的心理健康水平。

终极目标是在良好的心理素质基础上，使大学生达到自我实现，促进大学生全面、和谐而健康的发展。

四、心理健康教育与思想政治教育的同一性

（一）教育总体目标的一致性

心理健康教育的根本目的是培养健全的人格，悦纳自我，保持良好心境，能保持良好的社会适应能力，并促进个性的全面发展和自我实现。而思想政治教育的根本目的也是促进个人的自由全面发展，高校思想政治教育通过一系列的讲座、道德模范宣讲会、社会实践活动，引导、感化学生，以影响学生的思想和行为，使其树立积极的世界观、人生观、价值观等。心理健康教育是运用心理学原理培养学生的心理品质，完整其人格，提高其心理适应能力、情绪管理能力、人际交往能力等，使学生能够获得全面的发展。心理健康教育与思想政治教育都是一项育人的工程，虽然处理问题的方式方法不同，但都是为了培养综合素质强的具有完整人格的人才。

（二）教育内容的同一性

心理健康教育作为德育工作的重要组成部分，是素质教育的基础性工程，是高校思想政治教育任务、目标和内容的合理扩展和延伸，维护大学生的心理健康，培养健全人格，以提高高校思想政治教育工作的实效性。

心理健康教育是维护心理健康和培养心理素质，通过教育这种方式提高个体的心理健康，侧重于心理层面，如交往障碍、认知偏差、情绪障碍等，思想政治教育一般侧重于学生的思想层面，注重学生"三观"的培养，目的是提高学生的思想政治觉悟和道德行为水平。但在实际工作中，一方面只有对学生实施心理健康教育，才能顺利地对其进行思想政治教育，为我们有针对性地进行思想政治教育提供心理条件，也有利于提高思想政治教育的科学性，如纠正心理认知偏差、重视情感因素形成良好的思想政治教育环境、运用心理辅导与咨询改善学生个性发展。要让学生加强自我意识，悦纳自己，只有让学生充分认识他自己，他才能与人和社会产生良性互动，形成亲社会行为。而另一方面，思想政治教育为心理健康教育提供世界观和方法论的指导，对学生开展世界观、人生观、价值观教育有助于增强学生的社会责任意识，培养其拼搏向上的个性品质，从而促使其可以以坚强的信念和毅力自觉调节自己的心理状态、自觉塑造完整人格。

（三）在育人工作中互为条件和前提

心理是思想的基础，是人的头脑反映客观世界的过程，包括知、情、意、行，居于人的精神世界的表层次。思想是客观存在，反映在人的意识中，是经过思维活动而产生的结果，居于人的精神世界的深层次。思想的形成及变化受制于心理的状态及变化，一方面，在思想政治教育内容中，心理健康教育是基础，也是增强思想政治教育实效性的有效手段，坚持发展性和系统性的原则开展心理健康辅导和咨询活动，有助于学生道德品质的形成和发展，而心理活动的开展又受思想的引导，学生树立正确的世界观、人生观、价值观，必须要对自己有正确的认识和评价。学会科学的情绪调控方法，掌握人际交往的原则和方法具有积极向上的心理，具有战胜挫折的坚强意志，学生才能形成良好的思想品德。

另一方面，思想政治教育在一定程度上是大学生心理活动水平的控制器和调节器。思想政治教育为心理健康教育提供方向上的指导，思想道德水平高的人坚持以人为善的原则，往往人际关系融洽，特别是能做到宁静致远、淡泊名利，恰当处理人与社会的关系，有着较强的社会适应能力。

（四）教育对象的同一性

大学生思想政治教育与心理健康教育都以人为研究对象，都是为提高人的整体素质而服务的。思想政治教育是从总体上、从社会生活的各个方面去研究人、了解人；心理健康教育是从人的心理活动的一般规律和生理机制方面去研究人、解剖人。

五、心理健康教育与思想政治教育的差异性

（一）理论基础不同

大学生思想政治教育是帮助大学生树立科学的世界观、人生观和价值观，逐步提高其思想政治素质的一种活动。它的出发点是社会需要，主要从社会关系的层面上提高大学生的思想政治素质，具有鲜明的阶级性。而心理健康教育是心理教育工作者运用心理学原理以及心理咨询理论和技术等对大学生施加一定的影响，帮助他们化解心理矛盾、减少心理冲突、缓解心理压力、完善人格、提高心理素质和生活质量的活动。它的出发点是人本需要，侧重于从个人发展的层面上提高大学生的心理素质，一般保持价值中立。

（二）目标定位不同

大学生思想政治教育的重点在于通过对大学生进行马克思主义世界观和方法论的教育，按社会和国家的要求来规范学生的行为，帮助大学生解决社会倾向问题，使大学生树立起共产主义的世界观、人生观和价值观，逐步提高其思想政治道德素质。相对而言，心理健康教育的目标属于基础层次的目标，它要求大学生以一种平和的心态处理与周围环境的关系，即不焦虑、不紧张，内心没有强烈的矛盾冲突等。

（三）教育内容不同

大学生思想政治教育的内容具有鲜明的时代性，在不同的历史时期强调不同的内容，大致可以分为政治教育、思想教育和道德教育三个方面，旨在使大学生辨别是非、善恶、美丑，追求高尚的思想与品行。心理健康教育主要是对大学生进行学习生活、人际关系、职业选择、心理障碍、行为异常等多方面的指导和教育。主要偏重于使大学生认识自我，培养其良好的自我意识，强化其自知、自尊、自信、自助及自控能力。

（四）教育方法不同

大学生思想政治教育重视自上而下的教导和灌输，以理论教育和宣传为主，其目标需要通过外界力量的引导来实现，主要采取正面教育、榜样示范、批评表扬、实际锻炼等方法。而心理健康教育是一种平等的讨论问题的过程，教师以辅导者的身份、非指导性的态度去面对大学生，主要采用心理训练、心理测量、心理咨询等方法，反对强制灌输。

总之，大学生思想政治教育和心理健康教育作为大学生素质教育系统中的组成部分，二者各成体系，有明显的区别，但也有着内在的联系。当前，在高校思想政治教育和心理健康教育工作上，必须了解思想政治教育和心理健康教育的关系，探索二者的结合机制，这不仅有利于思想政治工作由经验型走向科学型，更有利于提升大学生的心理健康水平，促进大学生素质的全面发展。

第二节　高校思想政治教育与心理健康教育融合的必要性

一、心理教育在高校思想政治教育中发挥积极作用

思想政治教育中的亲和力和针对性指的是教育的一种凝聚力、向心力以及感染力，传统的思想政治教育对学生的人格发展和心理需求考虑较少，这使思想政治教育普遍存在"尊敬"却难"亲近"、"知道"却难"做到"和"灌输"却难"消化"的现状，亲和力和针对性不强是新时期高校思想政治教育亟待突破的短板。心理教育与思想政治教育的教育方式存在一定的差异性，但二者有着共同的价值追求，是一种"以心育德、以德促心"的有机融合，具有多重价值意蕴。

（一）心理教育可以提升思想政治教育的情感共融性

思想政治教育既包括思想教育的政治内容，也包括政治教育的思想内容，前者带有鲜明的国家意志性，是价值的方向保证；后者则主要围绕思想、道德和行为规范等方面的内容对学生进行价值引导。因其明确的政治任务，思想政治教育往往注重"思想统领"而忽略"心理疏导"，多强调"以理服人"而弱化"以情感人"，这容易给学生造成"价值干预"而非"价值引导"的错觉，使高校思想政治教育存在情感共融性不强的问题。

心理教育具有得天独厚的情感共融性优势，它以人文关怀和心理疏导为切入点，强调教师与学生平等、开放的交流互动。心理教育强调关注教育对象的普遍性与特殊性，既研究大学生心理发展的群体特征，探索和把握大学生这一青年群体的成长规律，又将每一名大学生作为一个完整、丰富和全面的人，关注他们的思想和情感，接纳他们的优点和不足，尊重学生个性特点，并根据大学生心理发展的不同阶段对不同学生群体进行有针对性的心理教育，如对大学新生开展适应性教育；对毕业生提供就业指导服务；对存在人际交往困惑的学生进行人际关系技巧提升教育；对有情绪困扰的学生进行情绪管理辅导等。

（二）心理教育可以调动高校思想政治教育的自觉性和主动性

心理教育者身兼"心理性"和"教育性"双重使命，既要关注大学生存在的实际困难和心理需求，培养大学生良好的心理素质和健全人格，引导大学生充分发挥个人潜能并推动其健康成长，又要将主流价值观潜移默化地渗透给大学生，启发学生领悟与超越，以增强其自觉性和自主性，使受教育者自觉主动地进行自我教育和管理，最终达到"助人自助"的教育效果。思想政治教育的内容主要是正面、显性的内容，方法也以灌输的方

式为主，带有一定的强制性，容易引起学生的心理阻抗，而心理教育作为一种无形教育，可以不断柔化教育者和被教育者之间的对立力量，增强思想政治教育潜移默化的渗透力。与传统思想政治教育的推动力相比，心理教育则表现为一种吸引力，能充分提高学生的自我教育和管理能力，使其自觉主动地接受教育。心理教育的加盟，不仅中和了思想政治教育中"一言堂"的生硬古板，更焕发了高校思想政治教育的活力和生机。

（三）心理教育可以增强高校思想政治教育的感召力和实效性

感召力和实效性不强是目前高校思想政治教育内容存在的现实问题。思想政治教育做的是人的工作，是一个与时俱进的理论体系。

首先，高校思想政治教育要掌握大学生的真实愿望和需求，准确了解大学生的思想特点和心理动态，进而把握他们的行为发展规律，因此，高校思想政治教育首先应该具有前瞻性。

其次，思想政治教育要具有时代性特点，新时期大学生的成长环境发生了重大变化，这是一个需要"心理"呼唤"心理"的时代，他们更注重个性发展，追求自由、尊重和平等，思想政治教育必须关注青年对时代的心理诉求，在传统的教育理念、内容和方法上不断创新，才能跟上新一代大学生的发展步伐。

最后，思想政治教育需要鲜活的生命力，只有从心灵层面激发学生的精神动力和思想活力，才能使思想政治教育更具启迪力、吸引力和感染力，进而实现精神认同向行为的转化，达到"内化于心，外化于行"的目的。

二、心理教育与思想政治教育存在互补关系

（一）教育内容与方式的互补

心理教育着重塑造学生的心灵、调整学生的心态，这为思想政治教育打下了基础，而一个思想品德高尚的人也更容易达到自我的和谐，实现更好的发展。两种教育从内容上可以相互促进、互相影响。思想政治教育接受活动许多是在"他律"的情况下进行的，学生被动地接受教育。心理教育注重体验，从个人成长与发展入手，更容易将被动的接受转化为主动接受，这为高校传统思政教育提供了新的思路。此外，思政教育注重社会实践的教育方式也给心理教育以启示。

（二）教育职能的前后相继

心理教育解决的是人的心理问题。一个能够实现自我整合的人才能拥有开放积极的心理状态，更好地接纳他人、接纳世界，达到与社会的和谐，所以，从某种程度上来讲，心理教育是思想政治教育的前期准备，而思想政治教育最终能让学生的思想得以升华、道德素质得以提高。两者先后相继，彼此衔接，相互影响。

第三节 高校思想政治教育与心理健康教育融合中存在的问题

一、高校思想政治教育未能结合时代与实际

目前，高校思想政治教育在教学内容和教学方式上存在问题，问题都集中表现为与时代发展和实际生活相脱节，从教学内容上来看，高校传统的思想政治教育，将政治理论素养、道德知识体系和行为规范汇聚在一起，未能紧贴时代发展的脉搏与大学生日常的实际生活；在教育理念的传授上过于重视政治性，较多地传达党和政府的政策方针和马克思主义基本原理，较少结合社会热点和学生感兴趣的舆论话题去探讨深层次的现实问题；加之学生缺少具体的社会实践活动，无法对自身所处的社会角色准确定位，教学内容上思政课教师多照本宣科，课堂教学显得较为乏味。而知识体系的传授加剧了思政教育在内容上的抽象化、陈旧化、模式化，授课形式上多以填鸭式的灌输模式为主，师生互动交流较少，很难满足大学生的心理需求。

二、高校心理教育不能做到全方位落实

伴随信息技术的发展与新鲜事物的不断涌现，大学生的日常学习生活节奏逐渐加快，追求新事物的趋势愈发明显，在物质生活条件日益优越、娱乐活动显著增多的状况下，部分在校学生出现了学习态度不端正、专业技能训练敷衍、生活心态浮躁的问题，这与高校心理教育不能做到全方位落实有很大的关系。

大学生正处于心理发展趋于成熟的关键时期，缺少充足的社会经验，心理抗压能力偏弱，面对社会残酷的竞争，容易发生心理失衡等各种心理问题。近年来，学校作了许多努力，加强师资力量培训，更新软硬件设施，但始终未能收到较好的工作成效。主要原因在于：首先，缺乏对学生跟踪式的过程心理教育，大学生的心理变化以及对事物的态度看法，需要通过问卷调查或跟踪式访谈才能及时获取，通过这一形式，教师可以了解大学生的心理认知水平和心理健康程度，此项工作任务繁重，受制于师资力量与教学时间。其次，缺乏对重点对象开展针对性的心理教育，比如残疾学生、贫困生源、网瘾学生等，此类人群都是心理问题高发人群，他们在很大程度上得不到有针对性的心理指导。再次，心理教育的内容基本停留在理论基础层面，且内容陈旧，教学模式死板，无法激发学生的学习兴趣，心理教育变成了应试教育，心理咨询与心理辅导形同虚设。最后，高校心理教育重视心理问题的发现处置和危机干预，却忽略学生日常的心理健康保健与心理防护，存在本末倒置的问题。

三、心理健康与思想政治教育出现"两张皮"

当前，高校心理教育与思想政治教育发展的均衡性较差，"两张皮"现象较为明显。第一，教育理念与实践生活相分离，无法实现理论与实际的有效融合。第二，从心理教育

和思想政治教育的内容上看，两者相互的融合渗透度不够。从内容上来看，高校思想政治教育并没有充分重视心理健康问题的解决，时下的大学生不但多数存在政治信仰上的迷茫与矛盾，而且在思想道德品行、法制观念与身心健康保健方面都存在不同程度的疑惑。思想政治教育未能遵循心理学的基本发展规律，通过了解学生的认知能力、人格特征、行为动机、社会关系来解决教学和现实生活中遇到的各类矛盾与困境。同时，思政课教学内容安排上也未能遵循从简单到复杂的规律，这就无法提升思政课的趣味性，教师在经典案例的选取讲授上也未能引导大学生进行探讨和互动交流。从心理教育课程安排的内容上来看，内容没有结合思想道德建设的需要，重视对大学生理想信仰等价值观和科学世界观的引导，在通过正确"三观"引领学生心理健康方面做得不够充分。第三，存在部分高校仅仅重视两个教育在形式上的结合，组织宣传大张旗鼓，举办活动投入充分、课堂教育形式多样，但就是不能有效结合学生实际，没有及时关注学生内心存在的问题与不同境况下心态的变化。对学生家庭成长环境与班级教学环境没有深入调研，仅仅将两个教育的考核停留在应试教育层面，对于学生究竟有没有形成知识能力的转化方面，没有及时进行跟踪、询问。第四，部分高校在思想政治教育与心理教育上的师资培训与科研经费上投入较少，没有重视两者的结合。

第四节　高校思想政治教育与心理健康教育融合的途径

一、教育队伍融合

我国高校心理健康教育是在思想政治教育的保障下形成的具有中国特色的心理健康教育，兼有"心理健康教育"和"思想政治教育"双重使命。国内高校大学生心理健康教育机构绝大多数隶属学生处，只有少数高校隶属团委或直接设置在思想政治理论课教研部或马克思主义学院。也就是说，心理健康教育工作者在身份的划分上，要么划入大学生思想政治教育的学工队伍，要么划入大学生思想政治教育的教师队伍。

心理健康教育与思想政治教育的价值融合，首先是心理健康教育队伍与思想政治教育队伍的充分融合。一方面，高校要鼓励辅导员、班主任或具有学生工作经验的思想政治教育人员向大学生心理健康教育专家型人才转型，鼓励思想政治教育工作者参加心理学的系统培训，从而使心理健康教育更加专业化、规范化，并推动高校思想政治教育队伍的职业成长。另一方面，心理健康教育者必须要系统学习思想政治教育理论，不断强化自己的思想意识和政治意识；灵活运用心理健康教育的手段和方法优化思想政治教育教学；在心理健康教育的过程中渗透思想政治教育的理念和内容，引领与疏导相融，推进高校思想政治教育与心理健康教育无缝对接；积极探索符合我国社会发展和大学生成长的"以心育德、以德促心"思想政治教育模式，使其充满生命力。

二、教育阵地融合

思想政治理论课作为思想政治教育的主阵地，主要以讲授理论知识为主，因此被很多大学生当作枯燥的学分课，教学的效果也不尽如人意。国内高校大学生的心理健康教育课也不容乐观，大多数高校将心理课以选修课的形式开设，心理健康教育侧重心理健康知识的普及、心理问题的预防等，尚未形成完善的心理健康教育体系，教育的内容和授课范围存在很多盲区。心理健康教育课程与思想政治教育课程各自独立，交叉研究很少，未能形成一股合力，显然不能满足新时期高校思想政治教育的要求。

将心理健康教育纳入思想政治教育的课程教学中，开展"以心育德、以德促心"的综合教学是新时期高校思想政治教育的重要探索。在课堂教学中，二者各司其职，心理健康教育要承担起对大学生心理素质的培养责任，使大学生系统地学习心理学知识，形成健康的心理素质、掌握必要的心理调适技能，促进大学生人格的发展和完善，从而为思想政治教育的顺利开展奠定基础，并与其一起形成协同效应。思想政治教育者要根据大学生的心理特点，把握大学生的政治行为、思想行为和道德行为的发展规律，改变传统的说教方式，运用心理学倾听和共情等技术，立足于激发学生的热情和思考，以情感人，与学生平等交流，从而使课堂真正灵动起来，最终将思想政治理论课建设成为启迪思想、感化心灵的"招牌课"。

除了主阵地之外，高校还要与时俱进，积极拓展其他阵地，如加强网络阵地建设，依托微博、微信、QQ、易班等新媒体平台，形成微媒体矩阵，用符合学生兴趣和心理特点的方式传播信息，创立创新大学生思想政治与心理结合的"指尖"教育；加强校园阵地建设，依托校园宣传活动开展心理培训、举办心理讲座等，从而丰富"以心育德、以德促心"的思想政治教育载体；加强宿舍阵地建设，推动宿舍心理辅导站与辅导员工作站建设，并使其覆盖思想政治教育的盲区和死角。

三、教育内容融合

心理健康教育与思想政治教育的内容既有联系又有区别，心理健康教育在普及、预防的基础上重在分类指导，而思想政治教育则注重在马克思主义理论体系指导下的整体设计。要充分发挥心理健康教育蕴含的巨大价值，实现二者的教育内容深度融合是必然途径。

心理健康教育的内容要以马克思主义哲学观为指导，立足当代中国大学生的心理需求，建设具有中国元素、中国风格和中国特色的心理健康教育课程体系，倡导挖掘人的潜力、发挥人的主观能动性，激发大学生的生命力和创造力，最终引导学生形成科学的社会主义核心价值观。思想政治教育的内容也不能仅限于专业知识，还应贴近学生的生活，贴近学生的实际，教师应吸纳心理学关于理想信念教育、动机需求教育和价值观教育等方面的知识，注重对学生心理的启迪，从而使思想政治教育的内容更加丰富和生动，还应将全面"漫灌"与精准"滴灌"结合，"漫灌"打基础，"滴灌"促成长，把思想政治教育的理念讲深、讲透，使其入脑入心，从而切实提升思想政治教育的亲和力和针对性。

四、教育方法融合

心理健康教育主要包括共情、倾听、宣泄和探讨等技术，本质可以归结为心理疏导法，传统的思想政治教育方法包括讨论、批评和说服等方法，本质可以归结为说理教育法。两种方法本身并不存在矛盾，但各有其特点。心理疏导法主张以来访者为中心，偏重于对个体的教育，强调来访者的主动性；而说理教育法则强调教育者在教育过程中的主导性，与心理疏导相比，它显得比较生硬，适合群体的思想教育。

心理疏导法和说理教育法的融合，可使二者扬长避短、互为补充，使高校思想政治教育更具时代精神和活力。一方面，教师应在摆事实讲道理的基础上，引入积极的情感力量，从关注教育对象的心理情绪体验入手，注重教育过程中与教育对象的心理交流，使单向注入变为双向互动，这就有效增强了教育的效果；另一方面，心理疏导的过程看似是解决学生具体心理问题的过程，实则是引导学生人格健全发展的过程。两种方法的有机融合，使思想政治教育工作既能以理服人，又能以情感人，切实提升了思想政治教育的效果，也是新时期创新高校思想政治教育方法的必然趋势。

心理健康教育是高校思想政治教育在新时期的新发展，"以心育德、以德促心"的思想政治教育模式具有独特的发展优势，极大地提升了思想政治教育的艺术魅力。心理健康教育与思想政治教育的融合发展也不是一朝一夕间完成的，需要全体高校思想政治教育者不断探索，在实践中发现问题，在改进中思考问题，在创新中解决问题，切实提升思想政治教育的亲和力和针对性，这样才能使高校思想政治教育更具生机与活力。

第十章　高校思想政治教育与劳动教育融合

劳动教育属于高校思想政治教育的教育内容范畴，是高校思想政治教育框架中的一个部分。作为高校思想政治教育的组成部分，劳动教育应与思想政治教育相融合，增强高校思想政治教育的教育效果。本章将对劳动教育进行概述，阐述思想政治教育与劳动教育的关系，分析劳动教育在高校思想政治教育中存在的问题及原因，探究高校思想政治教育与劳动教育融合的路径。

第一节　劳动教育概述

一、劳动教育的概念

从哲学角度来看，劳动是主体、客体和意义的内涵集成体。劳动主要是指生产物质资料的过程，通常是指能够对外输出劳动量或劳动价值的人类运动，是人维持自我生存和自我发展的唯一手段。按照传统的劳动分类理论，劳动可分为脑力劳动和体力劳动两大类。

劳动教育是国民教育体系的重要内容，是学生成长的必要途径，具有树德、增智、强体、育美的综合育人价值。实施劳动教育重点是在系统的文化知识学习之外，有目的、有计划地组织学生参加日常生活劳动、生产劳动和服务性劳动，让学生动手实践、出力流汗，接受锻炼、磨炼意志，培养学生正确的劳动价值观和良好的劳动品质。

劳动还与"劳动技术教育""通用技术教育"等概念相关。不过"劳动技术教育"较强调技术的学习，与职业定向存在更密切的关联；"通用技术教育"则是开展基础技术教育的课程形式，"通用技术"是其教育重点，"劳动"已不是其核心内涵。换言之，劳动教育是面向所有教育对象的普通教育，而"劳动技术教育""通用技术教育"两个概念中虽也有"劳动"的要素，但较多指向具体技术或者通用技术的学习，二者强调的重点有显著差异。

二、劳动教育的内容与目标

（一）劳动教育的内容

第一，帮助学生树立正确的劳动观点，使他们懂得劳动的伟大意义。人类的历史首先是生产发展的历史，是劳动人民创造的历史；辛勤的劳动是建设社会主义和共产主义的根本保证；劳动是公民的神圣义务和权利。劳动教育使学生懂得轻视体力劳动和体力劳动者是数千年来剥削阶级的思想残余；同时使学生懂得把脑力劳动同体力劳动相结合的重要意义。

第二，培养学生热爱劳动和劳动人民的情感。学生应养成劳动的习惯，形成以劳动为荣，以懒惰为耻的品质。学生要抵制好逸恶劳、贪图享受、不劳而获、奢侈浪费等恶习的影响。

第三，学习是学生的主要劳动，教育学生从小勤奋学习，将来担负起艰巨的建设任务，并教育学生正确对待升学和就业。劳动教育，还要通过生产劳动和公益劳动等实施。学生在校期间，要按照教学计划的规定，适当参加劳动。

（二）劳动教育的总体目标

第一，通过劳动教育，学生能够理解和形成马克思主义劳动观，牢固树立劳动最光荣、劳动最崇高、劳动最伟大、劳动最美丽的观念；

第二，体会劳动创造美好生活，认同劳动不分贵贱，热爱劳动，尊重普通劳动者，培养学生勤俭、奋斗、创新、奉献的劳动精神；

第三，使学生具备满足生存发展需要的基本劳动能力，形成良好的劳动习惯。

三、劳动教育的意义

劳动教育是中国特色社会主义教育制度的重要内容，直接决定社会主义建设者和接班人的劳动精神面貌、劳动价值取向和劳动技能水平。长期以来，各地区和学校坚持教育与生产劳动相结合，在实践育人方面取得了一定成效。近年来，一些青少年中出现了不珍惜劳动成果、不想劳动、不会劳动的现象，劳动的独特育人价值在一定程度上被忽视，劳动教育正被淡化、弱化。对此，全社会必须高度重视，采取有效措施切实加强劳动教育。

开展劳动教育，是坚持和发展马克思主义唯物史观的客观需要；是构建德智体美劳全面培养的教育体系，形成更高水平的人才培养体系的必然要求；是富国强民，建设高素质劳动者大军的必要举措；是新时代加强大学生思想政治教育的应有之义。

马克思主义认为，劳动是指人们为了实现自身全面自由发展而进行的有目的、有意识的活动，劳动创造了人本身和对象世界，唯物史观正是"在劳动发展史中找到了理解全部社会史的锁钥"[1]。习近平总书记从马克思主义劳动观和唯物史观出发，指出"劳动是人类的本质活动，劳动光荣、创造伟大是对人类文明进步规律的重要诠释"[2]，而"尊敬劳动模范""弘扬工匠精神""建设知识型、技能型、创新型劳动者大军"等重要论述包含着对劳动价值的科学阐述。

2019年1月国务院印发的《国家职业教育改革实施方案》进一步贯彻深化了上述重

---

[1] 中共中央马克思恩格斯列宁斯大林著作编译局编译. 马克思恩格斯选集（第一卷）[M]. 北京：人民出版社，1995：15.

[2] 习近平. 在庆祝"五一"国际劳动节暨表彰全国劳动模范和先进工作者大会上的讲话 [M]. 北京：人民出版社，2015：3—4.

要论述，提出新时代职业教育人才培养目标在于着力培养高素质劳动者和技术技能人才。从上述重要论述和文件精神来看，劳动教育是职业教育的应有之义，并体现在职业教育的全过程之中。

劳动教育与高等教育密不可分，并同德育、智育、体育、美育相辅相成，有机联系。可以说，离开了劳动就不可能有真正的教育。经过多年实践育人的积累，高等院校拥有开展劳动教育最为丰富的实践操作资源与师资教学优势，不论从人才培养方案、劳动课程设置、教学组织方式、校园文化建设等育人形式上看，还是从校企合作、产教融合对劳动理论与实践资源的整合来讲，高等院校都可以通过劳动实践培育学生的劳动精神、提高学生的技术技能，较为全面地发挥新时代劳动教育树德、增智、强体、育美的综合育人作用。

同时我们也要看到，劳动教育在高校中还需要进一步明确和强化，不能简单地用技术技能培养代替劳动教育，而应当通过专门的劳动课程让学生明白劳动的价值和意义，进而提高学生学习劳动技术技能的自觉性。

第二节　思想政治教育与劳动教育的关系

思想政治教育作为一种社会实践活动，基本内容涉及"三观"教育、政治教育、思想品德教育、人格心理教育等方方面面，往往凭借一定的思想观念、政治观点、道德规范对人们施加影响，从而使人们的思想品德达到社会的要求。大学生劳动教育则是一种凭借实践活动锻炼的手段，促使大学生思想认知发展的教育活动，在劳动实践的过程中，大学生的劳动价值观念会逐步形成，劳动精神会得到熏陶，劳动情操会得到陶冶，劳动习惯会逐步养成。

从某种意义上说，劳动实践教育的主要内容包括人生观、价值观教育，思想品德教育，劳动心理教育。除此之外，劳动实践教育的另一个重要目标是使大学生掌握一定的劳动技能。从内容、实践活动、目标等三方面进行分析解读，可以更清晰地认知到思想政治教育和劳动教育之间的关系。

一、劳动教育的内容属于思想政治教育的范畴

从内容这个层面而言，高校思想政治教育的外延更加宽广，涵盖面更大，也具有更为丰富的内容，而这些恰好支撑和帮助了劳动教育的理论教学和研究。如果说高校思想政治教育是一个全集，那么劳动教育就是它的一个子集，二者之间具有包含与被包含的关系，劳动教育主要内容是作为高校思想政治教育主要内容的一个侧面而存在的，其属于思想政治教育主要内容的范畴。

二、劳动教育的实践活动与思想政治教育相重合

从实践活动层面而言，高校思想政治教育的教学实践过程中开展的劳动实践活动形式多样，内容丰富多彩，如志愿服务、生产实习、社会调查等实践活动，都包含在劳动实践

活动的范畴之内，都是劳动教育实践环节的主要内容。可见，劳动教育的实践活动与思想政治教育相重合。

三、劳动教育的目标与思想政治教育相一致

从目标层面而言，思想政治教育的目标作为高等教育的出发点和归宿，是思想政治教育需要明确的核心问题，目前我国高等教育的目标是培养出政治、思想、心理、道德等多方面素质完善的大学生。较高水平的思想品德素质是高等教育培养合格大学生的应有之义，而拥有正确的世界观、人生观、价值观自然也是合格大学生的衡量标准。

大学生劳动教育作为德育的内容之一，它的目标是要塑造出拥有正确的劳动观点和劳动态度、拥有良好的劳动习惯、掌握一定劳动技能的大学生。由此可见，从目标层面而言，大学生劳动教育的目标与思想政治教育目标相一致。

从以上几个方面加以论述和阐释，可以发现：高校思想政治教育与劳动教育之间存在着千丝万缕的联系。思想政治教育主要解决大学生思想认识方面的困惑，需要对大学生进行正确的教育和引导，它是一个总的框架，总领大学生思想认识方面的教育。而作为思想政治教育内容范畴之一的劳动教育，则可以看作是思想政治教育总框架中的一个分支，与此同时，这个分支又体现出自身的个性，主要体现在劳动教育活动所特有的针对性和目的性上。

"五育"的核心是德育，"五育"的基础是劳育，大学生的思想政治教育不能言之无物，必须要借助一个行之有效的载体才能做到有的放矢，而劳动在大学生思想政治教育中正充当起这样一个行之有效的载体的角色，从劳动这个载体和切入点出发，才会让高校思想政治教育走出说教式的"樊笼"。思想政治教育对劳动教育的开展起到了理论支撑的作用，而劳动教育则通过理论与实际相结合的方式增强了思想政治教育的实效性，使其教育效果得到了很好的强化。

思想政治教育、劳动教育对教育工作者、大学生都提出了一些要求。

从高校思想政治教育的维度出发，首先，要引导大学生拥有正确和科学的"三观"，以此为出发点，指导大学生更好地掌握社会主义劳动价值观的内涵，争做践行社会主义劳动价值观的模范，使"劳动最光荣"的信念在心中自然而生。

其次，以思想品德教育为切入点，通过思想品德教育、思想政治教育逐步塑造大学生无私奉献、吃苦耐劳的道德和品质，在此基础上培养大学生良好的劳动意志和品质；采取灵活多样、切实可行的方式为大学生提供各种实践机会。实践出真知，大学生在劳动实践的过程中，必然会加深对劳动价值观等内容的理解，从而增强劳动教育的效果。

从劳动实践教育的维度出发，通过劳动价值观、劳动品德、劳动习惯养成等一系列劳动教育，促使大学生增强自身责任感，树立正确的人生价值观，承担社会责任，磨炼大学生的思想品德，激励大学生从自身做起，并逐步影响他人，从而切实提高思想政治教育的实效性。

第三节　劳动教育在高校思想政治教育中存在的问题及原因

一、劳动教育在高校思想政治教育中存在的问题

（一）课程设置与实践教学的问题

从历史与现状看，劳动教育已然取得一定成果，随着研究的学者越来越多，劳动教育也得到越来越多的重视，取得了一定的成效。但是发展至今，劳动教育在高校思想政治教育工作中的开展还存在一些问题。

1. 课程设置中存在的问题

高校思想政治理论课的设置存在问题，是导致劳动教育在高校思想政治教育中有被弱化的倾向的原因之一。

第一，要加强思想政治理论课的灵活性。思想政治理论课在整体课程设计上，教材陈旧，创新不够，很多学校的教育内容仍旧一成不变。思想理论课的创新度也不够高，脱离实际，效果差强人意。这样也使劳动教育的载体失去了实效性，从而不利于劳动教育的开展。

第二，在高校思想政治教育过程中对劳动教育环节的重视程度不够。虽然高校思想政治理论课中列入了劳动教育内容，但是劳动教育日益凸显的重要性仍未被认识到，思想政治教育队伍整体素质参差不齐，缺少劳动教育课程的专职教师。劳动教育课仍未被正式列入教学大纲的内容，课时量和学分规划未得到合理安排。

2. 实践教学中存在的问题

实践教学环节要顺应高等学校教育改革的发展要求。一些高校在课程实践教学环节中就存在对劳动教育缺乏重视的问题，课堂实践活动也仅仅是让学生完成简单的任务，很难达到劳动教育对学生劳动观念以及劳动习惯等培养目标的要求。教学过程中劳动教育的形式单一、内容枯燥陈旧等问题突出，难以引起学生兴趣；教学实践与教学内容也存在融合度不够的问题。

（二）日常思想政治教育中存在的问题

日常思想政治教育中存在对劳动教育的认识不足，实践教学方式不够契合，经费投入不够等问题。

1. 对劳动教育的重要性认识不足

没有客观的了解和认识，就无法对劳动教育进行深入研究，课程的开展和教学情况也就不容乐观。高校的日常思想政治教育是大学生全面提高素质的重要途径，多种形式的校园生活、集体活动，都是日常思想政治教育开展的渠道。

教室、校园、宿舍的卫生可以让学生维持，促使他们养成良好的公共卫生道德习惯以及良好的劳动观念，在自己亲身实践基础上，体验通过自己的劳动带来整洁的校园环境，

让一些学生对社会上的环卫、保洁等工作人员不再抱有鄙视的眼光，让他们明白任何的工作都是平等的，只要是通过自己的劳动换来的，都是值得尊重的；让学生在师生、同学、朋友、亲人间进行良好的互动和交流，互帮互助，热心公益，通过自己的劳动，让大学生体验到帮助别人的付出感、荣誉感与贪图享乐等自私自利的观念的不同；积极向上的态度以及以勤俭节约为主题的实践活动，或者勤工助学等活动的开展，让大学生学会珍惜包括父母在内的每一位劳动者的劳动成果，因为劳动成果是来之不易的，谁都不能轻易浪费，从而培养他们勤勤恳恳的劳动态度。

正是因为很多高校教师意识不到劳动教育对大学生自身发展和社会发展的重要性，导致在大学中出现不良的教学习惯，课上教授理论，课下教师走人，对于大学生日常行为习惯不管不顾，没有好的引导，是不利于实现大学生劳动教育效果的。

2. 劳动教育与实践教学没有严密契合

在教学方式上，劳动教育与实践教学没有严密的契合，从而导致理论教学和实践教学相脱节。目前，我国高校思想政治教育缺乏深入的实践活动，并没有运用多种灵活的实践教学手段来切实培养学生吃苦耐劳的奋斗精神，致使学生在进入社会后缺乏主动性与创造性，过分依赖他人，导致其独立人格的养成受到阻碍。

3. 经费投入不足

随着专业的发展和实践活动规模的不断扩大，目前教育费用不足现象较为普遍，无法满足庞大的学生群体的需求。实践教学活动的经费被分配到不同的教学活动中，相对来说，针对性的专项资金就变得很少，而且大部分高校对思想政治教育实践的支持是通过临时拨款的方式进行的，这使高校思想政治教育的实践教学活动长期存在经费不足的问题。

（三）劳动教育考核评价机制的问题

劳动教育效果的好坏离不开家庭、学校、政府乃至社会各界的监督与评价，大学生劳动素质是否有所提高也需要社会实践的检验。有些高校对于劳动教育方面的评价机制尚不健全，存在着诸多方面的问题。比如评价目标定位不准。评价目标不仅包括劳动教育的效果，即培养出来的学生是否热爱劳动，是否用劳动给社会创造了价值；它还包括在对学生进行劳动教育的整个过程和各个环节，以及各个环节中包含的所有因素。比如评价过程不健全。针对思想政治教育缺乏灵活性的问题，学校可以设立意见箱，学生可以将自己的听课效果反馈给教师，进而反馈给学校，由组织部门进行研究，相互协调，探讨新方案，从而改进教学方式。教学评价要不时地总结经验，探索新方法。

评价原则上要注重多样性，注重以人为本。如"思想道德修养与法律基础"课是各个专业学生的公共课，在多媒体的实施条件下，有的学校为了节省教学资源，将好几个班级的学生集中起来，进行"大班"学习，这样教师就缺乏和每一位学生互动交流的机会。

另外，劳动教育评价还缺少与之对应的反馈系统。在学校生活中，同学、教师的反馈只是其中的一个方面，家庭、企业等乃至社会各界的反馈都应该纳入整个评价系统中，对大学生面临的每一个角色以及在劳动和品德方面出现的行为问题都进行监督评价，才能使学生的问题得到更好的改善。

二、劳动教育在高校思想政治教育中存在问题的归因

（一）没有全面考虑劳动教育的多重影响因素

1. 没有关注受教育者的心理感受

学校作为大学生生活的基本空间，在三到四年的大学生活中，他们面对的生活环境必然要让他们拥有集体归属感（包括家庭、社区、班级、学校、工作单位、兴趣小组、国家，也可以是虚拟空间里的虚拟社区）。大学生劳动教育的缺失，不利于他们承担在集体生活中作为其中一员的义务，也不利于对大学生责任意识的培养。

2. 没有考虑教育环境的影响

高校大学生从"三点一线"的高中生活步入自由轻松的大学生活，由于生理以及思想各方面的变化以及环境的转变，生活、就业、学习、感情以及思想等各方面压力逐渐变大，特别是面对复杂的社会环境时，意志力不够坚定，容易受到社会不良风气的腐蚀，比如社会转型时期各种贪婪、享乐主义的价值观，使一部分大学生轻视自身综合素质的提高，这时高校思想政治教育便可以发挥良好的思想与心理辅导作用，引导其树立正确劳动观。

3. 没有调动教师的积极性

高校教师应该以"贴近实际、贴近生活、贴近学生"为指导思想，在此基础上，不断探索和创新与现代教学相适应的劳动教育的方法与途径，不断发掘劳动教育的教化作用，关注学生在参加劳动实践过程中的品德形成，增强劳动教育的实效性，促进学生在实践中健康成长。

4. 没有充分利用社会力量

家庭、企业、社会等都是对大学生进行劳动教育的重要力量。在进行课堂教学和社会实践过程中，可以把社会生活中的劳动现象实例作为研究对象，让大学生融入不同环境的实践情景中；让高校大学生同时接受社会的检验，从而促进劳动教育取得良好的效果，进而促进全社会劳动素质的发展。

没有对这些综合因素进行深入考虑，就是造成在高校思想政治教育中，劳动教育灵活性缺失、实践环节重视不够、教师队伍素质参差不齐等问题的重要原因，了解这些原因有助于我们提出更好的应对策略，有助于增强高校思想政治教育与劳动教育相结合的教育效果。

（二）高校教师没有形成对劳动教育的统一认知

1. 高校劳动教育教师队伍素质和专业素养参差不齐

学校规模的扩大和学生的增多，再加上课程多样化使思想政治理论课在课时安排和课程设置上都有限制，各课程教材各有特点，其中的内容及所占比例也有所不同。比如"马克思主义基本原理"相对抽象难懂，在教学过程中，知识性教学往往会忽略思想教育性，很多教师并没有把课本中的劳动价值论传递给大学生。

另外，部分教师认为，知识的先导是大学生成才、步入社会的需要，没有必要开展劳动活动，在大学生中开展劳动教育会耽误和阻碍理论教育。但是仅有知识理论方面的讲授

并不能更好地培养学生的行为能力，一些高校教师对劳动教育的认识陷入误区。

2. 教师对劳动教育的教学方式没有创新欲望

高校采取的劳动教育形式仍旧沿用中学教育的模式，缺乏时代性、针对性，缺乏吸引力。很多学校在劳动教育过程中，没有把有关劳动方面的精神观念的内容很好地融入教学中，致使大学生在进行社会实践过程中，只会"纸上谈兵"或者只会用"莽夫之力"。

3. 教师对劳动教育方面的政策方针把握不透彻

有些教师不能从社会发展需求的角度和大学生自我成长成才需要的角度出发，设身处地地为他们制订相应的教学计划，不能透彻把握劳动教育方面的政策方针。劳动技术和技能的传导与教授固然重要，但是传统的用于体力培训的方法和手段已经过时，现代社会需要的是理论与实践结合的高素质人才。

在国家高度重视劳动者素质的前提下，学校和政府相关部门以及企业没有形成网络结构，资金问题得不到解决，很多劳动教育活动无法开展，比如服务社区和公益劳动等，仅仅通过自筹资金是远远不够的。

（三）劳动教育考核评估机制有待加强

劳动教育的实施能否达到良好效果需要一个完整的评估体系。我国的劳动教育没有专门设立评估系统。同时也没有反馈体系，此外，劳动教育考核评估的统筹协作工作有待加强，除了学校组织，可以把视角放大到社会，利用舆论、大众还有与劳动相关的部门，比如企业评估和大众评估，把劳动教育成果拿到社会上去检验。

就劳动教育考核评估机制而言，一些高校的领导部门对其不够重视，评估的内容和方法缺乏层次性、系统性。劳动教育考核评价应该包括个人评价、学院评价，最后上升到社会评价。

高校思想政治教育评价体系的不完善可能也是造成劳动教育评价体系缺失的原因。劳动教育应借鉴其他学科的评价机制，加入专家评价，由专家和学者进行劳动教育效果评价，对课程提出他们的看法和意见，可以使评价结果更科学、更客观。

劳动教育考核评估没有更好地与现代化工具相结合，比如形成媒体评价。在高校中大众传媒是一个很好的载体，同时也可以作为一个不错的反馈工具，它通过记录大学生的劳动行为，可以对当前的劳动教育作出反馈。

第四节　高校思想政治教育与劳动教育融合的路径

一、加强劳动价值观教育，引领大学生劳动教育的顺利开展

人类所在的世界包括自然和社会，是经过劳动实践活动而创造出来并被不断改造的。从这个角度出发，马克思主义的世界观可以说是劳动的世界观。同时，人生奋斗目标的达成以及人生价值的实现都是通过劳动等各种实践活动来实现的。因此，只有具备马克思主义科学的世界观、人生观和价值观，大学生才能对世界、社会以及人自身有一个正确认

识，才能充分认识到劳动在世界发展以及对于人类和人类社会存在和发展的重要意义，牢固树立"劳动实践活动是人类和社会生存发展之本"的观点；才能充分认识到劳动是自我人生价值实现的有效途径，增强自身劳动价值观念；才能懂得劳动致富，劳动创造价值的道理，尊重自己和他人劳动成果；才能认识到自己所承担的社会责任。

可见，没有科学"三观"作基础，人的优良精神品德就无法充分激发和优化，各种能力就不能有效地强化。可以说，马克思主义科学的"三观"是当代合格大学生必备的核心素质。这对于旨在促进大学生形成正确劳动价值观、积极向上的劳动精神和良好习惯的劳动教育来说，马克思主义科学的"三观"内容必定成为其重要的理论支撑。所以，作为劳动教育的核心内容，劳动价值观属于马克思主义科学"三观"的内容范畴，受到"三观"教育的支配。

加强劳动价值观教育，首先应在思想层面上，真正认识到劳动价值观在学生成长成才过程中的重要作用和意义，真正做到重视劳动价值观教育，将劳动价值观教育作为高校思想政治教育活动的重要组成部分。其次，要认识到"三观"意识在劳动价值观教育中的支配地位，在劳动价值观教育开展的过程中，以"三观"内容为理论依托，并结合劳动价值观的相关内容和具体事例，通过专题讲座、学术沙龙活动、征文活动、主题班会、案例分析等形式以及组织开展一些劳动体力活动，不断帮助大学生更好地接受劳动价值观教育，达到加强大学生劳动价值观教育教育效果，充分发挥劳动价值观教育作用的目的，进而引领劳动教育的顺利开展。

二、提升大学生品德素质，培养大学生的劳动精神和劳动意识

劳动精神是一个人对于劳动活动所具有的比较稳定的、积极的心理倾向，是指在劳动实践活动中具有战胜困难、坚持不懈、努力完成劳动任务的意志、信心和勇气。劳动意识是一个人在劳动活动中对自身能够起到推动力作用的个性意识倾向。自我意识是一个人行为言论的"监控器"，它影响着一个人的精神面貌。个性倾向性是个人对其周围环境的方方面面所表现出的态度和行为，是决定个人态度和行为的积极性、选择性的动力系统。

由此可知，自我意识和个性倾向性控制着劳动精神的形成和发展，并制约着劳动意识的形成。而自我意识和个性倾向性均与人的品德人格素质有关。所以，大学生要想形成以"积极参与、主动践行、劳动光荣、吃苦耐劳、艰苦奋斗、无私奉献"为核心内容的劳动意识和精神，没有一定水平的品德人格素质作为自身思想认识的支撑，并掌控自身个性意识的倾向，是不可能达到目的的。

高校应该重视对大学生品德人格的提升，在品德人格提升的过程中促进大学生劳动精神和意识的形成。具体来讲，应在高校思想品德教育等教育内容的指导下，使大学生真正认识到劳动以及以吃苦耐劳、艰苦奋斗为代表的优良精神品质的重要意义和作用，为形成良好的品德人格素质打下坚实的思想认识基础；通过让大学生参与各种实践活动，使他们在实践过程中能够切身体会到劳动精神品质的价值及实际意义，并在实践过程中不断提升自己的品德人格素质，进而产生勇于践行、吃苦耐劳、艰苦奋斗的个性倾向性，形成"要通过劳动来不断发展自我，实现自我"的自我意识；最终在个性倾向性和自我意识的制约下，逐步形成以吃苦耐劳、艰苦奋斗为代表的优良思想品质，具备战胜困难、坚持不懈、努力完成劳动任务的意志、信心和勇气，最终为劳动精神和劳动意识的形成打下坚实

的基础。

三、丰富劳动实践形式，拓展大学生劳动实践平台

如何增强大学生劳动教育的实效性，这既是一个重大的理论问题，又是一个重大的实践问题，需要高校以及教育工作者进一步深入地思考和探索。当前大学生劳动教育之所以出现了吸引力不够，教育效果不明显，学生主观能动性不高等问题，与高校开展的实践活动形式较为单一有一定的关系。

通过丰富劳动实践活动形式可以提高大学生的参与程度，扩大实践活动覆盖面，使他们在全身心投入的情况下，加深自己在理论教学中所学知识的印象，切身体会到人生以及劳动的价值和意义，将具备良好的劳动素质作为自身全面发展的内在需要，从而真正达到将所学知识消化吸收，并内化为自身个性意识的目的。

（一）增设勤工助学岗

勤工助学岗是高校中普遍建立起的一种旨在帮助家庭贫困大学生减轻生活压力，为一些同学提供锻炼机会的校内实习岗位。它也是一项学生利用课余时间，通过劳动取得合法报酬，用于改善学习和生活条件的劳动实践活动。

高校通过勤工助学岗位的设立，一方面能够借此减轻部分贫困大学生的生活和学业负担，保证其顺利完成大学学业；另一方面，参与勤工助学岗位就意味着要进行一定的体力劳动，就需要付出一定的汗水，花费一定的时间。这样能够锻炼大学生组织协调、沟通等方面能力，磨炼自身意志，使他们明白只有通过自身的劳动才能获得报酬的道理，逐步改正自身懒散的不良习惯和娇气、自私等不良作风。

高校勤工助学岗的种类很多，行政岗位助理岗、学院办公室和辅导员助理岗、校园文明监督员岗、图书馆管理员岗等都属于勤工助学岗。以重庆工商大学为例，勤工助学岗亭是重庆工商大学为帮助家庭经济较为困难同学而设立的一种勤工助学岗位，在里面工作的同学都是家庭经济条件一般或者较差的同学。他们通过在勤工助学岗亭工作，付出一定的体力劳动来获得一定的劳动报酬，这样一方面在经济上能够缓解他们的经济压力，帮助他们顺利完成学业，另一方面也是对他们进行了劳动价值观方面的教育，让他们体会到劳动创造价值的含义，体会到获取劳动成果的艰辛和不容易。

重庆工商大学勤工助学岗在全校学生范围内已经产生了一定的影响力，并产生了一定的积极作用。它切实地在经济上帮助了一部分同学，同时也让更多的同学体会到劳动的意义和价值，这也算是接受了一次劳动教育。

高校应进一步重视各种勤工助学岗位的作用，根据自身条件和实际情况进一步拓展勤工助学岗的形式，为大学生提供更多的勤工助学岗位。减轻大学生负担，锻炼他们各方面能力；在岗位工作中，潜移默化地使大学生认识到应该通过自身劳动来获得报酬，并使其切身体会到踏实的作风，以及积极向上的生活态度对今后人生发展的重要性，从而逐步对大学生自身的劳动价值观、劳动精神以及劳动习惯和生活作风方面产生一定的教育作用，最终增强大学生劳动教育的教学效果，达到劳动教育的目的。

（二）开创"校园劳动日"

"校园劳动日"活动旨在号召大家一起行动起来，在劳动日里自己动手，积极开展或参与一些劳动实践活动。举办该活动的主要目的在于，在校园中形成一种良好的、积极的劳动氛围。高校通过设立并开展"校园劳动日"活动，在一定程度上有助于解决当前高校劳动教育氛围不足的问题，能够营造良好的劳动教育氛围。

高校可以根据本校自身情况，选取和确立一个固定时间作为全校的"校园劳动日"。在开展活动的过程中，"校园劳动日"活动可以实行公共区域分片负责制度，尽可能地做到活动范围覆盖全校学生。各学院团委和学生会可以结合感恩教育、志愿服务、道德实践等内容，通过主题班会、橱窗、展板等形式加强宣传，引导广大学子积极参加校园劳动日活动，并根据自身情况以及任务要求来确定活动日持续时间的长度。这样一来可以最大程度地使活动产生良好的实际效果，产生较广的影响。

只要高校能够做到常抓不懈，务求实效，大力推动，就能够使越来越多的学生参与到劳动中，进而有效地解决劳动教育氛围不足的问题，营造良好的劳动教育氛围；此外，还能达到培养大学生劳动观念，提升大学生劳动素质，提升大学生思想道德素质，美化校园环境的目的。

（三）定期组织校内外公益活动

校内外公益活动是当前高校所开展的劳动实践活动中一种比较常见的形式。在高校中组织开展各种公益活动，是大学生教育的一项重要内容和必要的教育途径。它既能使学生接受思想认识教育和精神磨炼，获得身心体验，培养学生的责任心，树立集体观念，形成团队精神；又能使校园消除脏乱差，长期保持校园洁净，营造优雅育人的环境，形成环境优美的自然环境。

当前一些大学生在校期间，在特定节假日或者课余时间会参加一些公益活动，例如学雷锋、一帮一互助、义务劳动等专题性公益活动。他们在这些活动中可以理解相关主题的内涵和意义，锻炼自身的劳动基本技能。更为重要的是，通过活动可以体会到自身所承担的社会责任，体会到自己幸福生活的来之不易，进而对自身的人生价值观方面产生积极的思考。此外，高校通过开展一些有意义的专题义务劳动等公益活动，能够加深学生之间的感情，使学生在互相协作中完成任务，体会到集体的力量和劳动的快乐，从而增强大学生劳动兴趣，促进其主观能动性的发挥。

当前高校应根据自身条件，联系和借助社会上的一些资源，与校外相关单位联合起来，组织大学生开展一些专题性的校内外义务劳动活动等公益性活动，通过这些活动来向广大学生宣传正确的人生价值观，促使其认识到自身应具有的高度社会责任感，通过提高思想认识和切实感受，调动他们参与劳动实践活动的积极性。

同时，应该注意的是，每一次在开展专题义务劳动活动等公益活动之前，应凝练好活动的主题精神，例如"学习践行雷锋精神"专题义务劳动活动，就应该事先将雷锋精神的内涵进行凝练，并提前向广大学生进行宣传和动员，使他们在思想上有一定的具体认识和准备。此外，活动开始之前还应该做一个具体的活动策划，将活动的各个细节都考虑进去，做好充足准备，争取通过专题义务劳动活动达到劳动教育的目的，使参与其中的大学生有真正的收获。

（四）建立大学生劳动实践基地

劳动实践基地是大学生在校期间参与劳动实践活动的重要场所。大学生劳动实践基地建立的主要目的，是为大学生劳动教育提供一个固定的实践载体，为培养大学生劳动精神、劳动意识和劳动基本技能等方面提供重要的物质基础。因此，高校应重视大学生劳动实践基地的建立，为劳动教育提供一个专门的实践教学平台，为大学生提供一个固定的实践载体，从而保证劳动教育的教育活动能够取得真正的实效性。

高校在大学生劳动实践基地的建设方面可以着重考虑以下几个方面。

1. 高校应统一认识，全面规划

当前一些高校对劳动教育这一教育活动没有给予必要的重视，在劳动教育各方面的投入不足，造成了实践场地缺乏，现有实践场地使用率不高等一些问题。基于这种现实，学校应高度重视，正确认识劳动在大学生成长成才中的重要作用，把劳动实践基地的建设作为全面推行劳动教育的一个重要环节加以重视，并制订长远规划，设立长中短期的目标。

2. 高校应根据本校实际条件，进一步整合相应资源，规范管理

高校在基地建设主要资源的开发利用规划外，可以利用闲置地块或边边角角的地方作为基地建设用地，这样一方面增加了基地的资源，另一方面也提高了土地使用率。同时，高校还可以跟一些企业、社会组织等进行沟通和联系，通过与其的合作，争取资金、设施等方面的赞助，为实践基地的建立打下良好的物质基础。

针对一些高校现有劳动实践基地使用率不高、覆盖面不广的问题，高校应对现有的劳动教育相关土地资源和教育资源有效整合，科学管理，加大宣传力度，安排更多的学生到实践基地去学习和锻炼，以此提高基地的使用率，使基地真正发挥作用。

3. 让劳动实践基地成为劳动教育的鲜活教材

一方面，各班可以每学期组织学生在劳动实践基地开展一定的劳动实践锻炼活动，让学生体验劳动的艰辛，品味劳动成果的喜悦；另一方面，可以利用一些基地场所，让各专业的大学生发挥其特长，在实践中熟练运用所学知识。例如：绘画类专业的学生可以在实践基地用画笔描绘在实践基地见到的一点一滴，一草一木；理工类专业的大学生可以利用场地进行测量，或者进行模拟规划、设计相关图纸等活动；自然科学类专业的大学生可以进行一些识别和研究相关植物、自己动手种植等活动。

此外，各班级的主题活动可以根据选择的内容由课堂转移到劳动实践基地，充分利用基地的条件，开展例如"劳动最光荣""我们周围的环境调查"等主题活动，让基地成为大学生的课余生活的乐园，丰富大学生的课余文化生活。

4. 加强对实践基地使用情况的评估，引进相应的激励机制

高校可以根据实际情况，将各学院学生在劳动实践基地的活动情况纳入学院年终考核评估，并占有一定比重的分值。高校还可以每年拿出一些资金对表现良好的单位和个人进行奖励，此外，可以在劳动实践基地设立老师实践活动区，通过师生对比，在无形中增强学生的竞争兴趣。

当然，丰富实践活动形式的工作不是一朝一夕就能够完成的，需要投入大量的人力、物力和财力，需要联系多个领域来共同努力才能逐步完成。高校在这个方面应该实事求是

地稳步推进，根据自身条件和实际情况，逐步地增加一些劳动实践活动，丰富实践活动的形式。

同时，在一些高校现有的人力、物力和财力有限的条件下，也应该挖掘本校现有的各种实践活动的潜力，利用好现有实践活动开展富有劳动教育意义的活动，真正地将现有的每一个活动组织好，发挥它的作用。活动之前精心策划，大力宣传，认真组织；活动之后认真总结，吸取经验教训。只要活动能够在校内产生一定范围内的影响力，获得一定的良好效果，让大学生感到十分有意义，使其获得精神财富，那么它就能在今后吸引越来越多的学生加入其中，就能产生越来越大的教育作用。如果能够做到这样，就能达到吸引大学生广泛参与、增强劳动教育实效性的目的。

（五）扩展大学生生产实习平台

生产实习是在校大学生毕业前参与的、与自身专业相关的各种生产实践活动。例如，人文社会学科的学生会到一些政府机关、企事业单位等部门，从事与专业相关的工作实习；理工科的学生会到一些工厂、工地、企业等，进行专业技能的操作以及相关研发等工作的实习。高校组织生产实习活动的目的旨在为不同专业的大学生提供实习工作平台，使他们有机会将大学期间所学专业知识用于实践中，检验自身学习成果，在走入社会之前获取一些相关经验，初步提高自身专业技能。生产实习活动是大学生在校期间所参与的重要劳动实践活动之一，在自身劳动素质的提高，专业劳动技能的培养方面有着重要的作用。

当前高校在开展大学生生产实习活动方面已经采取了许多的措施，也获得了良好效果，但总的来看，实习活动持续时间短、实习单位较少、实习内容单一等问题在一些高校依旧存在。通过调查可以看出，许多大学生十分希望高校增加相关生产实习活动的次数和形式，延长一定的实习时间。高校应根据自身实际情况，加大在大学生生产实习活动方面的投入，通过与社会各方面的广泛联系，争取社会的支持，为学生提供更多的实习机会，丰富大学生实习形式，从而为大学生熟练相关劳动技能、提升自身劳动基本素质打下坚实的基础。

此外，高校还应加强对大学生生产实习劳动活动重要性的认识，一方面，将开展大学生生产实习活动这项工作所采取的各方面措施真正落到实处，保证对大学生劳动技能培养方面能够产生一定的切实作用，另一方面，教导大学生珍惜劳动实习机会，使大学生全身心地投入劳动实践中，在劳动实践过程中锻炼自身的劳动技能，提高自身的劳动素质，为将来走入社会做好积极的准备。

四、促进劳动实践活动常态化，培养大学生良好的劳动习惯

知行相统一是养成良好习惯的关键。大学生能否养成良好的劳动习惯，一方面在于思想认识上对劳动是否有正确到位的认识，主观能动性能否真正发挥出来，主动地、有意识地去计划和准备参与劳动实践活动，另一方面在于能否经常参与各种实践活动，获得足够的锻炼机会，逐步使自己形成习惯性的劳动行为方式。

劳动教育是使学生在经常性的劳动之中形成一种自觉劳动意识的教育方式，力戒好逸恶劳、贪图享受和奢侈浪费等不良倾向，这是培养优良习惯的积极途径。大学生在学习劳动教育理论内容的前提下，应做到经常参与劳动实践活动，使自己逐步形成对劳动的正确

认识，激发自身的主观能动性；同时在思想认识的支配下，让自己逐步养成习惯性的劳动行为方式。

高校可以根据自身的实际情况，开展诸如社会调查、生产劳动、志愿服务、科技发明、勤工助学、公益活动等各种各样的劳动实践活动，同时还要保证所开展的这些活动进入常态化。这样能够保证大学生在实践过程中受到劳动教育，还可以增加大学生的劳动实践活动次数，使大学生在劳动价值观、劳动品德、劳动精神等方面的形成和发展上有充足的时间和实践机会。

另外，在如何保证劳动实践活动常态化的问题上，高校还要通过建立相应的评价体系，设立一些必须完成的任务和目标来时刻敦促大学生参与各种实践活动，认真完成所布置的任务。高校通过一定的强制性督促和检查，能够促使大学生参与更多的劳动实践活动。长此以往，大学生就会形成自觉性，在主观能动性的支配下自觉主动地去参与一些劳动实践活动。

高校劳动教育还应布置一些课下任务，并定期进行检查，统一组织学生参加集体劳动实践活动，敦促和引导大学生提高自身的主观能动性，使他们对劳动在自身成长中的重要性有一个正确的认识，认识到劳动应成为自身发展的需要，进而唤醒他们的主观意识。只有大学生具备了一定的主观能动性，意识到应该有计划、有准备，主动去接受并实践劳动教育的内容，有了参与劳动实践活动的内在需要，他们才能真正深入理解劳动教育的核心内涵，全身心投入劳动活动中，进而在接受劳动教育的过程中逐步成长和进步。

劳动教育还要重视日常生活劳动在培养大学生良好劳动习惯方面的重要作用。习惯养成于平时，光靠在校期间参与的一些劳动实践活动，光靠一时的劳动素质培养和实践锻炼，是无法保证大学生能够真正养成良好的劳动习惯的。因此，学校和家庭应该联合起来，确保大学生劳动教育效果的延续性，保证大学生在校期间以及在家庭生活、社会生活，能够经常参与一定的劳动实践活动。只有在日常生活中不断锻炼，最终才能够达到劳动教育的目的，使大学生养成并保持良好的劳动习惯。

第十一章　高校思想政治教育与传统文化融合

传统文化精神是在中华民族悠久的历史中几经沉淀而传承下来的精华，具有超越时代局限、反映永恒价值的特征，对思想政治教育具有重要的启示意义和时代价值。文化是国家的软实力。加强大学生思想道德教育，必须借助中华优秀传统文化的潜在力量。传统文化融入大学生思想政治教育中，于个体层面可提高大学生的修养，帮助其形成正确的世界观、人生观和价值观，激发他们的集体主义和爱国主义热忱；于国家层面可增强国家凝聚力和向心力，发展社会主义先进文化，促进社会主义精神文明建设。因此，传统文化与思想政治教育相融合非常必要。

第一节　传统文化融入高校思想政治教育的必要性

一、思想政治教育自身发展的内在要求

我们知道，经过数千年的发展，中华民族有着辉煌的文化创造和深厚的历史积淀，并且形成了历经数千年的绵延发展而从未中断过的中国传统文化，其影响力体现在广大中国民众日常的行为方式、思维模式、道德规范以及价值取向等之中。因此，我国高校思想政治教育应该且必须尊重中华民族历经数千年延续下来的文化传统、行为方式、思维习惯以及价值取向等，批判地继承、吸收并融合具有鲜明民族特色的中国传统文化。只有这样，马克思主义才能真正实现中国化，我国的高校思想政治教育事业也才能在马克思主义基本原理和基本方法的指导下得到进一步的创新发展。

在我国，高校思想政治教育是一种教育实践活动，其根本目的是提高人的思想道德素质，促进人的全面自由、自主发展，激励人们为建设中国特色社会主义，最终实现共产主义而奋斗。人的全面自由发展自然而然地包含了对文化素质的要求，因此，高校思想政治教育离不开对文化的关注。然而从我国高校思想政治教育的整体发展过程来看，我国当代的高校思想政治教育基本上偏重于政治性而忽视其文化性，从而导致高校思想政治教育资源的单一化和教育形式的呆板化，高校思想政治教育本应具有的文化含量的丰富性与不断提升性在有意无意中常常被我们所忽略，其结果便是本可生动活泼的高校思想政治教育读物有时成为政策、文件、语录的简单汇编与转述，本可情趣盎然、文采飞扬的高校思想政治教育有时成为枯燥空洞的政治说教与道德说教。这种文化性的缺失，不仅使高校思想政治教育资源日趋有限，也削弱了高校思想政治教育的育人功能，进而阻碍了高校思想政

教育的进一步发展。

中国传统文化作为一种崇德型文化，在长期的历史发展过程中形成了"文化化人"和"文化育德"的优良传统，这使其自然而然地成为高校思想政治教育的重要资源之一。我国高校思想政治教育要进一步发展创新，就必须重视其文化性，必须从中国传统文化中有选择地汲取更加丰富的教育资源，换言之，中国传统文化与高校思想政治教育相融合，是高校思想政治教育自身发展创新的内在要求。

二、文化自觉与文化自信的要求

所谓文化自觉，是指生活在一定文化中的人对其文化有自知之明，明白它的来历、形成过程、所具有的特色和它发展的趋向，不带任何文化回归的意思，不是要复旧，同时也不主张全盘西化。换言之，即是文化的自我觉醒、自我反省、自我创建。所谓文化自信，则是指一个国家、一个民族、一个政党对其自身文化传统和内在价值的充分肯定，对其自身文化生命力的坚定。

世界上任何民族的传统文化都有其积极的方面，同样有其消极的方面，一个民族的文化能否实现自觉和自信，在很大程度上取决于其对传统文化扬弃的客观与科学态度。可以说，对传统文化的理性批判、合理继承、勇于创新正是文化自觉的本质要求。也就是说，一个民族能否对其自身的传统文化进行客观的评价和认识，关系着一个民族文化自觉的实现与否。中国传统文化是勤劳善良的中国人民在长达五千年的中国社会发展中创造出来且从未间断过的，这在世界文化史上是独一无二的。它不仅标志着中华民族对人类文明和历史的卓越贡献，也是中华民族区别于世界上任何其他民族的鲜明文化身份和基本族群的特征。只有认识、理解、接受并内化中国传统文化，我们才能理解自己民族身后的历史底蕴，也才能知晓我们是从哪里来的，并对我们现在的生活和未来的美好图景进行规划。反之，如果失去对中国传统文化的认同与理解，我们必定也会失去对自己民族文化身份的认同和归属感，进而导致我们思想文化上的"无家可归"。

当前我国高校思想政治教育的重要任务之一，就是应该在马克思主义的指导下，按照"取其精华，去其糟粕"的原则，充分肯定中国文化传统的内在价值，坚定中国传统文化的自信心，努力挖掘中国传统文化的当代价值，不断包容、借鉴其他外来文化中的优秀精华并将其吸收内化，使中国传统文化和现代高校思想政治教育优化、整合，从而实现中国传统文化的现代转化和创新发展，进而真正实现文化自觉与文化自信。

三、形成和发挥文化软实力的基本保证

文化软实力是指一个民族、国家或地区的文化影响力、凝聚力和感召力，是国家软实力的核心因素之一。这是因为，文化作为一个国家的灵魂或血脉，凝聚着这个民族对世界和生命的历史认知和现实感受，积淀着其最深层的精神追求和行为准则，并承载着整个民族自我认同的核心价值取向。

就一个民族或国家自身的发展来说，文化软实力主要表现为一种精神上的整合力，它有利于国家凝聚力的形成和民族性格的养成，有利于促进民族团结、国家统一、政权巩固和文化自信。一个国家如果对本民族或本国的传统文化缺乏自信，忽视自身文化软实力的

开发和建设，那么就等于放弃了本民族或本国的文化主权，其结果自然会导致本民族或本国人民价值取向的混乱，以及精神家园的丧失，甚至民族的离散和国家的分裂。因此，作为一个由 56 个民族组成的统一的多民族国家，中国必须要加强对五千年来绵延发展而从未中断过的中华传统文化软实力的开发和建设，充分发挥其对全国人民的思想教育和价值引导作用。

中华传统文化和世界上其他民族的传统文化一样，都植根于民族的土壤中，从总体上反映和代表着中华民族的思维方式、价值观念、伦理道德，体现中国人民的生活方式、风俗习惯、心理特征，已经内化、积淀、渗透到每一代社会成员的心灵深处，并凝聚为民族特有的国民性格和社会心理。作为一种注重道德教化的伦理型文化，中华传统文化自身就具有显而易见的、能动的高校思想政治教育功能，而我国高校思想政治教育本身所具有的文化属性和民族属性也使其无法离开五千年来中华传统文化留下来的优秀精华。因此，文化软实力要最终体现其对外的亲和力、渗透力以及对内的凝聚力和塑造力，则必须要通过思想教育和引导的方式。可见，中华传统文化和高校思想政治教育的有机融合正是文化软实力得以形成和充分发挥的基本保证。

四、探索高校思想政治教育新路径的必然选择

高校思想政治教育具有文化属性，需要以文化为依托。传统文化与高校思想政治教育相融合，是应对目前高校思想政治教育存在的问题，探索高校思想政治教育新路径，提高高校思想政治教育实效性的必然选择。当前，在全球化时代背景下，多元文化并存态势越来越明显，大学生的价值观念、思维方式和行为方式都较以前发生了剧烈的变化，这对高校思想政治教育提出了严峻的挑战。

一方面，目前我国大部分高校的思想政治教育主要还是通过课堂教学来进行，而且教学内容单薄枯燥，授课模式单一，教师往往采用社会学、心理学等学科方面的知识与技术，表面化和浅显化地解决临时问题，而对传统文化的挖掘和运用不够重视，即使吸收了一些传统文化的内容，也大多停留在"机械融合"或"单纯说教"式的灌输层面，没有深入考察传统文化的实质内涵、时代背景、阶级立场等因素，这些都使传统文化在高校思想政治教育中的运用和渗透非但没有达到预期效果，甚至在某种程度上淡化了学生的民族自信心与自豪感，削弱了传统文化在高校思想政治教育中的重要应用价值，高校思想政治教育的效果也大打折扣。

另一方面，当前在全球化时代背景下，多元文化交流频繁，并存态势日趋明显，各种价值观论调不可避免地对大学生的生活态度、思想观念产生严重影响。很多学生既没有真正了解外来文化、思想、观念之精髓，又没有深刻领会传统文化思想、观念之精髓，加之对共产主义理想信仰的怀疑，因此，在多元文化的碰撞中，他们的价值观极容易走向偏激或急功近利。在学习上，他们只重视能够谋生课程的学习，而忽视精神层面的储备，对高校思想政治教育课程亦不屑一顾；在生活上，他们更愿意追求物质利益；在精神上，他们则只考虑自己，不考虑集体和他人，缺乏对共产主义的理想与信仰，缺乏对人生目标的冷静思考，缺乏对良好道德品质和人格修养的追求等。以往惯常以说教和灌输为主的高校思想政治教育模式，无法及时对这些问题提出行之有效的解决方法，而传统文化中的优秀精华也因大学生对其的了解与掌握知之甚少而无法在高校思想政治教育中发挥其应有的积极

作用。

要真正发挥中国传统文化在高校思想政治教育过程中的作用，摆脱高校思想政治教育所面临的困境，高校必须要具有高度的文化自觉意识，探索建立传统文化与高校思想政治教育有机融合的最佳机制。

第二节　传统文化蕴含的思想政治教育资源

一、仁——中国传统道德思想的核心内容

"仁"是儒家创始人孔子的核心思想，也是中国传统道德精神的象征。"仁"不但在我国古代社会各个历史时期的各种道德教育中是最基本的也是最高的目标，而且在世俗的道德生活中也是最普遍的德行标准。

（一）"仁"的内涵

仁最早是由孔子提出并将其转化为儒家的一个核心概念的，整个儒家思想体系皆是由"仁"升华而扩展开来的。"两个人"与"一个人"比较，具有根本的区分：一个人，说的是人的个体和自然属性，两个人，就变成了群体和社会属性，所以，"仁"的要求就是个体要服从群体，"小我"要遵从"大我"。一个人，无论你内心世界多么复杂丰富，你都必须要走出来，因为人肯定要和自己之外的其他人交往，而这种交往不是无序、杂乱、随随便便的，要遵守一定的规则，需要克制内心的欲望。个体和群体有时很难协调到一起，千人千面，每个人都有自己丰富的内心世界和个性，而群体社会提出的却是一致性和共同性的要求，这该如何协调呢？要靠仁，即每一个人时刻想着在这个世界上还有其他人，心中要装着别人。

"仁者爱人"是孔子提出的著名论断。在他的理论体系中，"仁"就像是鲧窃取天帝的息壤，可大可小，可伸可缩，变化无穷，适用于一切人生的法则。这个法则就是要有爱人之心、忍人之心。就整个社会来讲，每个人都要担当道义和责任。所以在"仁"的适用上，首先要保证个人的心态，涵养个人内心，以之为出发点，层层扩展，形成中国传统文化中"修身、齐家、治国、平天下"的人格追求。

（二）孔子与"仁"

关于"道"，孔子也有很多的论述，如"君子谋道不谋食""忧道不忧贫"。意即，君子在"谋道"与"谋食"两者之间更看重"谋道"，在获得"道"与摆脱"贫"之间更担心不能获得"道"。又如："朝闻道，夕死可矣。"意即，早上获得了"道"，晚上死了也值得。所谓"道"，即道德，道义。又因为"仁"是孔子的核心思想，因此"仁"也是孔子的"道"的核心内容，孔子所言之"道"首先就是"仁道"。"仁道"就是把"仁"的思想道德化、规范化，并将其作为整个社会的行为规范。换言之，可见"仁道"就是将"爱人"的思想社会化。

"子贡曰：'如有博施于民而能济众，何如？可谓仁乎？'子曰：'何事于仁？必也圣乎！尧舜其犹病诸。夫仁者，己欲立而立人，己欲达而达人。能近取譬，可谓仁之方也已。'"这段意思是说，子贡问，如果一个人能为广大的百姓作贡献，带来帮助，可以看作是仁者吗？孔子回答，这样的人何止是仁者，简直就是圣人！就连尧舜都很难做到这样。所谓仁者，就是自己站立起来，也要帮助别人站立起来，自己过得好，也要帮助别人过得好。推己及人，可以说是仁义之法。由此可见，孔子已经将血亲关系之"仁"推及他人，推及整个社会，将其社会化了，也就是说孔子已经将"爱亲""事亲""亲亲"之"仁"扩展为"博施于民而能济众"之"仁"。换言之，关爱他人与关爱社会之"仁道"也是"仁"的重要内容。到此，孔子之"仁"的精神已经突破了最初的血亲关系而变为普遍的仁道主义精神。

以孔子为代表的儒家的这种"仁道"主义精神，是整个中华民族共同的文化精神资源，是产生了巨大影响的思想体系，是整个人类社会思想文化精神宝库的重要组成部分，至今仍对中华民族的思想文化及行为模式起着重大作用。

（三）孟子与"仁"

孟子将"不忍之心""恻隐之心"视作"仁"之端，也即"仁"产生的基础。首先，孟子从性善论的角度出发，认为"恻隐之心"和"不忍之心"是人与生俱来的、生而固有的，二者都是对他人在特殊境遇下的不幸而产生的同情、哀痛之情。其次，孟子认为将"恻隐之心"扩而充之，即是"仁"。恻隐同情之心是仁的开端，羞耻之心是义的开端，礼让之心是礼的开端，是非之心，是智的开端。一个人有了这四个开端，就如同他的身体有了四肢一样。也就是说，恻隐之心是"仁"的基础，"仁"是恻隐之心发展的结果。每个人都有其不忍心做的事情，只要他能将它扩充到它所忍心的事上，而且他自己停止做他不忍心的事，便是"仁"。孟子将恻隐之心等视为道德的主要内容之一，是人之为人的基本要求。

孟子在恻隐之心的基础上进一步提出了"仁政"的思想，孟子"仁政"的核心是政治方面的重民。他认为："得天下有道：得其民，斯得天下矣；得其民有道：得其心，斯得民矣；得其心有道：所欲与之聚之，所恶勿施尔也。"孟子在总结历代王朝兴废存亡的经验和教训中看到了人民的力量，认为得民心者得天下，因此，孟子将人民放到很高的位置，并强调君王要以民为贵，要对百姓施以"仁政"，并提出"民为贵，社稷次之，君为轻"的朴素的民本主义观点。

（四）墨子与仁

墨子从人和人之间相互尊重和功利原则的角度出发，提出了"兼相爱、交相利"的重要思想。他认为人和人之间的一切矛盾、纠纷、祸乱，都是由"亏人而自利"的利己思想所引起的，即是由"不相爱"所引起的，因此，人应当"爱人若爱其身"。墨子认为，爱人和被人爱，是相互联系的，"爱人者，人必从而爱之，利人者，人必从而利之"。孟子又进一步提出了"仁"就是"人"，就是"人心"的看法。他从"良知""良能"和"人皆有不忍人之心"出发，认为人之所以异于禽兽，就在于人有着与生俱来地对他人的同情、怜悯、关心和慈爱之心。孟子强调"老吾老以及人之老，幼吾幼以及人之幼"，认为在人和人的相处中，应当推己及人，推恩及人。

孔子、孟子和墨子有关爱人的思想，可以说是中国古代早期的一种人本主义思想，是他们自觉考虑整个人类生存和发展的一种人本主义。他们认为，只要能发挥、扩充这种对人类的同情和慈爱，就可以使家庭和睦，使整个社会获得更加和谐的发展。

几千年来，中国人始终与人为善，推己及人，与他人建立了和谐友爱的人际关系；始终互相交融，同舟共济，形成了团结和睦的大家庭；始终亲人善邻，协和万邦，与世界其他民族在平等相待、互相尊重的基础上发展友好合作关系。推崇仁爱原则、崇尚和谐、爱好和平，这些都是中华民族的优良传统和高尚品德。

二、"知行合一"

（一）"知行合一"思想的内涵

在宋明理学的语言体系中，"知"主要是指一般意义上的知识，比如书本知识之类；"行"则是指运用知识付诸行动，比如举手投足之类。按照这一语言规定，知行关系可以表述为先后关系，也就是说，知识的获得是行为得以可能的前提条件。而王阳明"知行合一"思想所体现的"知"与"行"主要指伦理学意义上的概念，是针对宋明理学，特别是朱熹的"知先行后"说而提出的。

具体说来，在王阳明"知行合一"体系中，"知"是"良知"，主要是指德性之知，"行"是"致良知"，主要是指道德践履，"合"是"复"的意思，"一"就是"良知"或"天理"。表面看来，"知"与"一"的意义似乎相同，其实不然，王阳明讲"良知"是分"体"与"用"两个方面的。在王阳明看来，知和行是一体的，"知行"密不可分，"知行"即是"良知"的发用流行，也就是"良知"之"用"；而"知行合一"终归于"良知"之"体"，即是"良知"的体用合一。

简单地说，"知行合一"提出的目的是反对空谈，强调在习行中学习、修养的重要性，所以"知行合一"也就有了两层含义：一是补偏救弊的知行合一；二来本来如是的知行合一，或知行本来的体段。

（二）"知行合一"思想的德育价值

王阳明倾其大半生著书立馆、开课授业，不但力倡"知行合一"，而且在长期教育实践中都躬行"致良知"的德育目标、尊重学生主体个性的德育原则以及"学贵得于心"的德育标准，注重"立志"教育，突出"事上磨炼"，摆正道德教育与知识教育的关系，重视环境育人功能和教师"言传身教"的德育方法，确实为当时社会培养了一大批品学兼优的人才。从这个层面上来讲，王阳明"知行合一"思想的融入确实为当时的教育，特别是道德教育注入了新鲜血液，进一步丰富了中国古代传统德育理论，具有重要的德育价值。

1. "践履道德"的德育观念

在现实生活中，王阳明发现，知识的积累与道德修养的提升并不成正比，那些饱读四书五经、口诵圣贤之书的人行为更龌龊。强烈的反差使他认识到道德上的觉悟不在于增加知识，而在于消除胸中渣滓，因此应该专门性地开展道德教育，而不能用知识教育代替，因为仅凭知识登上高位的有才无德之人造成的社会危害还可能更大。

首先，他认为"知而不行，只是未知"，反对以知为行、以知代行。只要晓得，如何要记得？要晓得，已是落第二义了，只要明得自家本体。若徒要记得，便不晓得；若徒要晓得，便明不得自家的本程。王阳明认为，读书分这三过程：记得、晓得、明得，这是逐步深入的过程。光能背诵、能理解文意还算不上知，须对事物本身有体验，才是完整的知。其次，主张知外无行，知而必行。只有知了即行，才能知得真切。最后，他强调不行不知，行而后知。认为人们需要在事上磨炼，在实践中学习。

"践履道德"与王阳明所说的"事上磨炼"一样，其实就是"躬行"的原则。辩证唯物主义认为，实践是检验真理的唯一标准，实践是认识的唯一目标。只有通过实践才能获取知识、检验知识，只有经过勤学苦练的实践才能获得运用知识的能力。从这个层面上来说，"践履道德"的德育原则具有一定的科学性和合理性。

2. 生动活泼的教育方法

（1）学思结合，注重自省

学思结合是中国传统道德教育的基本方法。儒家创始人孔子在对其弟子进行教育的过程中就特别强调要学思并举：一个人要想真正做到"仁"，空有"为仁"的动机，而不努力去学习道德知识或疏于此种学习，就不可能真正实现目标。在重视学习到的知识的同时，中国传统文化中还特别重视道德思维的训练，注重学与思的结合。值得一提的是，中国传统思想道德教育中"学与思相统一"的基础是人自身的道德品质。在这种情况下，无论是"学"，还是"思"，都具有自我反省的性质。"自我反省"是中国传统道德教育的一种重要方法，也是人们提高道德修养的主要方式。

（2）身体力行，强调"躬行"

身体力行是中国传统思想道德教育的又一要求。在中国传统文化中，作为其核心的儒家道德思想就表现出了强烈的理性实践精神。这种实践精神具体到道德教育的方法上，便是人们对于道德实践的分外重视、突出强调。我们知道，孔子的教育思想，是以"仁"为基础，以德为本位的。在道德教育过程中，孔子认为行是德的表现，是衡量一个人品德好坏的标准，强调行重于言，言行一致。为此，他要求学生在接受道德理论教育以形成特定道德认知的同时，必须注重"躬行"，并且以"听其言而观其行"作为考核标准，他主张，品德修养必须先从自身做起，树立远大理想，能言必行、行必果，为人必须忠诚老实，不上浮夸。他还要求人们既要尊重自己，又要尊重别人。

（3）追求慎独，提升境界

追求"慎独"是中国传统道德教育的基本方法，也是以儒家文化为核心的中国传统文化中道德修养的最高境界。

在中国传统道德教育实践中，无论是学思结合、向内用功，还是身体力行、向外拓展，其最终所追求的目标都是"慎独"之理想的道德境界。"慎独"一词，最早见于《中庸》："道也者，不可须臾离也，可离非道也。是故君子戒慎乎其所不睹，恐惧乎其所不闻。莫现乎隐，莫显乎微，故君子慎其独也。"在这里，"慎其独"指的是人们在独居自处的时候，即使其所在的地方是别人眼睛看不到、耳朵听不出的幽暗之处，也应怀着畏惧的心理而谨慎检点，自觉地严于律己，以防止自己产生有悖道德的欲念，发生不检点的行为。"慎独"作为强化道德修养的基本方法，其实质是一种更高层面的自我反省和行为自律。

(三) 尊重教育对象的德育原则

正因为在"知行合一"过程中，知（意识）的自觉能动性起着重要作用，所以王阳明一再强调"知是行的主意"，反映在德育理念中就是指以人为本的教育思想，这在"知行合一"思想中有很好的体现。他强调应以提高人的基本素质为教育的主题，重视人品与道德的培养，一定要使学生成为具有完善的圣贤型人格的才学之士。王阳明把学生当作教育的主人，当作有独特心灵的生命个体，认为每个学生都有自己的爱好、性格、特长，有自己的成长轨迹，道德教育必须基于个体特征进行。

此外，王阳明在教学上也非常注重对人性的观照，主张"必使其趋向鼓舞，中心喜悦"，以达到"自然日长月化"。可以说，王阳明这种以人为本、尊重学生主体性的德育模式，促进了学生主体个性的发展，也为整齐划一、沉闷已久的德育领域注入了一剂空气清新剂，这在当时师道甚严的社会里是难能可贵的。

三、爱国思想

两千多年前的《诗经》就已经提出"夙夜在公"的道德要求，认为日夜为公家办事，是一种高尚的道德品质。《诗经·周官》中，也提出"以公灭私，民其允怀"的要求，认为从事政治公职，应当以公正、公平的思想，灭除自己的私欲，这样老百姓就可以信任而归附了。西汉初年的政治思想家贾谊在他的《治安策》中提出"国而忘家，公而忘私"，强调国家、民族的利益，强调一种为整体而尽忠、献身的精神。宋代和明代的理学家们，都特别强调"义利之辩"和"理欲之辩"，主张以"公义"灭"私利"，以"天理"灭"人欲"，剔除其为封建统治服务的消极因素，可以看出，其中渗透着一种为国家、为民族的公利而应当牺牲个人私欲的强烈要求。

正是在这一整体精神的影响下，孟子提出了"富贵不能淫，贫贱不能移，威武不能屈"的为集体献身的大丈夫精神；宋代的范仲淹也提出了"先天下之忧而忧，后天下之乐而乐"的高尚境界和崇高的道德要求；清代思想家顾炎武提出了"天下兴亡，匹夫有责"的思想；林则徐写出了"苟利国家生死以，岂因祸福避趋之"的诗句，这些思想都显示了强烈的为国家、为民族、为集体的献身精神。

在个人对他人、对社会、对群体的关系上，从国家利益和整体利益的原则出发，儒家传统伦理认为在"义"和"利"，即道德原则和个人私利发生矛盾时，应当"义以为上""先义后利"，认为在有利可得的情况下，应当考虑这种利益是否违背道德原则，即"见得思义"和"见利思义"，主张"义然后取""不义而富且贵，于我如浮云"，反对"重利轻义"和"见利忘义"的思想行为。一般来说，中国传统伦理道德中所说的"义"，主要是指整体利益，而"利"则主要是指个人的私利。"先义后利"的思想，不但在中华民族的长期发展中发挥着积极的作用，同样对提高我国现实的道德水平仍有积极作用。

第三节 传统文化融入高校思想政治教育的有效路径

一、融合困境分析

（一）对传统文化与思想政治教学关系认识的偏差

1. 高校重专业而轻思想

由于受市场经济的影响，部分高校在培养人才的过程中急功近利，在课程设置中更重视专业技能的培养，而对中国传统文化的教育内容却很少。虽然有些高校也开设了"大学语文""中国传统文化概论"等选修课，但缺乏对传统文化课的重视。因为，传统文化教育的效果是长期的、隐性的，而且无法带来实际的眼前利益，所以很多高校认为传统文化的教育并不重要，无论是从制度上来看，还是从课程设置上来看，都对传统文化的教育和宣传不够重视，这使和传统文化密切相关的道德观、价值观等的教育也都受到了极大的冲击和挑战，最后出现了重智不重德、重专业不重思想的结果。

2. 高校思想政治教学重政治而轻文化

我国高校思想政治理论课教学长期以来一直存在结构上的偏失，课程内容以政治理论为主，但缺少文化，尤其是中国传统文化内容，导致高校思想政治理论课教学只有政治而没有文化。当前，忽视文化的现状虽然有所改变，传统文化也开始回归校园，但高校思想政治教育的整体方向依然是重政治而轻文化。随着市场经济的改革和发展、西方文化思潮的引进，高校思想政治教育也面临着考验：一方面，有利于开阔大学生的学术视野，也有助于大学生进行中西文化的比较、交流和借鉴；但另一方面，西方文化的引进又在一定程度上影响着大学生的政治态度、价值观念和道德意识，导致一些大学生对主流思想文化态度冷漠，对高校思想政治理论课的排斥。

（二）高校大学生的传统文化意识状况不容乐观

1. 大学生对传统美德继承、弘扬不够

中华传统美德是先祖留给我们的宝贵历史遗产和财富，然而当前相当一部分大学生并未意识到这些遗产的重要性。

一些大学生存在过分强调以个人为主中心，社会、集体靠边站的意识；在处理物质和精神的关系上，过分关注眼前，忽视远大理想和目标，不少大学生的人生追求目标就是实现较高经济收入和安稳生活，重物质、求实惠、轻精神，其社会责任感也因此而淡化，甚至还可能陷入极端个人主义的泥淖；在索取与奉献关系上，从不认为个人贡献应与索取相等价或大于索取，一味地强调索取，忽视奉献。还有部分大学生的价值观发生了扭曲，在价值取向上表现出急功近利、敬业意识薄弱、理想追求功利化；思想消极，缺乏对事业献身和对集体奉献的精神。

在一些大学生中还存在"信义失范"的现象。他们缺乏诚信意识，经常做一些失信行为,如考试作弊、论文抄袭、银行助学贷款不还等,这些都与"明礼诚信"的传统美德相违背,更让人担忧的是,很多大学生并未真正认识到这些问题对个人发展的不利影响,反而认为这种现象很正常,并没有什么不妥。此外,当前很多大学生在尊敬师长、孝敬父母方面做得也很不到位,把师道和孝道这两个传统美德抛到九霄云外,经常和老师、父母发生冲突,但就是意识不到自身的不足,很多时候,他们认为起冲突的责任在于老师和父母。

2. 大学生对传统文化的价值认识不足

20 世纪 90 年代以来,有些外国人对于中国传统文化的研究已经达到了相当的水平,甚至超过大部分中国人,中国传统文化典籍在国内已成为一种文化装饰,无人问津,而在日、韩等亚洲国家和一些西方国家掀起了学习和研究中国传统文化的热潮。自尊心极强的中国人突然意识到自己不能置身事外,因此渐渐地开始回过头来重新研究被我们遗忘的传统文化。

当前,无数年轻时尚男女在享受改革开放带来的物质成果的同时,却与我们优秀的传统渐行渐远,他们被所谓的"西化"思想观念所影响。然而他们对西方文化又了解多少呢?我们不难发现,大多数年轻人对于"西化"的了解只是商业带来的、带有炒作的一些表象。而他们对于中国传统文化的精髓与智慧带给我们的潜在的价值又能体会多少呢?通过网络调查发现,现在很多大学生忽视了传统文化的潜在价值,他们的价值取向越来越单一,越来越多的大学生把经济利益放在了首位,他们心中的偶像已不是历史上作出卓越贡献的伟大人物,而是现代商业大亨和影视明星;科学家、教师、医生已不是他们的理想职业,反而能挣大钱的职业成为他们心中的理想。这些问题的出现已经不再是一个简单的社会事实,它凸显的是中国当今文化走势,这一走势严重偏离了中国特色社会主义文化建设的方向。从传统文化的角度来讲,中国传统文化是维系中华民族的灵魂所在,它造就了中华民族的民族之魂。中国传统文化长期形成的巨大凝聚力和永恒的魅力,对于今天我国的社会主义现代化建设仍将发挥重要作用。

(三)思想政治教师的传统文化功底欠缺

中国传统文化与思想政治教育的融合研究要求思想政治教师必须要在中国传统文化和思想政治教育这两个领域均有一定的学术功底,并且具有这两种甚至多种学科交叉渗透、综合研究能力。然而遗憾的是,我国大部分的思想政治教师均无法满足这一要求,他们的专业知识结构相对单一,学科的综合交叉渗透研究能力相对薄弱。目前,我国高校思想政治教育师资队伍的主体是马克思主义理论专业的教师,尤其是从事思想政治理论课教学工作的教师,这些教师大多是专门从事马克思主义理论与思想政治教育理论的教学与研究的,他们大多对中国传统文化兴趣不足、重视程度不够。其专业知识结构相对单一,偏重于马克思主义理论和思想政治教育理论,中国传统文化底蕴不足,学术功底相对薄弱,无法有效地运用中国传统文化中优秀的思想政治教育资源,并将其有效地传输给学生;而其中少数中国传统文化功底比较深厚的教师,则主要是专门从事中国传统文化研究的学者与专家,其思想政治教育理论与马克思主义理论学术功底又相对薄弱,在中国传统文化与思想政治教育如何有机融合方面也缺乏相应的综合研究能力。因此可以说,目前我国高校思想政治教育界严重缺乏相关方向的、具有较高专业综合素质,并能将中国传统文化有效地传授给学生的教师，这直接导致中国传统文化与思想政治教育的融合教学与科研任务难以很好地完成，也严重制约了思想政治教育的创新发展。

（四）思想政治教育的培养目标以及教学模式、方法、内容等单一片面

首先，从培养目标以及价值定位来看，虽然我国的思想政治教育根本目的是提高人的思想道德素质，促进人的全面自由以及自主发展，激励人们为建设中国特色社会主义、最终实现共产主义而奋斗。长期以来，我国高校的思想政治教育实践往往片面强调其思想政治的教育功能，而忽视、弱化了其思想道德的教育功能：思想政治教育政治色彩明显，政治功利趋向性明显；同时，在价值取向上往往强调"社会本位"和"无私奉献"，忽视人的自由全面发展，而高校的思想政治教育则严重缺乏理性精神与人文情怀。

其次，从教学模式上来看，长期以来，我国高校的思想政治教育在课堂教学中都是采取以教师为主导的教学模式，主要体现为：片面强调教师作为教育者的权威，注重对学生外在的约束管理，忽视了学生的主体地位；忽视了学生的个体差异，在思想政治教育的教学过程中，习惯于用统一化的目标和标准来要求和评价学生；忽视学生的情感需求，在思想政治教育引导方面缺乏对学生交互式的引导导；等等。

再次，从教学方法上来看，长期以来，我国高校的思想政治教育侧重单一的理论灌输方式，教学方法僵化，很少从人性化的角度出发去关心学生的内在需要、引导学生的自我发展，而更多是从约束性出发，以说教为主，强调学生的无条件服从，缺乏用灵活多变的渗透性的方法来开展思想政治教育。

最后，从教学内容上来看，在高校的思想政治教育实践中教育目标发生了偏离——重意识形态教育而轻思想道德教育。另外，高校思想政治理论课教材的内容陈旧单调，没能与我国社会发展过程中出现的新矛盾、新问题以及大学生关注的现实生活中的热点问题和敏感问题相结合，这样就不能从根本上解决学生思想上的一些困惑，难以满足学生的需要，难以提起学生的兴趣，难以引起学生的共鸣。

二、融合有效路径总结

（一）全面部署优秀传统文化与思想政治教育相融合的基础工作

中华优秀传统文化是中华民族历史和发展的积淀，传承民族文化、延续民族精神是国家和政府发挥文化职能的重要体现。国家是中华优秀传统文化与大学生思想政治教育相融合的主要倡导者和组织者。国家不仅具有宣传中华优秀传统文化的责任，还具有宣传中华优秀传统文化的组织机构和人力财力的优势，这些都有利于进行中华优秀传统文化与大学生思想政治教育的融合。

1. 大力加强中华优秀传统文化的宣传工作

中华优秀传统文化的宣传工作是进行中华优秀传统文化与大学生思想政治教育相融合的重要环节。大力进行中华优秀传统文化的宣传可以使大学生树立保护和传承中华优秀传统文化的意识，为此，国家应该运用多种手段进行中华优秀传统文化的宣传。

首先，完善相关立法。可以使中华优秀传统文化的宣传有据、有理、有利、有节，例如：完善文物保护制度，实施节日立法活动，制定非物质文化遗产申报制度等。通过这些

立法活动可以使包括大学生在内的全体人民都树立中华优秀传统文化保护的意识，同时，对大学生灌输保护文物的法制思想，就能让大学生形成保护文化遗产的意识。

其次，运用多种新闻媒介进行宣传。在当今时代，信息传播的速度和方式都发生了深刻的变化，人们获取信息的渠道变得多元化，获取的信息量也在不断攀升，中华优秀传统文化迎来了快速传播的新契机。国家应该把握信息传播的主动权，运用新媒体、自媒体等媒介对中华优秀传统文化进行宣传，力求实现中华优秀传统文化传播的全覆盖。同时，加强网络监控，对于曲解中华优秀传统文化的观点和文章及时进行纠正，以防这些错误的观点让大学生对中华优秀传统文化产生误解。

国家必须站在全民族利益的角度进行中华优秀传统文化的宣传，这就要求国家要在宣传的内容、方式，和宣传的效果方面进行努力。

2. 组织力量加强中华优秀传统文化的研究工作

中华优秀传统文化的组成形式是多样的，不仅包括文物古迹，而且还包括无形的文化遗产。对于有形的中华优秀传统文化，我们要加大发掘和保护力度，运用法律的强制性来保护中华优秀传统文化，特别是在打击文物盗窃、走私等方面，必须手段严厉。中华优秀传统文化研究者要加强研究，特别是要对中华优秀传统文化的核心、组成形式、内容以及传承方式进行研究，充分发挥其在中华优秀传统文化与大学生思想政治教育相融合研究方面的优势。在加强对中华优秀传统文化各领域研究的同时，还要注重不同领域之间的交流与合作，实现互动互生，协同创新，这样传统文化才能以文化体系的方式呈现，高校思想政治教育者在运用中国传统文化资源时也能更好把握。

此外，要对已经或者即将失传的传统艺术进行发掘性保护，让传统手工业与现代工业相结合，使之能够与现代社会的审美、价值观念等相融合，进而体现出它的时代价值、审美价值。

3. 加强中华优秀传统文化教师队伍建设

教师在中华优秀传统文化与大学生思想政治教育相融合中发挥着主导作用，教师队伍的数量和质量都关系着教育的效果。

教师的数量是一个动态变化的数据，教师数量过少难以与学生的数量相适应，教师数量过多则会造成人力资源和国家财政的浪费。在教师的分配上，国家需要在经过充分调研的基础上，对身处经济发展水平不同的地区、不同实力的大学的教师进行合理规划。要实事求是地配置教师数量，保证进行中华优秀传统文化与大学生思想政治教育相融合的工作在人力资源上得到保障。

教师水平的高低直接影响着教学效果，具有高素质、高能力的教师不仅能够带来精彩的课程，而且还能够以身作则，对学生起到榜样示范的作用。在教师的培养上，应坚持"以老带新"和区域协调，不仅要做好相关人员的培训，而且还要做好新老人员的交替以及年轻教师的储备工作，也就是要为中华优秀传统文化与大学生思想政治教育的融合储备足够的师资力量。所以，这都需要国家跨区域、跨部门、跨学校的协调。

（二）明确高校在优秀传统文化与思想政治教育融合工作中的主体地位

高校是教育教学的第一线，在实际教学活动中具有重要地位，因此，高校搞好中华优秀传统文化与大学生思想政治教育的融合工作，对大学生正确思想的形成具有十分重要的意义。

高校进行中华优秀传统文化与大学生思想政治教育相融合的工作具有明显的优势，但是也面临着一些挑战，如：如何贯彻教育部门下达的传统教学任务，如何处理中华优秀传统文化与校风之间的关系，如何安排中华优秀传统文化的相关课程，等等。要解决这些问题，高校必须要从实际出发，实事求是地开展中华优秀传统文化与大学生思想政治教育相融合的工作。

1. 完善课程设置

课程的设置是一个系统工程。高校不仅要处理好人员配备、教学场所等问题，还要处理好中华优秀传统文化相关课程与现有课程、现有课程数量的关系。处理好这一系列问题对促进教学任务的完成具有重大推动作用，反之，则会给学生和教师带来很大的负担，不利于中华优秀传统文化与大学生思想政治教育的融合，这就需要高校考虑两方面的内容：教材的选用和课程的数目。

中华优秀传统文化课程设置要充分考虑课程的内容，避免重复内容的出现，力求在内容上精简。选用的教材要做到经典易懂，难易适中，符合大学生的阅历和能力层次。运用的教材既要有教师可讲之处，也要有学生自学的知识点。在创新课程设置方面，要突破传统的单向选择，将教师选派与学生选修结合起来，将必修课程与选修课程结合起来，充分利用学生和教师的时间。

2. 创新评估机制

评估机制是对教育教学效果的评价，评估能反映大学生的学习效果和教师的教学效果，对教师的教学具有重要的指导作用。

一个良好的教育评估机制有利于教学的顺利进行，而不切实际的教学评估机制则会误导教师的教学活动。高校要充分利用中华优秀传统文化在当今大学生中已产生的有益反响，有针对性地制定教育评估机制，使它既符合大学生思想政治教育教学规律，又能促进中华优秀传统文化与思想政治教育的融合。在评估时，不仅要考虑学生的成绩，还要考评学生在平时是否践行了中华优秀传统文化。

评估机制的创新需要在教学实践中进行。也就是说，创新教育评估机制，不仅要考虑教师的实际，而且还要充分考虑学生的实际情况。

在评估的具体标准上要明确划分效能指标和素质指标。现行的评估机制注重效能指标，轻视或忽略素质指标，在制订新的标准时要注重向素质指标倾斜，增加素质指标的比重。在评估的过程中，要将定性评估与定量评估、静态评估与动态评估、个人评估和综合评估结合起来，实现在综合评价中反映中华优秀传统文化的教学效果。具体地讲，就是在考核中华优秀传统文化与大学生思想政治教育相融合的效果时，不应该单纯地以学生的卷面成绩为指标，而应该以学生的实际接受程度和践行效果为指标，也就是要把学生成绩和实际践行结合起来。

在制定评估机制时，既要深入到课堂一线，听取广大教师和学生的意见，也要结合中华优秀传统文化所宣扬的内容是否对该高校的大学生能产生有益的影响，进而制定评估机制。总之，创新教育评估机制对中华优秀传统文化与大学生思想政治教育的融合具有重要的意义，但是创新教育评估机制是一个长期的、系统的工程，因此，高校要坚持实事求是的作风，一切从实际出发，联合多方力量协调进行。

3. 优化校园环境，奠定中华优秀传统文化氛围

校园环境是高校特意营造出的培养人的环境。校园环境是影响中华优秀传统文化与大学生思想政治教育相融合的重要因素之一，它不仅能够给学生提供良好的文化氛围，还能在潜移默化中培养学生的中华优秀传统文化素养。

校园环境包括两个方面：第一是硬件环境，如学校的建筑、教学设施等；第二是软件环境，如校风、学风、教风、考风等。学生成长在一个具有中华优秀传统文化氛围的校园环境中就会不自觉地受到中华优秀传统文化的熏陶，进而自觉地在日常学习与生活中学习中华优秀传统文化。因此，高校必须优化校园环境，使之能够为中华优秀传统文化与大学生思想政治教育的融合奠定良好的文化氛围。

优化校园环境必须从整体上进行考虑，统筹规划。首先，深挖学校的历史文化。对学校的历史进行梳理和总结，同时在全校范围内进行宣传，营造学校悠久的历史文化氛围。其次，对学校的建筑进行重命名。学校有教学楼、宿舍、图书馆、体育馆等诸多建筑，分别赋予这些建筑蕴含中华优秀传统文化的名字，并且对命名缘由进行解释说明，使每个学生在了解学校建筑的同时也接受中华优秀传统文化的熏陶。

（三）营造优秀传统文化与思想政治教育相融合的良好社会氛围

社会是大学生的第二课堂，特别是社会舆论对中华优秀传统文化与大学生思想政治教育相融合具有加强和削弱的作用，良好的社会环境对中华优秀传统文化与大学生思想政治教育的融合工作起到促进作用，反之则会起到阻碍作用。近年来，社会上兴起的国学热促进了中华优秀传统文化与大学生思想政治教育的融合发展，但是也应该看到，社会上趁机兴起的封建迷信活动则对中华优秀传统文化与大学生思想政治教育的融合产生了消极影响。因此，社会必须优化舆论环境，自觉担负起自己应有的职责。

1. 积极培育良好的社会环境

良好社会环境的培育需要全体社会成员的全方位配合，这就要求全体社会成员必须要树立继承和发扬中华民族优良传统的意识。社会成员不仅要保护物质文化遗产，而且还要保护非物质文化遗产。对于物质文化遗产的保护，要在全社会形成"保护文物，人人有责"的意识，鼓励社会成员从小事做起，保护文物古迹的环境，不乱扔垃圾，不乱写乱画。对于非物质文化遗产，要使社会成员要形成"传承文化，人人有责"的意识，让其学习传统工艺，加强对传统民族歌曲、舞蹈的保护，等等。可以将民族的传统工艺与市场经济相结合，一方面，可以以市场运作的方式对传统工艺进行发掘性保护，另一方面，还能实现中国传统工艺在市场经济时代的价值。除了把中华优秀传统文化所倡导的爱国主义精神等通过影视作品展现出来之外，社会的相关组织还要积极开展传统民歌竞赛、舞蹈比赛、剪纸大赛等活动，从而使社会成员深刻感受到中华优秀传统文化的魅力。

总之，就是要在全社会形成良好的中华优秀传统文化传承的氛围，使大学生能够感受到中华优秀传统文化的良好发展前景和市场价值，以此来激发其学习中华优秀传统文化的积极性。

2. 传递中华优秀传统文化正能量

在一定的视觉、听觉范围内，正确的、积极的东西接触得多了，大学生就会对非理性、伪科学的东西产生免疫力。所以，高校要在全社会传递中华优秀传统文化的正能量。

要在社会上树立践行中华优秀传统文化的典型，在全社会掀起学习典型的活动，以高尚的精神塑造人，如：积极宣传诚实守信、自强不息、尊老爱幼等优良传统美德的典型。在树立典型、学习典型的同时，还要正视社会上的封建迷信行为，要有能力将中华优秀传统文化与封建迷信活动区分开来。要以中华优秀的传统文化教育人，以封建迷信活动的危害警戒人。

在网络和智能化时代，信息的传播速度非常快，因此，高校必须要加强对网络的管控，特别是对自媒体的管控，如对微博、微信、QQ等的监管，高校通过净化网络环境，可以为中华优秀传统文化与大学生思想政治教育的融合提供服务。

第四节　区域传统文化与高校思想政治教育的契合点
——以山西省为例

一、山西区域传统文化与高校思想政治教育的契合之处

山西优秀的地域文化是山西人从各种历史实践中形成的经验，即精神财富。在数千年的发展历史中，山西文化一直贯穿古今，是山西历史发展的必然结果。山西地域文化更是结合社会发展需要，符合山西时代发展要求的。山西地域文化主要体现在"三大资源""四大精神""五大传统文化"及亘古至今的优良家风家训家规上。

"三大资源"指的是宣扬"慈悲、仁爱"的佛教文化资源，体现爱国、民主、拼搏奋斗的丰富红色文化资源，以及亘古至今的文艺资源。山西有繁荣昌盛的佛教文化资源：云冈石窟、五台山、太原晋祠、双塔寺等都是重要的佛教文化遗址，教育人们要慈悲为怀、有博爱仁厚的胸襟。这与思想政治教育中的道德教育内容密切相关，通过了解这些佛教文化，人们可以进一步感受道德的内涵。

山西是新民主主义革命时期华北敌后抗战的中心。山西儿女在党的领导下，进行了顽强的革命斗争，形成了宝贵的红色文化资源。山西籍抗日英雄刘胡兰、徐向前、王二小、邱少云等，武乡八路军总部旧址、平型关大捷纪念馆、八路军太行纪念馆、百团大战纪念馆等红色遗址及发生在这片土壤上的革命故事，都传承着爱国主义精神。思想政治教育包括爱国主义教育，而这些内容都可以成为思想政治教育的"座上宾"。

山西文艺资源丰富，古有山西籍文化巨人，如王维、柳宗元、荀子、王勃、元好问、陈廷敬等，今有以赵树理为代表，包括西戎、孙谦、马烽、刘江、胡正、束为、韩文洲等作家在内的"山药蛋派"和"黄河艺术"流派，他们创作了大量影响深远、脍炙人口的文艺作品，如话剧《立秋》、短篇小说《小二黑结婚》、长篇小说《刘胡兰传》、长篇小说《三里湾》等，还有各种摄影作品、书画作品等，这些作品都反映了山西人民淳朴、善良、务实、勤业等文化精神特点，这正是现代大学生需要学习的内容，是思想政治教育应该吸纳的内容，运用这些文化可以增进大学生对山西地域传统文化的认同感，从而更加热情自己的文化，热爱自己的民族。

"四大精神"是指勤奋谨慎、艰苦节约、以义取利、诚实守信、济世救人的晋商精

神；艰苦奋斗、自力更生的大寨精神；执政为民、尊重科学、百折不挠、艰苦奋斗的右玉精神；勇敢顽强、不畏艰难、爱国的太行精神。

享有"海内最富"美誉的晋商在中国商业史上取得了辉煌的成就，晋商精神是山西传统文化的瑰宝。这种精神主要包括坚韧不屈、艰苦创业精神；开拓进取、努力创新精神；诚信、敬业、崇尚荣誉精神；团队合作、同舟共济精神；应变图存、自我调整精神等五个方面。显然，晋商精神是与社会主义核心价值观的"富强、民主、文明、公正、爱国、敬业、诚信、友善"等相融合的，这也是思想政治教育内容的一部分。

位于山西省晋中市昔阳县的大寨自然环境恶劣、人民生活贫困艰苦，但陈永贵和郭凤莲等带头人不畏艰苦，决心改变贫穷落后的状况。百折不挠、自力更生、顽强奋斗的大寨人不分昼夜、十年如一日，改变了穷山恶水的现状，把大寨打造成了社会主义新农村的标杆。大寨精神也与雷锋精神、大庆精神一起成为新中国的时代精神。

在社会主义建设中，山西还产生了右玉精神。右玉自然环境恶劣，德国专家考察时，甚至判定此地不适合人类居住，但是在党的领导下，右玉人民自力更生、踏实劳作，锲而不舍、植树造林，经过多年的不懈治理，终将不毛之地改造为国家级生态示范区。右玉精神的可贵之处在于，始终坚持为人民谋利益、为人民服务的奉献精神。

太行历来是兵家必争之地。抗战时期，太行人民在中国共产党的领导下，奋勇抗战。这种精神正是爱国主义教育的集中体现。

"五大传统文化"包括诚信文化、廉政文化、德孝文化、关公文化和农耕文化。诚信文化的典型代表就是晋商，晋商的辉煌成就离不开诚信经营，影视剧《乔家大院》《走西口》等都为我们展示了晋商的诚信经营之道。

从古至今有不少山西籍耳熟能详的直臣廉吏，如狄仁杰、于成龙、司马光、薛夫子、陈廷敬等，这些廉政官吏勤苦朴素、勤政爱民、廉洁奉公、执法如山、政绩卓越，在国家大力反腐倡廉的倡导下，挖掘这些廉政文化，有助于建设干净的山西政治生态。

孝文化是中国传统文化的核心。山西德孝文化源远流长，运城市盐湖区举办的德孝文化节、德孝文化主题墙都在宣扬山西德孝文化。山西德孝模范不胜枚举，如二十年如一日照顾患病母亲的何玉生、"山西省道德模范"梁香草、十多年用瘦弱身躯扛起家庭重担的王春芳等，这些山西籍德孝人士是思想政治教育应该吸收的内容，都应该是大学生应该学习的典型。

关公的故里是山西运城，他一生忠义仁勇、诚信，是集"忠、信、义、勇"于一身的道德楷模。关公是一种文化，更是一种精神。其待事以忠、待人以仁、以义取利、以勇精进的精神是社会主义核心价值观的体现。

作为华夏农耕文化的发祥地，中国农业上的每一点进步都在山西有迹可循：二十四节气形成于山西；旱作农业、粟作农业发源于山西；犁耕、牛耕等先进农具由山西人民创造，辉煌的农耕文化体现了"奋斗、富强、爱劳动"等传统美德。

家风、家规、家训体现着中华民族传统美德和社会主义核心价值观。家风，是指一个家族的传统风尚，是一个家庭的文化表征。家规，是维持和弘扬家风的具体指向，要求每一个成员必须遵守的行为规范。家训，是指对子孙立身处世，持家治业的教诲，是一个家庭的道德标准。山西人才辈出，有不少名门望族，他们的家风家规家训是山西文化精神的重要组成部分，如王氏的"凡语必忠信，凡行必笃敬。饮食必慎节，字画必楷正"，乔氏的"六不准"家规和七大家风，周氏的"德、善、孝、康、智、洁、和、静"等。正是在这些家风家训家规的影响下，山西人民修身立德，才涌现出了一代代德才兼备之人。思想政治教育要培养的大学生也应该是能够修身立德的人才。

二、山西区域传统文化融入高校思想政治教育的价值

（一）有利于培养创造社会价值的高质量人才

山西区域传统文化融入高校思想政治教育当中，有一定的社会价值。

其一，可以大大增强学生对山西区域传统的自信。如当地学生在感受山西地域文化所体现的重要精神价值的基础上，能产生对山西地域的文化自信，从而可以窥见整个中华民族的文化价值。

其二，可以增强民族凝聚力。地域传统文化具有地域性、民族性和亲缘性，地域传统文化是不同的，不同的地域传统文化可以作用于社会经济和政治中，影响社会发展。所以山西区域传统文化融入高校思想政治教育，对于提升大学生对本民族文化的认同感，增强民族凝聚力有很大的作用。

（二）有利于激发学生的精神动力

社会主义现代化建设需要强大的精神动力。吕梁精神、太行精神和右玉精神是山西地域文化的三大精神支柱，他们体现出来的价值蕴含着丰富的思想政治教育资源。如太行精神和吕梁精神中表现出来的英雄主义精神和理想信念教育价值有助于培养学生爱国主义的情怀，右玉精神中的敬畏生命的理念和"功在长远"的实践观激发了学生保护生态环境的热情。除此之外，走向致富之路的山西人民，凭借自力更生与艰苦奋斗的品质打造出来的大寨精神、锡崖沟精神等也都激励着青年大学生向美好生活奋勇前进。

（三）培育学生爱国主义的理想信念

当今时代，国际环境错综复杂，我国仍面临着来自外部巨大的挑战和威胁，在此情势下，大学生作为有思想、有活力的青年群体，一定要具有坚定的爱国主义信仰、强烈的爱国主义情感。

思想政治教育的重要任务，就是要培养青年的爱国情感、爱国思想与爱国信念。为了更深层次地培养大学生的爱国意识，让他们深刻领悟爱国主义的理想信念，有些学校将蕴含爱国主义情怀的革命文化融入高校思想政治教育当中，如西安电子科技大学通过讲述革命时代的办学历史，让思想政治课程变得栩栩如生。在山西，吕梁精神、太行精神等都是山西革命文化中的瑰宝，我们应该充分利用起来，将他们的精神内涵融入高校思想政治教育当中，培养大学生的爱国主义理想信念。

第一，山西地域革命文化融入高校思想政治教育当中有利于大学生拥有崇尚、捍卫和学习英雄的情怀，争做时代的英雄。青年大学生作为社会主义事业的建设者和接班人，有着不可推卸的社会责任，基础的责任便是爱国，所以拥有崇尚、捍卫和学习英雄的情怀对于大学生做新时代的英雄，为这个社会作出更多的贡献有着举足轻重的作用。如太行精神不仅是山西革命文化的骄傲，更是中国民族精神的骄傲，太行军民用鲜血和生命谱写的革

命精神流传千古。将太行精神中的不怕牺牲、敢于胜利、英勇奋斗、无私奉献的精神实质融入高校思想政治教育，可以让学生心怀对革命英雄的敬仰与崇拜，在日常生活中增强责任意识。

第二，山西地域革命文化融入高校思想政治教育有利于大学生提高自身的政治素养，培养大学生正确的政治意识。在革命时代，山西人民谱写了气壮山河的爱国主义英雄壮歌，将这些故事融入高校思想政治教育，有利于端正受教育者的政治态度、坚定其政治立场，使其充分、正确认识中国共产党的执政地位，形成拥护中国共产党、热爱新时代中国特色社会主义的政治意识。

第三，山西地域革命文化融入高校思想政治教育有利于大学生理想教育转化为理想实践，督促其为实现共产主义远大理想而奋斗。理想信念不仅仅是一个思想认识问题，更是一个实践问题。思想政治教育的最终任务是要把学生的爱国情感和信念转化到他们真实的生活与工作中去，使他们形成为祖国和人民美好生活而奋斗的态度和能力，为推进我国社会主义现代化而作出自己的贡献。漫长的征途需要一步一步地走，崇高理想的实现需要一点一滴地奋斗，对理想信念的追求、对人生价值的实现不是停留在豪迈的口号上，而是体现在爱岗敬业的实际工作中，为理想而献身，是人生的最高境界，也是实现理想的重要条件。作为中华重要精神文明的山西革命文化现在并没有过时，它的爱国主义精神、英雄主义情怀、不怕牺牲、艰苦奋斗的精神仍然激励着我们社会主义事业的建设者和接班人——青年大学生。大学生应继承和发扬山西地域的革命精神，共同肩负起实现光明未来的远大理想。

第十二章　高校思想政治教育与创新创业教育融合

随着我国发展战略转型以及创新型国家建设的进一步深入，高等教育的改革发展尤其不能落后，培养创新创业型的高素质人才已经成为我国高等教育的重要目标和重要内容。而高校创新创业教育的受体为大学生，其由于年龄、阅历等方面的限制，在思想、能力等方面都有待提高，因此，思想政治教育在创新创业教育中的重要作用不容忽视，研究二者的融合具有十分重要的意义。

第一节　新时代高校创新创业教育概述

一、创新教育与创业教育

（一）创新教育

教育具有选择、传承和创新文化的功能，教育的根本使命在于不断地创造和创新。对创新教育进行概念界定，既需要深入理解创新教育的内涵，又需要深切观照创新教育发展的历史进程以及现有的热点问题，还需要考虑到创新教育未来的发展和演化趋势。

创新教育的定义可以分为广义和狭义两种：狭义的创新教育仅指以培养创新人才为目标的教育活动；广义的创新教育是指不同于传统守旧式的填鸭式的教育形式，以提高受教育者的创新能力、培养受教育者的创新素养为目的，使受教育者勇于进取和不断创新的一种新型教育活动。

高校创新教育就是培养受教育者觉察机会、重组知识、解决问题的能力，激发受教育者创造潜能的一系列相关的教育活动。也就是说，凡是以培养受教育者的创新素质、提升受教育者的创新能力为目标的活动皆可称为创新教育。当然，高校作为生产高深知识的学术组织与其他组织具有本质的区别——受教育者不是被动地接受前人的思想和知识，而是站在前人的肩膀上去观察、思考、表达和创造。高校作为培养具有创新精神、创新思维、创新能力等创新人才的摇篮，不仅要使受教育者的意识、精神、理念和实践能力等得到提高，更应该使受教育者自身的创造才智、创造人格和创造品行得以提升。

（二）创业教育

创业教育的概念来源于西方发达国家，20世纪60年代西方学者对创业教育的研究迅速增长，仅仅几年的时间，创业教育已经跻身经济领域的热点研究项目。

基于创业狭义和广义的概念界定，创业教育也有广义和狭义之分。狭义的创业教育意指培养创业者从单纯的求职者转变为岗位创造者过程中，所需要进行的意识、知识、能力、精神及相应实践活动的教育，其中核心两点是"求职者"和"创造新的就业岗位"。狭义创业教育的概念与增收培训联系在一起，旨在为目标人群特别是贫困和弱势人群提供生活急需的技术、技巧和资源，使他们能够自食其力。而广义的创业教育是指培养具有开创性个性的人或人才。在这一概念外延下，创业教育的主体不仅要具备首创思维、创业能力、冒险精神、事业和进取心等相关心理素质，而且要有独立工作能力、相关技术、社会交往和相应管理技能。广义创业教育的核心指向是为受教育者自由灵活、持续终身的学习生活奠定基础。

本章研究的创业教育主要指向广义的创业教育。这就要求高校将创业教育提升到与学术教育、职业教育同等重要的地位，将创业教育融入素质教育过程中，从知识、技能、个性品质等诸多方面出发，对受教育者的创业理念、创业思维、创业精神、创业素养和创业能力等进行培养。创业教育是一种全方位、系统性的教育活动，会使受教育者更好地满足个人发展以及社会需求，更好地提高个人生活质量，促进经济社会全面发展。

（三）创新教育与创业教育的关系

创新教育与创业教育既有区别又有联系。从教育哲学来看，创业是创新的外在表现形式，创新是创业的内在特征。也可以这样理解：创业是在社会、经济、文化、政治领域内开创新的事业、新的企业或者新的岗位，强调的是行动层面的创造；创新是不拘现状、勇于开拓、乐于尝试、善于变化的精神和态度，更多地指向思维层面的创造。

一方面，创新是创业的本质和灵魂。创业是开创自己的事业，在不断变化中创造机会，虽然说与别人比不一定是创新，但与自己比一定是创新。我们经常用"思维敏捷、足智多谋，富有创造力、善于应变"等词语描述创业者的品质，而这些品质的核心就是创新，可以说，创新对创业者而言不再是奢侈品，而是必需品。

另一方面，创业是创新的行动化和形式载体。创新更多是思维层面的推陈出新、锐意进取、勇于尝试，精神和态度勇于开拓、转化的一种创造；创业则关注在行动层面上的，在社会经济、文化、政治等相关领域里开创新事业和开展新业务，从而将实现新商品或新服务的机会确认和挖掘出来，为他人及社会产出新价值与新财富。

创业不是空谈，创新也不是仅仅停留在思想和意识上的创新，而是表现在行动和行为上的创新活动，是创新行为的载体和形式体现。因此，创新与创业密切相关，创新是创业的灵魂、本质和核心，创业是创新的载体和表现形式。

在此基础上，创新教育和创业教育二者是相互依存又相互制约的辩证统一关系，二者统一于素质教育的整体要求之中。创新教育的最终目标是创业教育，创新教育是创业教育的本质和核心。创新教育区别于传统的、僵化的教育模式，重视对个体发展需求的关注，旨在培养受教育者的创新精神和创新能力，它为教育注入了新鲜的活力和动力。创业教育则重视个体价值的具体体现。作为素质教育的核心内容，创新教育要求培养适应国家和社会需求的具有创新意识和创意精神的创新型人才；创业教育是推进素质教育全面实施的突破口，它使创新教育中培养的理念、思维、能力等因素落实到教育实践中去，是应试教育向素质教育转变的必由之路。

总之，创新教育与创业教育是两个不可分离的教育理念，二者的价值取向是一致的，均是对受教育者创新精神与实践能力的培养，尽管两者提出问题的时间先后与角度不同，但都是我国大力推动实施素质教育的核心内容。

二、创新创业教育的内涵

在西方教育界，创业教育的内涵是一个不断演化和发展的过程，创业教育、企业家精神和创业精神都共同使用"entrepreneurship"一词。在我国，长期以来诸多高校主要围绕狭义的创业教育组织开展实践活动，偏重创业技能的培养。伴随着世界高等教育改革的发展趋势，我国学者逐渐将"创新"的理念融入创业教育的过程中，探究创业教育中创新意识、创新精神以及能力的培养，以期满足当下经济发展方式转变、创新型人才缺乏的需求。学术界认为，从受教育者的行为主体，从生存发展的命题，从"知行统一观"的角度着眼，将创新创业教育作为一个完整的范畴研究分析，在理论上是成立的。

创新教育和创业教育都强调"创"，即开创精神，突出创造性地提出问题、分析并解决问题的重要性，共同目标是培养创新创业型人才。创新创业教育指向以培养受教育者的创新精神、创业意识与创新能力为基本价值取向的教育理念与教育模式。创业为"表"，创新为"里"，创新是创业的本质和灵魂，创业是创新的行动化和形式载体。创新创业教育的核心目标并不仅仅是培养学生企业家，更是注重培养具有开创性精神和能力素质，能适应未来社会发展需要的人才。

分析创新创业教育的内涵，找寻并透视认识和实践层面的问题，需要从内涵的本质、内容、指向性和外生性等维度对创新创业教育进行分析。

（一）创新创业教育的本质

从本质上来看，创新创业教育的对象是全体学生，培养创造性思维与创造性人格的素质教育，是高校大学生就业教育的新路径。就目前而言，鼓励高校把创新创业教育与就业教育有机结合，符合我国当前的教育现实情况。"鼓励大学生创新创业是服务于国家转变经济发展方式，建设创新型国家和人力资源强国的迫切需要，是落实以创业带动就业发展战略，促进青年大学生充分就业的重要途径。"[①]

创新创业教育的发展在很大程度上拓展了就业教育的内涵，因此，高校在教育过程中应谨防创新创业教育的片面化，应面向全体学生的素质发展和提升，从而为学生终身可持续发展奠定坚实的基础。针对不同类型的学生进行不同的创新创业教育训练，比如学术型、应用型和技能型的学生的创新性应侧重点不同，但是无论是哪种类型的人才，都需要创新精神和创新能力去武装，只不过不同行业、不同岗位所需要的创新人才的类型和培养

---

① 刘彤，王雪梅，陆薇. 新建本科院校应用型转型与创新创业培养体系研究 [M]. 成都：西南交通大学出版社，2015：10.

的侧重点有所不同罢了。

（二）创新创业教育的具体内容和指向性

在教育现代化的时代背景下，创新创业教育是一项系统的工程。创新创业教育与素质教育的内核要求基本一致，因此，创新创业教育须以知识教育和专业教育作为重要前提。创新精神、创造力必须通过各学科交叉融合的熏陶和潜移默化才能生成和生长。

教育内涵的指向性是人，创新创业教育内涵的指向性亦是如此，其关键在培养受教育者的创新精神以及富有远见、勇于面对挫折的创造性，人格、批判性的创造性思维以及创新能力。这种内涵指向性决定了创新创业教育的渐进性，创新创业教育不是简单的大学生创业实体的数量判断，当然也不是创业项目成功与否的质量评判，而应该是大学生接受创新创业教育所获得的、以创新能力为核心的综合素质提升和职业精神培育的高等教育人才质量判断。

（三）创新创业教育的外生性

创新创业教育的外生性表现为它的开放性和与时俱进。它是一个开放的教育系统，与区域经济社会发展、高校以及学生等各利益相关主体紧密联系在一起，因此，地方高校必须建立多元模式的创新创业教育。

地方高校应该结合自身特点，根据区域经济发展的差异需求而建构多元化、动态发展的创新创业教育模式。

三、创新创业教育的要素

（一）创新创业教育的主体

传统高校创新创业实践多数采用"精英教育"模式，仅仅对参与创新创业竞赛、有兴趣自主创业的少数学生施教，而忽视对在校生的通识性教育。新时代高校应转变传统教育模式，明确创新创业教育主体，开展面向全体学生的"广谱式创新创业教育"，其核心理念是"面向全体学生""结合专业教育""融入人才培养全过程"。

在这一过程中，教师要清楚学生群体之间的个体差异，针对创新创业教育的不同关注点、不同兴趣点、不同经历和成长背景以及不同的创新创业方向，确定"全覆盖""分层次""差异化"相结合的创新创业教育主体。

首先，对于全体学生，开展创新创业通识教育，传授全体学生创新创业知识，培养学生创新创业素养；其次，针对兴趣、经历、成长背景、专业等的个体差异，对学生进行嵌入式创新创业教育；再次，对于有创新创业意愿的学生采用"精英教育"模式，进行专业性创新创业教育；最后，对于开始创业者进行职业化教育技能培训，进行实践型创新创业教育，提高学生创新创业实践能力。

（二）创新创业教育的方式

1. 融创新创业教育于专业教育之中

创新创业教育是高校综合改革的必然选择，是高校专业教育前沿研究成果的及时反映，应贯穿于创新创业人才培养的全过程。创业教育应与专业教育结合，因为它只有通过科学人文知识含有的文化精神的熏陶和教化才能成长。

专业教育是创新创业教育深层根基，这一观点在学界已达成共识，关键是如何找到二者融合的合适途径。针对这一问题，严毛新指出："二者均匀、精细地融合，取决于创业知识与专业知识各自'打散'的精细度以及'打散'后两者之间相互排斥和吸引的状况。"① 王占仁认为："应发现专业课程内的创新创业教育资源，在专业教育中体现出创新创业教育的理念与内涵。"②

各高校应根据各自实际情况，找出创新创业教育与专业教育融合的关键点，在此基础上，将创新创业知识融入具体教学中。如开设创新创业管理学、创新创业社会学、创新创业心理学、艺术创业学等融合或广域课程，等等。

2. 实现高校主体与政府驱动、企业参与、社会支持结合

高校创新创业教育的开展需要高校、政府与社会各界的共同努力。以高校为主体建设创新创业教育的生态系统，这个生态系统的指导思想是"高校主体、政府驱动、企业参与、社会支持"。

第一，高校作为开展创新创业教育的主体，在其发展过程中应发挥主体性作用。一方面，为创新创业教育提供优秀教师、实践操作平台，使创新创业教育发展得到基本的条件支持，并对教学效果进行监督评估；另一方面，要发挥协调作用，成为协调政府、企业、社会各界的桥梁。

第二，政府在高校创新创业教育发展中提供政策和资金支持，努力汇聚资源、搭建平台。

第三，企业在其中发挥辅助作用，为创新创业教育提供实践操作、技术技巧等方面的服务。

第四，社会则重在努力形成创新创业的文化氛围，使创新创业成为社会共同的价值追求和社会取向。在创新创业教育逐步完善的过程中，进一步探索课内外拓展、情感体验、机会识别、商业模拟等教学方式，并通过校外组织以及与企业的合作，探索多维体验式教学方式。

（三）开展怎样的创新创业教育

1. 开展"广谱式"创新创业教育

"广谱式"创新创业教育，是将素质型知识教育和职业型知识教育相结合，不仅对全体学生进行启蒙式教育，培养基本的创新创业素养，还要提升学生汇聚资源、社会交往、规避风险等创新创业能力，实现两者的衔接和互动。

之所以要实现两者的整合和包容，是因为在实际的创新创业教育教学中，只传授素质型知识，会使学生在真正的创业过程中缺乏实战经验，多以失败而告终，导致人们错误地认为，创新创业教育是为了教育而教育，没有实际意义。只传授职业型知识，可能会使创业者具备创新创业基本能力，但会因为缺乏基本的创新创业知识、创新创业素养而在创业

---

① 严毛新. 高校创业教育"语义泛化"现象及内涵拓展［J］. 教育发展研究，2015（02）：74.
② 王占仁. 高校创新创业教育观念变革的整体构想［J］. 中国高教研究，2015（07）：76.

过程中困难重重，甚至失败。

"广谱式"创新创业教育，实现了素质型与职业型的结合，既提升了学生创新创业基本素养，也提高了学生创新创业技能，推动了创新创业教育可持续的稳定发展。

2. 构建多种创新创业教育模式

"广谱式"创新创业教育并非要一刀切，而是要针对不同学校、不同阶段开展多种教育模式、传授多种创新创业教育内容，在此基础上实施因类施教。具体应从以下几个方面努力。

第一，综合性大学创新创业教育的开展，以培养学生创新创业素养为教育目标，努力造就高素质创新创业人才。

第二，对于教学型普通本科院校来说，一般与本地经济发展紧密相关，主要为区域和地方输送创新应用型人才，重点应放在课程体系完善上，在进行创新创业基础知识教学的同时，积极引导学生将创业方向侧重于应用型、服务型行业。

第三，针对高职类院校培养实用型人才教育目标，并结合此类学校专业设置、教学内容等方面的灵活性、实践性和操作性，在进行创新创业教育过程中应紧跟市场需求，注重学生创新创业技能培训，培养学生实践能力。

当然，构建多种教育教学模式，因类施教，并不是说每类学校只采用一种教学模式，各类学校可根据实际情况有所侧重，选择适当的教学内容，采用多种教学模式。

四、创新创业教育的特点

创新创业教育是一种新兴的教育模式，突破了传统教育的机械性与僵化性。研究创新创业教育的特征，对于创新创业教育的进一步发展具有积极影响。创新创业教育具体有以下特征。

（一）先进性

创新创业教育是21世纪新兴的教学观念，它的发展时间还不够长，甚至在全世界范围内都尚未形成一个成熟健全的教育理论体系，可供参考的教学实践模型也少之又少，它的发展还需要我们进一步探究。创新创业教育着眼于未来，正是因为它的先进性，创新创业教育对将来社会提出了更加严格的要求，根据建成创新型国家的指导方针，紧紧跟随时代的步伐，是一种具有前瞻性、先进性的新兴教育理念和方式。

（二）实践性

创新创业教育中的实践活动尤为重要，在实践中能帮助学生切身体会创新创业的过程、知识、方法以及可能遭遇的困难，因此，创新创业教育必须摒弃传统机械化的教学方式，注重实践活动的开展。创新创业教育应当配备有实践经验的教师，学校应当多为学生提供实践机会，搭建实践平台，注重学生实践动手能力的提升，让学生在实践中获取创业知识。

很多知识书本上学不会，只有在实践中才能学到，比如为人处世的技巧、突发事件的处理，只有学会这些才能更好地与社会接轨，才能为创业活动增加成功的筹码。总体来说，实践活动是创新创业教育必不可少的重要组成部分，只有在实践中受教育者才能真正按照社会的要求提升自身能力以及素养。

（三）灵活性

创新创业教育没有整齐划一的教学模式，它可以根据不同的时间、情景、地点以及教学对象选择不同的教学手段。它以市场为引导，以提升学生的能力为最终目标，操作的灵活性比较强，成功的创业案例等都可以成为教学的素材。同时也应当注意根据不同的教育环境选择不同的教学材料，不同层次的受教育对象的价值观念可能有所不同，在进行教学的时候教师要注意不同学生的学习需求，做到因材施教，以提升学生的创新创业能力为最终目标。教师要在教学过程中灵活多变，摆脱传统教学模式的禁锢，采取可行性强、操作性强，并且灵活有趣的教学手段。

（四）系统性

教育部在相关文件中提出，要将创新创业教育纳入专业教育的系统中，并制定专业的教学规划和学分制度，·形成多角度、全方位的创新创业教育课程教学系统。

创新创业教育的系统性主要表现在：创新创业教育采用多种多样的教学手段，注重理论与实践的结合，在不断地探索中逐步发展，教学内容涉及范围比较广泛，各个领域都有所涉及；创新创业教育的落实不仅需要政府的大力支持、学校的重视与配合，还需要企业以及社会各界的支持与配合，社会各个领域相互沟通，形成系统性的教学网络，才能有助于创新创业教育的长远发展。

五、新时代高校开展创新创业教育的意义

（一）有利于知识经济的发展和社会经济的转型

知识经济就是由知识与科技信息取代劳动力、资本、土地、原材料等原始资源的地位，而成为具有创新动力的驱动资源的经济形态。其核心的问题就是如何最大限度地发挥人的创新潜能。知识的提升必然会促进经济的发展，知识的提升更是以培养高素质的创新型人才为重要基础的。这种高素质、复合型、创新型人才，是具有强烈的创新意识与精神、实训实践能力、创业能力的一种全面发展的复合型人才。

高校作为国家创新体系的重要支柱与科技知识传授的中心，它在创造知识、传播知识、转化知识以及应用知识等诸多领域具有无可替代的优势，在推动知识经济发展中起着重大作用。高校应把握新时代的教育要求，致力于培养具有极强的创新意识和精神、扎实的实训实践能力和全面的创业能力的复合型人才，才是重中之重。

我国正处在社会主义市场经济转型发展的特殊时期、关键时期，改革旧制度才能适应未来经济发展的需求，实现经济社会的全面协调可持续发展。高校开展创新创业教育有助于实现转型时期经济的跨越式发展，进而满足市场经济转型发展期对不同类型人才方面的诸多需求。

（二）有利于提升全民综合素质与深化教育改革

只有提升全民素质，才能使其真正与知识经济时代科技的进步和市场经济的发展需求

相适宜，才能满足随着知识经济的发展和市场经济体制的逐步完善，社会对人才越来越高的要求。我们要从创新学习中找到解决经济增长局限的困境与消除人类之间差异的方案。当学习不足时，会导致人类现状的恶化与人类间差距的扩大。学习方法的落后，会使个人和社会未做好任何准备，而无法去应对全球问题的挑战。因此，改革传统教育，推行面向未来的"创新性学习"，是迎接历史挑战、关系到国家生存和发展的关键一环。创新创业教育在内容和形式上是对传统教育、传统就业教育的一种创新和唤醒。创新创业教育不仅仅改变了受教育者就业与创业的观念，更对教育观念与人才观念的转变产生了深刻的影响。

教育改革以教育目标指向为核心问题，涉及教育理念、内容体系、方法手段、环境设备等一系列重大问题。教育目标指向，简单的理解就是按照什么样的目标培养人的问题。在未来的一段时期里，特别是在国家经济结构调整和转变经济发展方式的特殊时期，如何提高国民素质，发挥优秀人才在振兴地区经济建设中的相应作用的问题会成为重中之重。

在教学内容方面，要突破专业与行业间的壁垒，拓宽涉及专业，丰富和完善知识结构，使受教育者乐学、普学，构建其个性化的知识结构。改革传统的教学形式，鼓励运用讨论、练习、角色扮演、案例分析等参与式方法，使学生学会如何去发现新的市场商机、如何寻找合作伙伴、如何去创立新企业。通过形式多样、丰富多彩的创业实践活动，令不同类型的学生均可在未来的创业中积累有益经验，提升学生社会竞争能力。改变原有教育功能的传统定势，把实现社会、经济、教育三方相互促进、协调发展作为教育的核心功能，不断提升学生的创新精神、实训、实践能力、创业意识与能力。

创新创业教育的发展和实施对提高全民综合素质和深化我国高等教育综合改革具有重大的意义，它是知识经济时代的呼唤。如何更好、更快地促进高等教育的深化改革，成为人们关注的焦点，并且成为当今教育界普遍关注的一项重要课题。

（三）有利于推进与支撑区域经济的发展

西方发达国家社会经济发展的重要内因，就在于创新创业教育的推广、实施和创新型人才的挖掘、造就，这对于区域经济有着不可忽视的推动作用。国家每个区域的经济都依托其区域特色产业和优势产业来发展，创业者自身的人才质量、水平与数量，决定着社会经济发展速度与发展质量，而创新者创办的企业数量与质量也被视为国家经济发展至成长期的一个重要权衡指标。

例如，吉林省目前处于统筹推进具有吉林特色的工业化、城镇化、农业现代化建设的重要时期，这对吉林省的高等教育提出了新的要求和标准。《吉林省中长期教育改革和发展规划纲要》指出，要培养更加符合社会需求的人才，使受教育者在步入职场时，其就业能力与社会适应性就得以增强。要健全高校与科研院所、企事业单位等联合培养人才的机制，必须要创新人才培养模式，从而进行教育改革。

高校应逐步完善创新创业教育与就业指导的服务体系，同时，根据国家区域经济产业结构的特点，不断调整和更新创新创业教育内容和方案，以确保创新创业教育目标在最大程度上满足区域经济发展需求。

（四）有利于大学生个人成长与职业的发展

人的全面素质中不仅包含了思想品德素质、基础文化素质、技术和职业素质，还包含了创业素质。在教育活动拓展中，创业素质是具有指引性和驱动力的高层次核心素质。大学生的个人成长和职业发展是一个长期而复杂的过程，在这一动态过程中，自身因素和条件、创新创业知识、意识、品质、能力等起着重要的支撑和导向作用。创新创业教育有助于激发学生内在的创造潜能和能力，进而促进学生全面发展，使学生将来有条件担当大任，适应经济社会发展和参与国际市场竞争需要，使学生实现职业发展目标与自身的社会价值。

培养学生创新精神和创业能力也是实施素质教育的重要组成部分。创新与创业归属于创新实践，并在此范畴内研究创新创业活动，特别是高科技的创新创业活动。创新教育的最终成效要通过培养的人才在未来的创业实践中的成果来体现。创新教育和创业教育，一个注重对人的素质发展总体的把握，一个注重如何培养具有开创性的人和如何实现人生的自我价值。二者的内容本质上相通，具有不可割裂的教育理念，两者之间的关系不仅是促进也是制约，是密不可分的辩证统一关系。

创新创业教育不仅包括培养受教育者创业精神与创业技能的训练和实践，还包括创新精神和创新能力的培养，等等，作为一种新的教育思潮，创新与创业教育应该是一个统一的系统。大学生应该是高校创新创业教育主要任务与内容的承担与承载者，在高校教育理论与实践研究中，应该日益关注和重视学生的创新意识和创业精神的培养与提升。就整体现状而言，高校的大学生创新创业教育仍然是存在不足的。

（五）有利于营造创新创业的社会环境与文化氛围

社会大环境对企业的孕育有着广泛而深远的影响，而这种孕育环境与政府等职能部门的重视与管理又息息相关。首先，政府要提供相应的政策支持和资金支持，就国外而言，在创新创业教育方面走在世界前列的国家，都已投入了巨额费用来支持创新创业教育。

其次，在市场支持方面，要弘扬创新文化、规范市场行为、培育创业文化，唯有发挥社会大环境的重要作用，才能真正形成开放自主、激励创新、勇于创业、公平竞争、规则完善、有序运转的市场体系，才能确保所有的市场主体在其经济环境中，依据市场经济运作规律去实施。

（六）有利于缓解就业难的社会问题

加大力度发展创新创业教育是缓解大学生就业压力的有力保障。以创业来带动和促进就业，现已成为世界各国的共识。目前在美国已有几千万个私营小企业，这些企业在雇佣劳动力方面占全美劳动力总数的几乎一半，在一定程度上缓解了美国社会的就业压力。而据我国劳动部门估计，未来中国的新增劳动力将以每年约一千万的速度增长，高校毕业生总数也会逐年递增。加之前几年仍未就业的学生和用人需求的结构性矛盾，我国的大学生就业形势面临着更为严峻的局面。

在新时代背景下，提高人才培养质量已经成为我国高等教育的重中之重，如何提高教育质量也已成为社会向高等教育提出的一个重要主题。作为一种教育理念，创新创业教育对高等教育的人才培养模式、课程体系等诸多方面都产生深刻影响。

加强创新创业教育能为社会创造更多的就业岗位，是解决学生就业难的问题和有效缓解就业压力的较好渠道。它有利于创业者不断创造就业新岗位和开创新企业，进而缓解劳动力资源与社会岗位需求之间的矛盾，缓解目前就业难的困境，从而使社会和谐稳定、健康发展。它的有效实施，有助于转变就业观念，激励青少年自主创业，培养具有创新精神和创业能力的高素质人才，进而提升人才质量。

第二节　思想政治教育与创新创业教育融合的必要性与可行性

一、思想政治教育与创新创业教育融合的必要性分析

高等教育的目的不仅仅是要教授给学生必要的专业知识和技能，更要帮助他们理解他们所赖以生存的世界，以及如何用自身所具备的知识更好的影响和改变世界，在实现自我价值的同时实现社会价值。

思想政治教育是以思想观念、政治素养和道德规范为核心的政治认同和意识形态教育，其目的在于帮助受教育者形成正确的思想政治观念和良好的社会道德素质，成长为社会主义事业的合格建设者和可靠接班人。而创新创业教育强调的是培养具有开拓性精神的个体。

思想政治教育与创新创业教育融合发展是指思想政治教育与创新创业教育相互渗透、相互交叉，最终融为一体，逐步形成思想政治教育指导创新创业教育、创新创业教育服从和服务于思想政治教育的动态发展过程。在这一过程中，两种教育形态都强调在尊重教育规律和个体发展规律的基础上实现"人的自由而全面发展"，可以说，通过良好的教育培养优秀的人是二者融合发展的逻辑前提和目标指向。

（一）思想政治教育的创新发展，要在直面教育改革的新问题中实现

习近平总书记在全国高校思想政治工作会议上的讲话中指出："做好高校思想政治工作，要因事而化，因时而进，因势而新"①，这为高校思想政治教育工作的改革与发展指明了方向。思想政治教育是一个实践、认识、再实践、再认识的过程，只有在实际应用中，思想政治教育才具有存在的意义和价值。

"思想政治教育永葆生机的动力源泉在于创新，而创新的目的则在于保持它的主动性、时代感"②，只有在积极变革和创新中，思想政治教育才能持续焕发出勃勃生机。创新创业教育是国家基于对时代发展规律、国内外形势以及高等教育现状进行综合研判而作出的一项具有深远意义的战略性选择，对于培养社会主义建设所需要的高素质创新型人才

① 习近平在全国高校思想政治工作会议上强调：把思想政治工作贯穿教育教学全过程　开创我国高等教育事业发展新局面［N］. 人民日报，2016-12-09.

② 沈壮海. 思想政治教育应在破除旧观念中创新［J］. 中国高等教育，2003（21）：11.

具有重要意义。

思想政治教育要充分发挥理论优势、制度优势和组织优势，主动融入创新创业教育的发展中，并用创新创业教育发展的成果作为支撑自身创新发展的有益补充，不断拓宽思想政治教育的新阵地，丰富思想政治教育的新内涵，提升思想政治教育的新实效。

(二) 创新创业教育的科学发展，要在突破瓶颈性问题中实现

当前，创新创业教育在理论研究和实践探索上均取得了一定成绩，但同时，学科概念不清晰、内容体系不科学、功能定位不明确、师资队伍不合理以及学科本土化不到位等问题在理论研究和实践工作中依然存在。随着创新创业教育在高等教育领域的深入推进，教育过程形式化、教育目标功利化以及教育价值庸俗化等问题逐步凸显，盲目创业、激情创业、违法创业等问题开始出现，影响了大学生创新创业质量。

基于此，创新创业教育要积极谋求思想政治教育的指导，借助其强大的理论优势和组织优势，积极探索体现中国元素，具备中国特色的创新创业教育新范式。一定程度上说，依托思想政治教育的创新创业教育，是我国创新创业教育区别于其他国家创新创业教育的鲜明特色和显著特征。

(三) 人才培养模式改革的新发展，要在进一步推进素质教育中实现

思想政治教育也好，创新创业教育也好，其根本目的和价值诉求在于育人，离开了对"人"这一要素的观照，二者便失去了作为"教育"的本质内涵和核心价值。马克思指出："共产主义是使人以一种全面的方式、作为一个完整的人占有自己的全面的本质。"[①]从这一点来说，马克思主义人学理论就是关于"使人成为人"的理论，马克思主义教育就是"使人成为人"的教育。

作为素质教育的两种特殊形式，思想政治教育和创新创业教育都要"遵从教育发展规律""融入人才培养体系"和"着眼于促进人的全面发展"，这既是二者要共同遵从的教育规范，也是二者所要共同达到的教育目标。

着眼于"全面发展的人"的价值追求，思想政治教育和创新创业教育在培养既具有坚定的理想信念和良好的道德心理品质，又具有开拓性精神和创新创业能力的高素质、复合型人才的事业中，发挥着相辅相成、不可替代的重要作用，二者的融合发展是达成"育人"目标的必然选择。

二、思想政治教育与创新创业教育融合的可行性分析

思想政治教育与创新创业教育融合发展既是必要的，也是可行的，这是讨论思想政治教育与创新创业教育融合发展的前提和基础。从本质上说，思想政治教育与创新创业教育融合发展可行不可行，主要是由这两种教育形态是否具备融合发展的条件和客观环境能否满足这一条件两个因素共同决定的。

---

① 中共中央马克思恩格斯列宁斯大林著作编译局编译. 马克思恩格斯文集 [M]. 北京：人民出版社，2009：189.

（一） 两者之间是否具备融合发展的条件

思想政治教育与创新创业教育融合发展的逻辑起点在于"融合"，探讨两种教育形态是否具备融合发展的条件，首先要对"融合"这一概念的科学内涵进行剖析。

《辞海》对"融合"的解释为"几种不同的事物合成一体"，这一解释内在地隐含了事物间需要具备"契合性"这一要素，这既是融合的先决条件，也是融合的可行性保障。从思想政治教育与创新创业教育的本质属性上看，两种教育形态在教育目标达成、教育内容选择以及教育方法运用等方面各有所长，二者具备高度的契合性。

创新创业教育理念的发展相对滞后于实践的发展，需要用思想政治教育进行价值上的引导，思想政治教育理论支撑作用的发挥也需要通过解决现实创新创业教育的问题来发挥，才能使思想政治教育更加"接地气"。两种教育形态在促进"人的自由而全面发展"和培养具有正确思想政治观念和良好道德素质的创新创业型人才方面，目标一致、方法互补、内容相通。

（二） 宏观环境能否满足两者融合发展的条件需求

从时代发展趋势看，当今世界正在经历一场深刻的变革，各类社会问题日益呈现出复杂化、交叉化与综合化的趋势，迫切需要各类学科知识打破自身界限，寻求与其他相关学科知识的深度交叉与融合。

正是基于对这一发展规律的深刻认识和把握，国家正在积极推进高等教育的综合改革，努力建设高校内部不同要素之间，不同类型高校之间以及高校与其他社会机构之间良性互动的教育生态系统。

《国务院办公厅关于深化高等学校创新创业教育改革的实施意见》（国办发〔2015〕36号）规定："要根据人才培养定位和创新创业教育目标要求，促进专业教育与创新创业教育有机融合，调整专业课程设置，挖掘和充实各类专业课程的创新创业教育资源，在传授专业知识过程中加强创新创业教育。"[1] 这为思想政治教育与创新创业教育融合发展奠定了坚实基础。

第三节　思想政治教育与创新创业教育的关系

一、目标相互关联

当前，加强和改进高校思想政治工作的总体目标是培养又红又专、德才兼备、全面发展的中国特色社会主义合格建设者和可靠接班人。创新创业教育的目标是学生的创新精神、创业意识和创新创业能力明显增强，投身创业实践的学生显著增加；促进学生全面发

---

① 国务院办公厅关于深化高等学校创新创业教育改革的实施意见_ 政府信息公开栏 [EB/OL]. http: //www. gov. cn/zhengce/content/2015-05/12/content_ 9740. htm.

展，提升人力资本素质，努力造就"大众创业、万众创新"的主力军；培养规模宏大、富有创新精神、勇于投身实践的创新创业人才队伍，为建设创新型国家、实现"两个一百年"奋斗目标和中华民族伟大复兴的中国梦提供强大的人才智力支撑。

高校创新创业教育除了培养大学生的创新创业意识、创新创业能力和创新创业精神之外，当然还包括培养其积极进取的人生信念和态度、求新求异的思维品质、不畏艰难的意志、敢于承担责任的勇气、坚持公平原则的正气，以及良好的自我认知能力、环境适应能力、平衡协调能力、与他人热情交往的能力等。

从两者的目标看，无论是思想政治教育，还是创新创业教育，他们的最终目标都是为了培养大学生各方面的素质和能力，尤其是创新精神、意识和能力，使其成为一个全面发展的人，以最大程度地实现自己的人生价值。

二、内容相互渗透

教育目标决定了教育内容。思想政治教育的重点内容包括思想理论教育和价值引领、培育和践行社会主义核心价值观等，涵盖了思想教育、政治教育、道德教育等多方面。

创新创业教育的内容包含：创新创业意识培养、创新创业能力提升、经济社会环境认知、训练孵化实践模拟，以及理想信念、团结协作、艰苦创业、心理健康等方面。

其中创新创业意识教育主要包括素质、需要、动机、兴趣、理想、信念和世界观的形成与培养，创新创业能力包括信息获知能力、综合判断能力、快速决策能力、社会适应能力、组织控制能力、沟通协调能力、继续学习能力等。

由此可见，思想政治教育与创新创业教育的内容相互交叉和渗透。

三、方式相互借鉴

教育的方式方法服务于教育目标和内容。不管是思想政治教育，还是创新创业教育，都需要相应学科理论的课堂教育，也需要与时俱进，探索符合时代要求和教育规律的教育方法、方式和载体，二者都强调将理论教育、养成教育与实践教育三者有机结合，增强教育的针对性、时效性和实效性，保证教育作用的发挥。

与此同时，创新创业教育和思想政治教育都不是靠一味灌输和空洞说教得以实现的，而都要靠科技创新大赛、创业设计大赛、创业项目路演、企业生产实习、就业创业见习、社会实践等形式多样的教育渠道、方法、载体得以实现。

在思想政治教育中，教师可以通过教育方式相互之间的结合、渗透，不断强化学生创新创业意识，培养学生创新精神；充分挖掘、开发现有的思想政治教育课程，在其中增加创新创业思维引导的内容。在创新创业教育中，创新实践、创业训练、创业孵化等都是实践教学的教育方式，也需要融入思想政治教育的教学方式加以改进，让空泛的教学理论与实际紧密结合起来，取得更好的教学效果。

第四节　高校思想政治教育与创新创业教育融合的困境

一、高校思想政治教育与创新创业教育的目标理念不同

在社会发展和青年学生成长成才的背景要求下，高校思想政治教育以大学生为培养对象，以马克思主义、毛泽东思想、中国特色社会主义理论体系等为指导思想，使青年学生在政治、思想，心理、审美、法纪等方面达到既定要求。

其目标为：促进大学生思想政治素质意识和觉悟的提高，积极引导大学生树立共产主义的远大理想和坚定信念，使其具备较高的马克思主义素质；树立大学生热爱社会主义祖国的意识，使大学生坚定社会主义政治方向、拥护党的路线方针政策；具有实事求是、艰苦奋斗、勇于进取的精神；自觉遵纪守法，具有良好的道德品质和健康的心理素养；实现大学生科学文化素质和身心健康素质全面协调发展。

创新创业教育是一种全新的教育理念，融合了创新教育、创业教育、素质教育及职业教育等。现阶段，创新创业教育的目标是：在培养学生创新创业精神、创新创业能力和创新创业素质这一宗旨下，培养具有高尚品德、坚强意志、出众能力、创新意识、创新思维、创新性人格的创新创业型人才。

可见，思想政治教育和创新创业教育在理念和培养目标上虽然有重合部分，但交叉较少。思想政治教育更加强调内在思想和觉悟的培养，创新创业教育主要侧重创新创业意识、创新创业能力的培养。

二、高校思想政治教育与创新创业教育的主体及其职责分散

高校思想政治教育工作的主体由思想政治理论课和哲学社会科学课教师、党政干部和共青团干部、辅导员和班主任三支队伍共同组成，分别从思想政治理论和实践、课堂和生活等多个层面进行全面的思想政治教育。三支队伍相互补充配合，相互影响促进，共同推进思想政治教育的发展，共同完成对大学生思想、政治、精神、心理等方面的引导。

创新创业教育主体主要由创新创业学院承担，包括创业理论指导和实践性指导。校团委主要通过组织"挑战杯"等创新创业比赛，对学生进行竞赛方面的综合指导。作为学生事务的主要管理者，辅导员兼顾多重身份，其通过日常接触及专项工作，在学生创业、就业工作中提供信息及经验指导。

高校思想政治教育和创新创业教育分别由思想政治教育学院、创新创业学院、校团委、辅导员四类主体承担。在四类主体中，校团委、辅导员兼顾两类教育，而作为高校思想政治教育和创新创业教育的专业主体，思想政治教育学院和创新创业教育学院在这两方面教育中几乎不存在交叉。

三、高校思想政治教育与创新创业教育的内容结合度较低

作为一个"灵魂工程"的学科，思想政治教育包含了较为广泛的内容。它不仅包括认知，情感、意志、信念等思想意识层面的内容，也包括爱国主义、集体主义、社会主义、民族团结等政治教育的内容。在思想政治教育中，继承、弘扬中华民族的优秀历史文化传统，吸收人类文明发展的一切优秀成果等内容相互联系，相互贯通。思想政治教育通过对学生世界观，人生观、价值观的引导及教育，培养学生关注社会现实并进行理性思考，进而促使学生积极探索人生价值和生命的真正意义。

创新创业教育在本质上是一种实用教育，其内容更加侧重于应用和实践。它以培养具有创业基本素质和开创性人才为目标。具体而言，创新创业教育主要包括创新创业意识、创新创业精神、创新创业能力、创新创业知识、创新创业实践等几个方面的内容。

对比可见，思想政治教育和创新创业教育有各自的内容和侧重点。当前，在思想政治教育中并无创新创业教育相关内容，在创新创业教育中也没有加入思想政治教育的理念，二者教学内容的相互结合程度非常低。

第五节　高校思想政治教育与创新创业教育的融合对策

一、实现教育理念融合

随着我国社会经济的发展，市场对人才的需求发生改变并且相应提高，这推进了教育改革的逐渐深入，使高校不得不进行教育理念的更新。创新创业教育和思想政治教育作为高校教育、人才培养的重要内容，面对新的形势，需要在理念上进行融合。

实现二者的融合，就是要在思想政治教育中有机穿插创新创业教育的内容，在创新创业指导中强化思想政治教育的作用，二者相互结合，克服传统思想政治教育泛而空的理论弊端，同时补充创新创业教育中思想引导和促进作用。实现思想政治教育与创新创业教育理念的有效融合，具体而言要从以下两个方面进行。

（一）创新创业教育要坚持正确的导向，使思想政治教育的作用和功能得以发挥

创新创业教育侧重实践，可以作为思想政治教育的有效载体，使思想政治教育更具多样性、趣味性；而思想政治教育起到导向作用，其基本原则就是正确的导向，二者相互结合、相互影响、共同作用。

我国高等教育将"立德树人、德育为先"作为基本原则，这与创新创业教育的"德育为本、创业为用"的教育理念的出发点有着共同的地方，都是从实现人的全面发展这一视角出发，并将其作为检验一切教育活动是否有效的最终标准。因此，在思想政治教育和创新创业教育的理念融合中，要将促进人的全面发展这一理念贯穿始终。

（二）加强思想政治教育的引导作用，促进创新创业教育功能的实现和提升

自提出"大众创业、万众创新"的发展理念之后，全国高校大力开展了创新创业理论教育和实践活动，如火如荼、热火朝天。但是仔细研究就会发现，大多数高校仅仅是将其视为一种响应政策的"运动"，只是将其作为一种校园文化活动或者是教学工作的一部分，疏忽了其更为内在的教育作用和含义，缺乏对创新创业教育真正意义的深刻认识，同样，其理论研究也比较薄弱。

基于此，高校必须要透过表象深入实质，从人才培养的国家战略角度出发，审视创新创业教育的地位和作用，将思想政治教育融入其中，强化学生的内在思想素质，培养符合社会发展的、综合素质较高的创新型人才，提升创新创业教育的内在价值。

二、实现教育内容融合

（一）在思想政治教育中融入创新创业内容

思想政治教育的内容原本就比较广泛，容纳性很强，可以将很多学科的内容纳入进来。由于思想政治教育的理论性很强，容易空而泛，引起学生排斥，因而，近些年高校的思想政治教育也通过"两课类"社会实践等途径加入了相应的实践形式。不管是从内容上，还是形式上，都可以将不同层次的创新创业教育的内容与思想政治教育的内容融合起来。

比如，在思想政治教育中通过案例分析、课堂讨论的形式加入创新创业的内容，拓展理论课堂的内容；在"两课类"社会实践、课后作业中设置创新创业教育的环节，采取团队项目调研等方式。一方面使思想政治教育教学增加课堂效果，提高吸引力，使其更具现实感，另一方面运用交叉学科的教学方法，扩充课堂资源和内容，增加学生的创新创业意识和知识。

另外，在思想政治教育实践教学中，可以结合创新创业教育内容，安排相关的专题讨论、讲座等，一方面，能够增加思想政治教育的多样性和吸引性，使学生的创新创业知识更加丰富，另一方面，能够从思想政治教育的层面分析创新创业活动行为，能够提炼创新创业精神，升华其高度。

（二）在创新创业实践中融入思想政治教育

创新创业是一项需要多方面综合能力和素质的工作，尤其创业行为还有着较高的风险性。它不仅需要一定的专业方面的知识储备以及创新创业技能作为基础，更需要创业者具备较高的责任意识、主体意识、较强的抗压能力、受挫能力，以及独立决策能力等，因此，在创新创业实践中融入思想政治教育也是现代大学生创业者的成长需要。

创新创业实践活动更侧重对学生创新创业意识、创新创业技能、创新创业知识等方面的加强和提升，这其中会忽略学生的创新创业精神、与国家发展相一致的高度社会责任感、艰苦奋斗的精神、坚忍不拔的毅力、面对阻力和困难的决胜心等思想层面的教育和培养。这样导致的后果是学生可能没有树立正确的创业价值观，不具有较强受挫能力，不能够客观认识自我以及周围环境，设立不切实际的目标等。一旦在学生创新创业过程中出现

问题，会直接导致失败的结果，并且很有可能引起恶性循环。

在创新创业实践教学中加入思想政治教育，能够在丰富创新创业内容的同时，提升其理论内涵，加强"软件"建设，提升创新创业教育的有效价值。

三、促进实践活动融合

目前，高校的创新创业实践活动主要以创业模拟、创业计划大赛、沙盘推演等形式的活动为载体，依托创业沙龙、创业者组织协会、俱乐部等多种组织，搭建包括大学生科技园、创业园、众创空间和孵化器等创新创业实践平台，培育高校大学生创新创业精神和意识，提升其创新创业能力。思想政治教育和创新创业教育的有效融合，就是要在实践平台中以教育和生产劳动相结合，从而实现高校思想政治教育和创业教育中理论与实践的融合。

实现思想政治教育以及创新创业教育中理论与实践的融合，主要从思想政治和创新创业教育理论课、校内实训和校外实践等三个方面入手，形成多种形式组合而成的育人模式。这种组合下的教育模式，能够最大限度地帮助教师理顺理论教学和课外实践的关系，明确各个教育主体的职责分工，从而进行有效的规划和管理，使学生更顺畅地将所学与实际相结合并进行检验。其实施也分为以下三个方面。

第一，两大理论课程的教学工作以及校内实训的指导教师，由一线工作的专职学生辅导员和理论课专业教师担任，便于将理论知识结合日常工作中的育人理念、管理要求等渗透进教学中。

第二，将实训和实践环节的考核要求纳入理论课程，更好地做到思想政治与创新创业理论上的协同，以及课堂教学与各类课外实践活动的有机结合。

第三，高校要整合校外资源，同企业进行合作。校外实践的指导老师由校内承担两大理论课和实训的部分老师协同校外知名企业家、成功创业者、政府的人力资源管理者和社会投资家等担任。通过高校与校外企业的结合，让学生切实参与体验企业的运作或科研创造等环节。

通过思想政治教育和创新创业教育理论课、校内实训、校外实践等三个环节的有机结合，相互配合，使学生的两大理论课与校内外实践紧密结合，进一步促进其创业价值观、创新创业意识、创新创业能力与思想政治觉悟、社会责任感、社会及自我认知、心理承受能力的融合，培育出符合社会发展需要的创新型人才。

四、实现组织管理融合

高校作为结构设置完备的组织形态，它符合组织管理的所有特征，其运行也是通过一系列的管理活动来完成。实现思想政治教育和创新创业的融合，必须要依托高校特定的管理机构进行组织实施，在组织管理层面进行融合。具体而言可以从培养融合的师资队伍、促进管理部门的实践活动、建设校园创业文化环境等几个方面入手。

（一）培养创新创业教育与思想政治教育相结合的师资队伍

高校思想政治教育和创新创业教育都需要高素质、高水平的师资队伍。为更好达到教育教学效果，思想政治教育要求教师除了掌握扎实而丰富的理论功底之外，还要有丰富的扩展能力、调动能力来扩展理论课堂的内容，增加教学的可视感和趣味性。创新创业教育要求教师自主性、创造性地整合调动学习资源，引导、激发学生的创新创业意识、自主创造意识、创新创业精神，使学生掌握创新创业知识、创新创业技能，并引导学生树立正确的三观，以及坚定的理想信念。这不仅要求教师具有扎实深厚的理论功底和基础专业知识，更要具备较高的思想政治觉悟以及丰富的实践管理经验。

培养创新创业教育和思想政治教育相互融合的教师队伍，可以从校内培养和校外引进两方面进行。

1. 校内培养

首先，高校可以在原有的思想政治教育教师队伍中，通过外派学习、挂职锻炼等方式，培养具备创新创业指导能力和资格的教师。学校应该定期加强对思想政治教育教师的创新创业方面的专业培训，一方面，选派教师参加国家及其创新创业相关部门组织的培训，及时掌握创新创业的最新政策以及国家整体的创新创业教育趋势。另一方面，学校可以组织思想政治教育老师参加创新创业能力、技能等方面的培训，比如 KAB、SYB 等项目和活动，或者创业咨询师等，以此增强其创新创业实践指导教学技能。由此，使思想政治教育教师能够在思想政治教育过程中，合理有效地穿插、引入创新创业教育。

其次，高校可以在原有创新创业指导教师队伍中，通过组织学习，提升其思想政治理论水平，培养指导教师在创业教育、创业指导中的思想政治教育意识和素质。具体来说，可以通过组织创新创业指导教师参加国家、学会组织的会议、论坛等，扎实了解并掌握最新教育动态。也可以让教师到党校参加学习班等，全面系统性地提升思想政治理论水平。或者组织开展讲座等系列课堂进行思想政治知识普及，多方面提升创新创业教师的思想政治教育水平和意识。

最后，高校可以组织创新创业教师与思想政治教师共同进行二者融合的相关研究。双方可以共同申报完成思想政治教育项目课题、创新创业教育项目课题，或者交叉组织交流研讨会等，以此促进两类教师之间的相互交流、相互学习。

2. 校外引进

校外引进主要是要通过多种渠道，诚聘社会企业家、知名校友、成功创业者、政府创新创业相关部门工作人员、有过成功发明创造经历的人士等作为大学生的创新创业实践导师，同校内班导师或辅导员相结合，共同保证创新创业实践教育的质量和及时性。同时，也要吸纳、聘任在这两方面教学及科研中比较突出的专家，提升学校思想政治教育、创新创业教育的整体教学实力和水平。

（二）促进思想政治教育与创新创业教育融合的组织管理建设

高校可以为大学生创新创业素质培养提供有力的管理支撑。高校要认清"大众创业、万众创新"形势下，创新创业教育的新的发展要求，以及促进思想政治教育与创新创业教育融合的重要性和必要性，将大学生创新创业全方面素质培养纳入重要议程，成立由主要领导直接负责的创新创业工作小组，建立创新创业指导中心，统筹进行学校创新创业教育相关工作；明确校团委、教务处、思想政治教育学院、班导师和辅导员等各自职责，并协调推进各方面工作，使其各司其职的同时相互配合，全方面提高大学生创新创业素质培养的质量。

大学生创新创业中心更要明确自身职责，在做好相关工作部署的同时，完成自身的任务使命：要及时宣传、解读国家创新创业相关政策，加大其普及程度和宣传力度，及时为大学生在创新创业过程中遇到的问题提供解决办法，发挥其在创新创业教育中的突出作用；设立奖励机并创新创业教育活动，对表现突出的学生和优秀的指导教师进行资助和物质奖励，充分激发教师和学生的创新创业积极性。

（三）创建校园创新创业文化环境

高校应在结合思想政治教育的基础上，积极创建创新创业物质文化环境建设和创新创业精神文化环境建设。

第一，促进校园创业物质文化环境建设。校园物质文化环境主要包括校园整体设计，周边环境、景观、建筑风格设计，教学设施等，它是校园文化建设的基础和可视载体，在一定程度上蕴含并反映了学校的办学理念和培养目标。创建创新创业物质文化环境，可以依托校园物质文化环境，通过增设具有创新创业含义的景观、雕塑，命名与创新创业相关的道路、教学楼，布置创新创业宣传标语，图解相关政策等方式，营造创业文化氛围。

第二，促进校园创业精神文化环境建设。新形势下，新媒体作为校园思想主流导向，对于校园文化环境有着主导性的影响。促进校园精神文化环境建设，必须要结合校园网络媒体。不仅在思想政治教育上要牢牢占据网络媒体的教育阵地，大学生创新创业教育文化环境建设也要通过新媒体进行完善。

创新创业文化环境建设，要积极利用校内有效舆论工具，官方微博、微信等，以及传统传播工具，如报纸、校刊、校园广播等，宣传、鼓励创新创业；建设专门的网站，宣传创新创业政策，向学生提供相关信息的帮助，宣传大学生创新创业典型，在注意实用性的同时，增加趣味性。

五、完善高校思想政治教育与创新创业教育的融合制度

高校思想政治教育和创新创业教育是一项综合复杂的工程。全面做好大学生的思想政治教育和创新创业教育，是高校和所有教师的根本性责任，建立全方位、多角度育人的大学生思想政治教育与创新创业教育融合的教育制度，是推进高校思想政治教育与创新创业教育融合进程的必要条件。

高校思想政治教育和创新创业教育要在校党委、行政的统一领导下，组织、协同各方资源，积极探索多种新形式的教育融合模式，采取学生喜欢的方式推进，切实让大学生感受到创新创业教育的趣味、实用和思想政治教育的内涵与魅力。

同时，高校要创新形势教育、理想信念教育、典型教育等内容，依托新媒体这一平台，丰富思想政治教育和创新创业教育的方式和内容，大力促进校园思想政治教育和创新创业教育文化建设。要不断加强班级支部、班级班委、班级积极分子以及其他学生组织的建设，激发大学生基层组织的潜在活力，激发大学生创新创业的意识和精神，激励大学生积极主动参与高校思政教育以及创新创业教育。

高校思想政治教育和创新创业教育的有效开展，需要综合素质与能力水平都较高的师资队伍。不仅需要高校各级管理部门领导、管理人员、思想政治理论课教师、创新创业任

课教师，更要充实完善班主任与辅导员队伍、校外导师队伍、学生骨干队伍。

另外，高校思想政治教育和创新创业教育要根据形式发展和需要，建立高校大学生创新创业保障制度，及时为可能出现的问题提供防范和有力保障。要逐步加大两类教育及其融合的经费支持，加大思想政治教育环境建设、创新创业实践平台建设，努力为大学生的成长成才提供强有力的、全方位的基础保障和平台。

总之，促进思想政治教育与创新创业教育的融合、就要促进二者教育理念的融合、教育内容的融合、教育实践活动的融合，组织管理体系的融合，同时还要从整体上完善高校思想政治教育与创新创业教育的融合制度。

第十三章　高校思想政治教育与校园文化融合

响应时代发展号召，激发全民文化创造活力，助推社会主义文化强国建设，是每一位炎黄子孙义不容辞的历史使命和民族责任。以校园为依托，以校园文化活动为主要表现方式，以长期办学实践形成的校园精神为灵魂的校园文化，承担着丰富社会主义文化的重任。同时，作为高校德育建设的重要组成部分，校园文化肩负着提升高校思想政治教育内在活力和外在影响力的双重使命。因此，本章在把握大学校园文化基础知识的前提下，探讨了高校思想政治教育与校园文化融合问题。

第一节　高校校园文化概述

一、界定校园文化

现代大学发展的一项重要任务，就是大力建设校园文化。校园文化不仅是先进文化的重要源头、创新基地，更承担着示范和辐射的责任。

中国现行学校教育的显著特色，一是重视全方位、全员和全程育人；二是重视物质文明和精神文明同步发展；三是重视校园物质环境和精神环境对师生员工意志、行为、心理、道德等的综合影响。

基于以上分析，所谓校园文化，就是在学校育人环境中，以学生为主体，以教师为主导，以促进学生成人成才为目标，由全体师生员工在教学、科研、管理、生活等各个领域的相互作用中共同创造出来的一切物质和精神的成果。这一界定，至少包括以下几项内容。

第一，校园文化的形成，是校园内全体师生员工在长期的教学、科研、管理、生活等实践活动中共同创造的物质和精神成果的总和，是集体共同拥有的成果。

第二，校园文化既是意识形态的，又是物质的；既有精神文明的综合效应，又有物质形态显现出来的校园风貌；既有教育内容，又有教学内容；既有现在的存在，又有历史的积淀。在具体内容上，既包括物质文化，也包括精神文化。

第三，校园文化的主体是生龙活虎的学生，主导是诲人不倦的教师，主要目标是促进学生的成人成才。

第四，校园文化一定要体现社会主义的时代特色，不能偏离社会主义方向和原则，要在全面贯彻党的教育方针、全面培养人才素质的过程中发挥积极作用。

第五，校园文化应牢牢植根于中国的校园土壤。由于学校规模、教育类型、办学历史、专业设置、归属关系等各不相同，校园文化除有共性性特征外，还必须要有本校的个性特色，以显示其旺盛的生命力。

二、校园文化活动的要素

文化不仅是一种静态成果，更是一种动态的活动。所谓校园文化的要素，就是现实的校园文化开展不可或缺的因素，是产生校园文化建设中结构性问题的"基因"。深刻地分析校园文化的活动及其要素，是概括校园文化基本特征、功能，进而进行校园文化建设的前提和基础。

（一）校园文化活动的主体

主体、客体是一对基本的哲学范畴。主体是人，客体是自然。主体与客体的关系是哲学中最重要的关系之一。

校园文化主体是校园文化的直接继承者、建设者、创造者和反映者，直接关系到校园文化的性质、特征和功能。关于"谁是校园文化的主体"这一问题，实际上就是校园文化主体的范围问题，学术界一直存在分歧：有人主张，校园文化就是学生文化，只有学生才是校园文化的主体；还有人认为，校园文化就是教风和学风，因而只有教师和学生才是校园文化的主体。笔者认为，以上观点是不全面的。校园文化的主体不仅包括学生，也包括教师，还包括学校领导管理人员以及职工。文化是一定区域的人们进行物质与精神活动的成果及其过程。学校教育任务的完成、学校组织功能的实现，是各种主体协同活动和共同发挥作用的结果。而作为一个整体的校园文化，同样是全体师生员工在各自不同领域以不同方式为创造和反映校园文化而协同活动的结果。

校园文化主体同时也是校园文化客体的组成部分：当他们在校园文化建设过程中发挥积极主动的作用时，他们是主体；当他们成为校园文化结构中特定的研究和作用对象时，他们是客体。校园文化主体是校园文化客体中具有主观能动性的组成部分。

各种校园文化主体由于其自身条件，尤其是社会角色和地位等因素的不同，他们带来影响的方式和程度是有区别的。

以校长为代表的管理者作为学校领导者，他们既是国家意志和社会要求在学校的法定代表和实施者，也是一个学校教育教学工作的具体组织者、管理者和执行者。学校领导者体悟和认同国家意志和社会要求，进而把它转化为学校的具体组织行为。校园文化工作是否卓有成效，校园文化的水平和品位如何，关键在于学校领导者的认识程度和管理水平。管理工作不仅需要智慧，还需要良好的、适宜的个性品质。校长的素质，尤其是其价值观念和行为方式，对校风以至整个校园文化的建设具有重大影响。

教师是教职员工的最大群体，从广泛意义上来说，其他教职工在学校中首要的身份也是教师。作为教育者，教师的基本任务是传道、授业、解惑，他们闻道在先、术有专攻。社会的要求以及教育对社会文化的选择最终必须具体由教师来落实贯彻，用教育学的术语来说，教师在校园文化活动中起着主导作用。

学生是校园文化主体中最大的群体。学生是以学习作为主要社会义务的人。作为处于发展过程中的大学生，他们乐于接受新事物，富于批判精神，社会的稳定与变革，社会的需要和压力，诸如此类的矛盾往往集中在他们身上。这给他们的思想行为带来极大的压力，并且这种压力又是与他们的知识经验不甚协调的，因此，学生思想行为常常表现为波动不居的状态。学生主体的思想行为历来是校园文化的品质标志和焦点，这突出表现在优秀学生的榜样作用和特异学生的非常影响上。

校园的职工队伍同样是校园主体的一部分，其思想行为也给校园文化以重要影响。过去，在教育书籍和有关法规中，因为强调教师的主导作用，我们常常突出教师的地位和作用，应该说，这是必要的；但是，与此同时，我们也忽略了其他职工的地位和作用，这种情况应当改变。其实，学校领导在校风和办学方向上起主导作用；教师在价值观和规范落实上（班主任在班风形成上）起主导作用；职工在学生的校园生活行为上起主导作用。

此外，那些给学校以各方面直接关心的群体或个人——如校外辅导员、捐资捐书者、家长委员会、社区委员会、协作单位等，也给校园文化以不同程度的影响，也可将其称之为准校园主体。

校园文化主体是师生员工组成的集合体。上述主体来自不同阶层，扮演着不同的社会角色，且其年龄、学历、阅历也存在显著差异，这使他们在校园文化倾向也具有一定的群体差异。在校园文化活动的基本要素中，校园主体作为文化载体是其中能动的因素，其素质和有机构成直接决定着校园文化的性质、水平以及活动方式的选择，他们是推动校园文化传播、变迁和整合的直接动力。因此，要建设满足各方面需求和适应时代要求的校园文化，必须从提升校园文化主体的素质入手。

（二）校园文化活动的环境

环境是主体实践活动的各种背景条件的总和。校园文化是学校教育教学的环境，但作为校园主体的一种实践活动形式，校园文化本身也有自己的环境。校园文化活动的环境，主要包括校园自然环境、人际关系环境和文化历史环境。

自然环境是指校园内外附设的种种教学、科研、生产和生活机构的领地。前者是校园文化活动的主要场所，后者则是校园文化成果对外传播的前沿，也是接受各种社会文化信息的"窗口"。自然环境包括校址的处所、占地面积的大小、校舍建筑、场地设施的材质、花草树木的种类及栽植效果等。自然环境能对人产生持久的潜移默化影响。

校园人际关系环境是校园文化主体（以及准校园主体）之间在相互交往、相互影响作用下形成的，它是一种动态的场环境。由于校园文化具有多主体性，因此，校园人际关系错综复杂。学校人际关系包括学校领导之间的关系、学校领导与教职工之间的关系、教师之间的关系、教师和学生之间的关系、学生之间的关系。在开放的社会环境下，校园人际关系实际上已超越了校园。人际间的交往接触，对于学生的身心发展，对于学生积极性的发挥，对于教师工作效率的提高，都有重要的影响。

校园文化历史环境主要包括某一学校历史文化传统的积淀、社会大文化背景及其输入方式和校园文化主体进行文化活动的积极性与创造性。

（三）校园文化活动的手段、方法和途径

校园文化活动手段是指文化活动的技术手段。它大体可分为物质性技术手段和非物质性技术手段两种。前者是指各种教学、科研、生产和生活的材料和设备，后者则是指非物质的语言和情感等。文化手段是校园文化活动得以进行的基本条件之一，它始终处于不断更新与完善的过程中。不同时代、不同国度、不同民族的校园文化在手段上存在很大差异。

校园文化活动方法是各种技术手段的组合方式。它可以分为实验的和非实验的方法。实验的方法主要是物质技术手段与非物质技术手段的有机结合，非实验的方法则主要是非物质技术手段的组合。事实上，校园文化作为一种文化创造和反映过程，两种方法都可以对它产生作用，在文化活动过程中，人们可以根据具体活动的性质和条件而有所侧重。校园文化活动在手段和方法上，较之于社会文化系统以及其他亚文化系统，具有极大的便利和优势。

校园文化活动的途径是校园文化主体与校园文化活动手段方法在特定环境下的结合。校园文化主体的角色、地位以及任务存在差异，这决定了校园文化活动途径的选择会受到一定的限制，不同的主体在不同的环境条件下只能选择相应途径。

（四）校园文化活动的对象和成果

校园文化活动的对象和成果实际上是合二为一的，它是多质性与多层次性的统一。

校园文化活动对象和成果，大体上可以分为对象性文化和主体性文化两个方面。前者主要是指物质形态的文化，后者主要是指主体素质文化。而从受教育者个体文化素质（即主体的素质文化）的形成上来看，校园文化活动对象和成果可以体现为三种文化样式：一是智力文化——与知识掌握、智力发展有关的教学科研等文化活动及其成果，智力文化活动是人类文明进步的必然要求，也是校园文化活动的基础和重要特色；二是价值文化——与校园文化主体政治思想与道德品质形成有关的教育、自我教育活动及其成果，价值文化活动作为一种社会需要，决定着校园文化活动的性质和方向；三是个性文化——与形成校园文化主体个性和谐发展有关的文化活动及其成果。个性的和谐发展是校园文化活动所追求的核心目标之一。

三、高校校园文化特征

（一）时代性

高校校园文化的时代性是指大学文化打着深深的时代烙印，具有鲜明的时代特征。高校肩负着为社会主义现代化建设输送建设人才的重任，高校校园文化必然要适应时代主题的变化，把握时代脉搏，弘扬时代精神，反映时代旋律。

经过长期努力，中国特色社会主义进入了新时代，社会主要矛盾已经转化为人们日益增长的美好生活需要和不平衡不充分的发展之间的矛盾，文化的繁荣兴盛是人们对美好生活需要的更高层次的追求。文化作为人类文明思想的火炬、人们的精神家园，是社会不断进步的源泉。大学校园文化作为中国特色社会主义先进文化的重要组成部分，应紧扣时代脉搏、契合立德树人的时代内涵，承担起立德树人的神圣使命，突出新时代的文化特征。

（二）先进性

高校校园文化是高校在长期办学过程中经过历史积淀而逐渐形成的物质成果和精神成

果的总和，它产生于特定的区域——大学。大学自古以来就是人类智慧和知识产生、汇集和向外界辐射和散播的场所。随着"知识"和"人才"成为社会经济发展的主要动力，被广泛地誉为高素质人才的"摇篮"和知识创新的"发动机"的大学，无疑将在21世纪发挥空前重要的作用，从昔日处于社会的边缘走向内核，成为人们注目的中心之一。并且，由于创造校园文化的主体是具有较高文化层次、知识结构和较好人文修养的高校教师和大学生，他们是知识的生产者、传播者，因此，校园文化建设势必会不断孕育出一些新的思想、新的观念，这些新思想、新观念又能够为社会文化的发展提供智力支持，潜在地影响社会文化的发展。

在社会现代化进程中，高校不仅要向社会提供高新科技，创造精神新文化，而且要为社会培养掌握现代技术的合格人才。加之高校校园集中了现代文化的精华、人类优秀的文化遗产以及最新的科研成果，教育引领未来这一规律又决定了校园文化必然具有先进性。并且，由于高校校园文化的主体，即校园人，是一个特殊的文化群体，他们生活在各种文化信息最集中的环境中，较多地接受了各种文化思潮的冲击，较多地吸收了新的文化信息，他们能够运用知识，以更理性的头脑，更灵活的思维思考问题，能够更准确地在校园文化的取舍、鉴别等方面做出决断。同时，丰富的知识也使校园人能够更积极主动地在现有的基础上对校园文化进行改造和更新，并且有可能、有条件对由于历史、政治、社会等原因造成的思想"禁区"以及前人所未涉足的思想"空白区"进行认真的思考，从而摸索出独特的观点，形成新的思想。因此可以说，高校校园文化具有先进性。

（四）创新性

高校校园文化的形成是一个不断继承和创新的过程。高校校园文化在发展的过程中，一方面要吸收、借鉴以往的文化成果，表现出继承性；另一方面在对以往文化成果吸收借鉴的基础上还要对其进行选择和批判，不断地发展创新，可见，创新性是高校校园文化最鲜明的特色。

（四）超前性

文化不是一成不变的，校园文化的形成，不仅要靠悠久的文化传统、长期的历史经验，还要靠当时人们的能动创造，更主要的是，还要受到学校教育者的教育教学和行为方式的支配。从某种意义上来说，教育者是校园文化的创造者，他们的思想导向、价值观念、道德风貌决定了校园文化的性质、水平和风格；同时，教育者会有意识地、自觉地批判和消除种种劣性文化对学生的侵害，使这些文化对学生的消极影响程度降到最低。因此，高校应该从学校的实际出发，充分调动校园主体，尤其是学校管理者和教师的积极性，帮助教师形成正确的思想和价值观念，摈弃原有文化形态中陈腐的不健康的东西。

校园文化总是面向未来的。由于校园文化主体一般多是思想活跃、敢于变革、勇于开拓、富于批判精神的一群人，因此，他们能够走在时代前列，能够在校园文化建设中不断创新，从而开一代之新风，使校园文化具有超前性的特点。

（五）相对持久性

高校校园文化对其校园人的影响主要是通过学校的显性课程和隐性课程来实现的。高校的显性课程是指学校为实现培养人才目标而规定的、能帮助学生掌握知识、技能的一系列课程。在正式课程之外，隐性课程是教育文化环境中最具影响力的组成部分，对学习者的学业成就、人格、社交以及生涯发展均具有特别重要的潜移默化作用。隐性课程，亦称隐蔽课程、潜在课程、潜课程、内隐课程或非正式课程等，可以将学校教育中的潜在课程定义为：学校通过教育环境（包括物质的、文化的和社会关系结构的）有意或无意地传递给学生的非公开性教育经验（包括学术的与非学术的）。高校校园文化更多的是通过学校隐性课程对校园人产生潜移默化的作用的——通过构建特定环境感染校园人，潜移默化地影响其思想、情感和生活。

由于校园文化是学校优良传统文化的结晶，因而具有较大的稳定性，这就使它对校园人产生的影响也具有相对持久性。这种持久性不仅表现在高校校园文化对其所培养人才影响的长效性上，而且还表现在它对校园人走向社会后的为人处事和个人发展方向的影响上。良好的校园文化不仅会对校园人的思想和行为产生影响，而且还会使其在面对社会文化环境与校园文化之间的差异时不会惊慌失措。

四、高校校园文化的基本功能

校园文化的功能，是指校园文化在教育人、塑造人、促进学生成长成才和全面发展过程中的作用。校园文化功能是校园文化价值的直接体现，充分发挥校园文化功能的育人功能是校园文化建设的根本着眼点和发力点。校园文化作为高校教书育人环境的重要组成部分，具体来讲，其功能集中表现为以下几个方面。

（一）导向功能

校园文化的导向功能是指在具体的历史环境和社会发展条件下，将人的事业心和成功欲转化为具体的奋斗目标、人生追求、信条和行为准则，形成广大师生员工的精神动力和精神支柱，共同为社会主义现代化事业而努力奋斗的影响作用。其作用在于培养符合社会需要的人才。教育的本质就是通过文化使个体社会化，因此，校园文化的教育目标就是把具有动物本性的自然人塑造成为具有文化本性的社会人，使社会的每一个成员都能完全自由地发展和发挥他的全部才能和力量，并且不会因此而危及这个社会的基本条件。

大学校园文化对大学生起着鲜明的教育导向作用，主要体现在对师生员工整体和个体的价值观及行为取向起引导作用，使之符合学校的发展目标和人才培养目标，保证学校发展方向，体现学校办学精神，并逐渐形成一种与之相适应的环境和氛围，引导师生共同为之努力。

一所学校的校园文化一旦形成，就会建立起自身系统的价值和规范标准，当学校群体成员的价值和行为取向与校园文化的标准不一致时，校园文化的导向功能就会发挥作用，体现在对成员行为与心理的调节。

对于大学生来说，大学校园文化建设能够促使他们形成正确的世界观、人生观和价值观，确立正确的人生态度和目标，还能引导他们的人生行为和发展方向，促使他们改造现实社会、实现社会理想、构建美好社会，从长远来看，还有助于提高整个中华民族的思想道德素质。高校必须高度重视并充分发挥校园文化的导向功能，必须坚持正确的政治导向，坚持始终以培育和弘扬社会主义核心价值观为引领，坚持始终为社会主义现代化建设这一目标服务。

（二）约束功能

约束功能，也有人将它称之为"规范功能""控制功能"，是指校园文化能释放出强大的心理制约力量，使学生接受必要的约束，使其行为符合共同准则。控制即约束，任何社会组织为了确保自身的活动及其有序性，都要对其成员实施控制，使他们形成组织所要求的行为模式，以保持组织的协调、促进组织的发展。个体必须遵循组织的要求，自觉地把组织目标视为自己行为的目标。

校园文化对校园人行为的约束体现在三个方面：一是氛围约束（环境、关系、风气等）；二是制度约束（规章、纪律、守则等）；三是观念约束（理念、道德、舆论等）。这中间，硬控制与软约束相结合，他控与自控相结合，刚性约束与弹性约束相结合。

（三）激励功能

一所现代大学，必须要具有一个很高的文化品位，能构筑富有活力的文化生态环境，形成一个朝气蓬勃的浓厚学术氛围，充满着求真的科学精神和求善的文化精神，能教育人、启迪人、感染人、熏陶人、引导人，充满着对人的终极关怀，能充分调动人的主体的自觉性和积极性。这是对校园文化激励功能作用的很好的概括。

激励功能是指大学校园文化能够激发师生员工的积极性、主动性和创造性，激励师生员工形成开拓创新、不畏艰难、奋发有为的进取精神，促使他们抵制消极、负面的思想意识，磨炼和强化个人的意志。

大学校园文化是全体师生员工在继承学校优良文化传统的基础上共同创造形成的，充分体现了一所大学共同的思想意识、价值观念、工作作风、行为方式等，从心理、情感上将师生们"黏合"在了一起。首先，共同价值追求能加强人心的归属感。大学开展的丰富多彩的集体校园文化活动能够培养学生的团队和协作精神，同学之间、师生之间，相互帮助、相互鼓励，这种良好的氛围对于激发个人以及团队的战斗力有着强大的促进作用。其次，能在竞争中培养师生的进取精神，使其形成竞争意识。由于大学的许多文化活动都带有一定的竞争性质，例如演讲比赛、技能比赛等，这些竞争性活动都能够快速地激发大学生们的拼搏奋斗精神，使学生能够自觉地去挖掘自身的潜力。

（四）辐射功能

辐射功能是指大学校园文化对社会文化的带动和促进作用，其可通过不同的渠道将其精华向社会其他领域扩散和传播。文化之间的相互交流和学习是文化发展的普遍现象，精神之间的相互影响和感染是精神发展的共同规律。大学校园文化也是如此，一方面，校园文化的发展需要借鉴和吸收社会文化的养料，而另一方面，校园文化又能够将大学内部的那些先进、科学而具有前瞻性的文化传递给社会，促进社会文化繁荣，进而影响社会发展。

校园文化的辐射功能主要体现在两个方面：一方面，随着大学与社会的交往活动日益密切，校园文化在发展过程中不断地和社会文化进行相互的学习、借鉴和交流。大学是人类社会一切优秀文化成果和优秀精神的汇聚地，由大学孕育出的校园文化在整个社会主义文化中处于领先地位，因此，通过与社会文化交流，校园文化可以丰富社会文化的内容、提高社会文化的层次，从而发挥自身的辐射作用。这将有助于发展社会主义先进文化，促进整个社会文化的健康发展。另一方面，大学可以向社会输入高素质人才，进而影响社会各领域的发展。大学校园文化一旦形成较为固定的模式，有了某种稳定的结构和个性后，就会形成共同的价值取向、思想观念等，科通过课外实践、社团活动等载体直接作用于校内师生，使每一个成员都受到启迪。毕业后的大学生会进入社会的各个行业、各个地区，他们在无形中成为大学校园文化的携带者和传播者，会不自觉地将已经内化于他们心灵当中的思想观念和行为意识带到社会大空间中去，并对其周围的人的思想观念和价值取向产生影响。

五、大学校园文化建设

(一) 校园文化建设的指导思想

加强校园文化建设，要坚持以马列主义、毛泽东思想、邓小平理论、"三个代表"重要思想、科学发展观、习近平新时代中国特色社会主义思想为指导，深入贯彻落实党的十九大等会议精神，以社会主义核心价值观为统领，以促进学生全面发展为目标，以践行"学生为本教师为先"办学理念，以优良校风为抓手，强化文化建设的重要战略地位，建设体现历史传承、时代要求和学校特色的大学文化，为建设特色鲜明的大学提供有力的文化支撑与思想保障。

(二) 校园文化建设的基本原则

文化建设的基本原则是：以人为本，德育为先、育人为重、继承创新、和谐统一。

坚持以人为本，要贴近和满足广大师生员工的精神文化需求，尊重师生员工的主体地位，关爱学生成长成才，调动、发挥好师生员工的积极性和创造力，增强学校文化的凝聚力。

坚持德育为先，要巩固马克思主义在意识形态领域的指导地位，坚持社会主义先进文化发展方向，以社会主义核心价值观引领学校文化风尚，自觉抵制落后、腐朽、低俗文化的侵蚀。

坚持育人为重，要突出文化育人功能，着力弘扬大学精神，强化思想引领、丰富文化生活、美化校园环境，弘扬主旋律，传播正能量，创造"以文化人，以文育人"的有利条件和良好环境。

坚持继承创新，要认真总结学校文化成果，深入挖掘学校文化精髓，传承弘扬学校先进文化和大学精神；顺应时代要求，创新方法和手段、丰富内容和形式。

坚持和谐统一，学校文化建设要做到历史与现代、传承与创新、科学与人文、共性与个性的和谐统一。

(三) 校园文化建设的目标

1. 总体目标

校园文化建设的总体目标，是通过加强文化建设，形成对教职工具有凝聚作用、对学生具有陶冶作用、对社会具有示范作用的底蕴深厚、内涵丰富、特色突出、导向鲜明的学校文化，使文化育人功能更加突出，文化引领功能进一步增强，使校园文化成为推动学校改革发展的思想保证和精神动力。

2. 具体目标

（1）形成师生员工高度认同的学校办学理念和学校精神，并使其可以在师生员工中广泛传承、践行。

（2）充分挖掘和整理学校历史文化资源，传承好学校的精神财富。

（3）形成一批有影响、有特色的学校文化品牌。

（4）打造一个传统媒体不断创新、新型媒体蓬勃发展，文化导向更加鲜明、舆论引导更加有力的传播平台。

（5）建设并应用学校形象识别系统，以帮助学校树立良好形象。

（6）以教师教风，学生学风，管理与服务人员工作作风为主要内容的校风得到进一步改善。

（7）建设环境优美、设施完善、功能齐全、特色鲜明的精致校园。

（四）校园文化建设的保障机制

1. 加强学校文化建设的组织领导

加强校园文化建设，要成立由学校主要领导任组长、相关职能部门负责人广泛参与的学校文化建设领导小组，统一规划、组织协调和宏观指导学校文化建设。领导小组应当下设办公室，负责学校文化建设的具体实施工作。校内各二级单位和部门，都要加强对文化建设工作的领导和组织实施，要在校内广泛宣传开展文化建设的重要性，发动全体师生员工关心文化建设，支持文化建设，积极参与文化建设。

2. 加强学校文化建设的制度保障

要把文化建设工作作为推动学校转型发展、建设高水平大学的重要内容，纳入学校事业发展的总体规划之中。要健全和完善促进学校文化建设的相关规章制度，定期召开专项会议，定期进行检查评估，将文化建设工作任务的执行和完成情况列入年度工作考核的重要内容。各二级单位要按照学校部署，根据文化建设规划的要求，明确目标，明确职责，明确任务，明确责任人，切实把文化建设工作落到实处。

3. 加强学校文化建设的投入保障

学校要在人、财、物等方面应积极创造良好条件，要根据实际需要加大对学校文化建设的支持力度，并将文化建设经费纳入学校整体预算，设立专项经费。校内各二级单位也要积极增加对本单位文化建设工作的投入，保障文化建设各项工作正常开展。

第二节　高校思想政治教育与校园文化的关系

一、校园文化是高校思想政治教育的有效载体

（一）校园文化丰富了高校思想政治教育的传播内容

在传统的思想政治理论课上，教师借助集体教育和理论灌输的课堂形式，对学生进行革命传统文化教育、新时期形势政策教育和思想政治理论教育，教授给他们马克思列宁主义、毛泽东思想、中国特色社会主义理论体系等一系列党和国家过去及未来发展的方针、政策、路线等。教师主要通过第一课堂开展思想政治教育活动，而第一课堂教学内容的理论性较强，与大学生的实际学习生活现状连接不太紧密，这就需要第二课堂校园文化活动这一新奇特殊的课外实践，来帮助教师辅助完成高校思想政治教学工作。

校园文化是一个包罗万象的万花筒，它将专业理论知识与大学生日常生活紧密融合起来，可以增强大学生对思想政治教育的认同感和执行力。高校可通过举办专题讲座、参观历史遗迹、纪念革命先烈等校园文化活动，将社会主义理想信念教育寓于其中，从而引导大学生树立坚定的政治信念，增强其历史使命感。高校可通过征文比赛、演讲比赛、文艺汇演等校园文化活动，将爱国主义和集体主义教育寓于其中，让大学生在社会实践过程中激发爱国主义情怀，增强集体责任感，树立正确的世界观、人生观和价值观；还可通过趣味知识竞赛、寝室文化月评比、创新创业训练、挑战杯等校园内文化活动，将培育"三创型人才"、培养"德智体美劳"综合性复合人才的教育理念寓于其中，从而开阔大学生的视野，陶冶其性情，规范其行为举止，激发其学习与创造的热情。

独特多元的校园文化将马克思列宁主义、毛泽东思想、中国特色社会主义理论体系等先进思想与大学生日常生活紧密融合，并通过校园内文化活动的形式将符合社会发展趋势的教育内容教授给学生，引导学生在理论学习和活动实践的双重熏陶感染下，加强自身对思想政治教育的认同。

（二）校园文化拓宽了高校思想政治教育的宣传渠道

高校思想政治教育工作受到两个因素的制约。其一，受高校传统教育方式的制约，高校思想政治工作者采用第一课堂教学的方式教授学生思想政治教育内容，这是一种重理论灌输、轻社会实践的方法。其二，高校思想政治教育的内容理论性较强，教师的教学方法老套、教学形式枯燥等因素致使学生的学习热情低迷，参与性较低，也导致其学生的思想政治素质有待提高。将校园文化与高校思想政治教育相结合，从校园物质文化、校园精神文化、校园制度文化和校园行为文化等四个方面入手，加强思想政治教育工作，能大大拓宽高校思想政治教育的宣传渠道。

校园文化通过物质环境育人。富有特色的校园建筑、整齐划一的宿舍环境和赏心悦目的校容校貌能潜移默化地影响师生，使其产生集体主义归属感，自愿爱护校园环境和公共

设施，也能增强师生的凝聚力和向心力，实现思想政治教育的有效性。

校园文化通过精神文化育人。学校的传统育人理念、价值观念，人文精神氛围，都对学生正确世界观、人生观、价值观和道德观的形成有一定的积极影响，使其可以自觉践行和宣扬学校独特的精神追求和核心价值。

校园文化通过制度管理育人。健全完善的教学体制、组织条例和行为准则能让学生规范自己的行为方式，建立正确的道德认知，树立德智体美劳全面发展的学习信念。

校园文化通过行为服务育人。学生在参加社团活动、课外实践、创业训练等丰富多样的活动中，可建立正确的学习与就业认知，调节不良的心理情绪，开发智力。

二、高校思想政治教育是校园文化的导向航标

（一）高校思想政治教育指导校园文化的建设方向

校园文化建设要遵从社会主义文化发展的方向，体现社会时代的特征，凸显学校办学特色。要实现德育、美育和智育三者的有机统一，寓教育于实践活动中，营造良好的校风、教风、研风和学风氛围，因此，校园文化的发展建设要把高校思想政治教育作为行动指南。高校思想政治教育是校园文化的导向航标主要体现在两个方面，即对校园文化发展方向的指导和对校园文化建设内容的指导。

与中国先进文化的发展方向一致，遵循社会主义主导文化的本质属性和发展原则，践行国家的教育方针，符合社会时代人才根本需求，是把握校园文化发展方向必须坚持的四大准则，而这一切都必须依赖高校思想政治教育的指导和把握。

校园文化的建设内容要以思想政治教育的主题内容为主导，要将先进的思想政治理论知识寓于内容丰富、形式多样的校园物质文化、校园制度文化、校园精神文化和校园行为文化建设中，潜移默化地指导学生自觉地把先进的思想政治教育当作自己的行动指南，从而提高其思想觉悟和政治素养。

（二）高校思想政治教育检验校园文化的导向效果

受市场经济体制转变的影响和西方文化、网络文化、社会大众化文化的冲击，拜金主义、享乐主义、实用主义等思想在中国社会滋生，部分大学生的思想观念也发生了微妙的变化，不少人存在着价值主体自我化、价值取向功利化、对党的路线方针存在认知偏差、执行力弱、社会责任感缺失、抗打击能力差等问题。针对这些问题，高校可以通过校园文化建设，端正学生的思想政治态度，规范和约束大学生的行为，引领大学生树立正确的价值观念。由此，高校思想政治教育就成为检验校园文化导向效果的重要手段。

高校思想政治教育者通过学生参加社会实践行动的积极性、思想政治理论知识竞赛的参与度及认同感、大学生心理健康测验等具体表现，可发现校园文化建设中存在的具体问题。高校思想政治教育是校园文化建设的"晴雨表""听诊器"，检验着校园文化建设的发展动态和影响结果，并为校园文化建设提供新途径和新方法。

第三节 高校思想政治教育与校园文化融合的可行性与困境

一、高校思想政治教育与校园文化融合的可行性

从高校校园文化建设与大学生思想政治教育的内涵来看，二者具有共同的客观环境、一致的价值目标。在高校育人的所有环节上，它们是共同存在、有机统一起来的。

首先，二者处于同一研究范畴，即意识形态领域。大学生思想政治教育研究的是如何运用马克思主义理论体系来改造大学生的世界观、人生观和价值观，使其政治立场、思想观念、道德规范、目标追求都符合一定的标准和要求。而校园文化建设研究的是按照文化产生和发展的规律和高校师生认知的一般规律，将高校校园内的物质文化、精神文化、行为文化等所凝练出的理念和氛围，通过校园生活而不断地作用于校园人的意识中，内化于心、外化于行，从而形成广大师生都认可并遵循共同的价值观念。

第二，二者具有相同的工作目标。虽然不同层次、不同类型的高校有其各自的办学特色和人才培养模式，校园文化也因此呈现不同的特征，但是它们在指导思想和育人目标上是相统一的，而大学生思想政治教育也是高校育人的必要内容。也就是说，校园文化的发展是为育人服务的，其最终目标就是促进全体师生员工的全面发展，培养优秀人才；而大学生思想政治教育工作的最高宗旨也是提高人的思想道德文化素质，培养健康完美的人格，促进人的全面发展。因此，二者的目标任务是一致的。

第三，二者具有一致的主体和客体。高校校园文化建设与大学生思想政治教育的工作对象都是一致的，即"人"；工作主旨也是一致的，都是"人的思想"。具体来说，在传统理念中，青年学生往往被当作教育的客体，而教师被认为是教育的主体。这样的观念在一定程度上忽视了学生的主体作用。随着教育理念的更新，学生的主体意识逐渐得到重视，高校开始强调大学生"自我教育、自我服务、自我管理、自我监督"，将大学生纳入教育实践过程中的主体范围。思想政治教育的场所也不仅仅局限在课堂上，宿舍、食堂、操场、社团等场所中所开展的活动也都能产生不错的教育效果。因此，大学生思想政治教育的主体是全体校园人，客体是在校大学生。而高校校园文化显然也是由全体校园人所缔造的、凝结着校园人精神和风貌、观念的产物，它既表现在校园建筑、设施、绿化等客观事物中，又存在于校园风气、规章制度、办学理念、师生风貌等无形的事物中。因此，二者的主体是一致的，即全体校园人，而思想政治教育的客体，即在校大学生群体，是包含在校园文化的客体中的。

第四，二者具有一致的实践过程。高校校园文化的实践是校园内所有实践活动的总和，既有改造客观世界的物质建设，也有改造主观世界的实践，如学术活动、教学工作、文体活动，以及规章制度的建立等。而大学生思想政治教育的各种实践活动是其中改造主观世界的重要部分。前者是后者的主要载体和实现途径，后者又是前者的重要内容和表现形式。因此，二者在具体实践中是相辅相成、互相渗透、有机统一的。

二、高校思想政治教育与校园文化融合的困境

与深化高等教育综合改革要求和大学生的渴盼相比，当前，高校校园文化建设存在的薄弱环节和亟待解决的问题主要集中在五个方面。

（一）娱乐性有余，思想性不足

育人是高校的第一要务，学校的一切活动，包括校园文化建设，必须要服从和服务于这一主题。这就决定了高校的校园文化活动要坚持娱乐性、趣味性与教育性、思想性的有机统一。但当下很多高校校园文化活动都过于注重娱乐性和观赏性，过于追求轰轰烈烈的大场面，好像人多势众、热热闹闹才是活动成功与否的衡量标准，而内涵和主题往往被忽视。

（二）线下活动丰富，线上活动贫乏

经过持续不断地探索与积累，各高校线下传统的校园文化活动形式多样、精彩纷呈、成绩喜人。与线下的校园文化活动相比，线上的校园文化活动就显得过于贫乏，高校对校园网络文化建设重视不到位，这与青年大学生作为网民主要群体的客观现实极不相称，与大学生在线上的积极活跃形成了鲜明反差。

（三）注重褒奖精英，关注"草根"不够

校园文化反映的是师生的利益与呼声，是服务全体、面向大众的，应该把触角伸向基层、"接地气"，最大限度地让更多"草根"学生得到锻炼。但在实践中，参加校园文化活动的，特别是竞赛类校园文化活动的往往都是那一群精英，获奖者也总是那少数几个人。对校园文化活动中的"草根"学生关注不够，这在一定程度上挫伤了其参与活动的积极性。

（四）学生的文化活动热，教师的文化活动冷

广大师生是校园文化活动的主体，只有师生共同参与，校园文化才会有较强的生命力。但目前，大学生文化活动的责任主体明确、组织领导完善，计划性较强，而教师文化活动的组织领导体制还不够明确，保障机制尚不够有力，以教师为主体的校园文化活动数量不多、形式单一，以学生为主体的校园文化活动也鲜有教师参加，这与高校校园文化建设的实际需要和教师们的期待都有较大差距。

（五）重结果表彰，轻过程激励

校园文化活动为大学生搭建了锻炼成长的良好平台，这使大学生在活动中的收获正如校园文化活动本身一样，是多种多样的。但在现实生活中，相当多的同学重结果、轻过程，追求即时功利，对于获奖和荣誉热情过高，在一次次做"绿叶"之后，他们参与的积极性减退，导致其在随后的活动中也不愿积极参与。

第四节　高校思想政治教育与校园文化有机融合的路径

一、优化校园物质文化，延伸高校思想政治教育的渗透力

校园物质文化是一种以客观存在的物质为具体表现形态的校园文化，受校园文化参与者的影响和支配，通过客观的物质环境激发人们的深层感受。校园物质文化为思想政治教育提供了良好的育人环境，为延伸高校思想政治教育的渗透力提供了有力的运行机制。加强校园物质文化建设，不仅可以为学生提供先进的教学环境和舒适的文化生活环境。还可以增强师生的集体归属感和凝聚力，使其自发地产生集体归属感，自愿爱护校园环境和公共设施。

优化校园物质文化，延伸高校思想政治教育的渗透力具体需要做到以下三点。

（一）加大经济投入，优化分配结构

加大对校园物质建设的整体投入，同时又要协调好投入分配比例，避免校园物质文化建设陷入畸形发展或者动力不足的尴尬境地，妥善处理好校园景观投入、校园文化设施投入和校园教学投入之间的关系，为学生提供优越的校园环境，增强师生的集体归属感和凝聚力，延伸高校思想政治教育的渗透力。

（二）合理规划校园布局，加强校园文化景观建设

校园文化景观建设要遵循"传承文化，结合地域，突出特色"的原则，校园绿化、美化等物质手段能营造地域文化气息，体现学校特色和传统精神。结合自然地理和气候环境，校园的花草树木、道路亭榭、名人雕塑、诗词书画、教学楼、特色建筑的合理布局规划，可以使教职员工置身在独特的校园氛围中，自觉接受独特校园精神的熏染，从情感上认同校园追求的价值观念和育人思想，从而影响师生的思想思维方式和价值导向。而集结了每个个体的微薄力量之后，思想政治教育环境便能形成强大的感召力和向心力。

（三）整体营造校园氛围，加强校园文娱设施建设

首先，加强文化学习设施建设，强化图书馆、电子阅览室、多媒体中心、教育教学设施、实验室、科研所等基础设施的服务功能，从而为学生开阔视野、开发潜力提供良好的学习环境。

其次，加强文化娱乐设施建设，增强健身房、田径场、游泳馆、礼堂、电影院的趣味性，帮助大学生陶冶性情、发展个性、塑造健全人格。

最后，加强文化传播设施建设，畅通校报、广播、网站、论坛、宣传栏、俱乐部、校园时事新闻等宣传渠道，通过宣传党的政治理论思想和国内外时事要闻，潜移默化地激发学生的爱国主义、集体主义情怀，引导教师学生坚定社会主义理想信念，树立正确的价值观，自觉肩负社会责任和历史使命。

二、巩固校园制度文化，提升高校思想政治教育的影响力

校园制度是学校以国家的教学方针和现代社会对人才综合素质的具体要求为理论基础的，以学校自身的办学宗旨和教学理念为行动指南而制定的，需要全体师生共同认同、遵循和践行。校园制度文化为思想政治教育提供了健全的管理体系，为提升高校思想政治教育的影响力提供了长效的保障机制。加强校园制度文化建设，不仅可以规范学生的行为，培育德智体美劳全面发展的综合人才，形成良好的学校风尚，还可以协调组织管理各部门之间、学校与二级院之间的复杂关系，提高管理水平和工作效能，保障学校健康、快速的运行。

巩固校园制度建设，提升高校思想政治教育的影响力具体需要做到以下两点。

（一）健全学生管理制度

以文字、条文的形式明确下达校纪校规、学生管理规定、学生公寓管理细则、校园秩序管理规定、学生社团组织条例、学生行为准则、学生奖励处罚条例，内容应涵盖大学生学习、生活、活动等各个方面，引导学生自觉遵守校园各项管理制度，以制度为行为准绳，规范自身言行举止，使其注重仪容仪表，树立正确的世界观、人生观和价值观，展现大学生良好的精神风貌。同时，学校要建立大学生思想政治教育的考核与评价机制，以考试、座谈、民主生活会、走访、拓展训练、班级评比等形式定期对大学生的思想动态、行为举止进行考核评估，以确保制度的实施效果。

（二）建立学校保障制度

成立相关责任部门，主抓思想政治建设工作。建立"机关领导、院系传达和班级实施"的发展模式，通过上交书面材料和思想汇报的形式，将制度落到实处，各部门之间权责分配、相互制衡、协调统一，共同推动思想政治教育工作的进行。同时建立学生监督、反馈机制，实现思想政治教育工作的透明化、公开化、阳光化，鼓励学生积极参与，提出宝贵意见。

三、丰富校园精神文化，坚持高校思想政治教育的主导性

校园精神文化是以内隐形式存在的，是需要全体师生置身于校园文化氛围中，经过感受、认同、践行、创新等一系列环节才能孕育出来的价值观念和意识形态的总和。它是校园文化的内驱动力和核心灵魂。校园精神文化为思想政治教育提供了理论根基，为坚持高校思想政治教育的主导性提供了强大的内驱机制。加强校园精神文化建设，不仅可以引导学生树立正确的世界观、人生观、价值观和道德观，自觉践行和宣扬学校独特的精神追求和核心价值，增强集体观念和主人翁意识。还可以帮助学校形成良好的校精神风范，增强其生命力、凝聚力和感召力，向社会展现学校独特的精神标签和文化名片，彰显校园精神文化的深厚底蕴。

丰富校园精神文化、坚持思想政治教育的影响力，必须坚持"一心两翼三基本点"的建设方针。以建设和谐校园为中心，以"三风"建设和网络建设为两翼，以引进吸收

传统文化、时代文化与外来文化建设为三个基本点。具体实施可从以下三个方面着手。

（一）塑造主体价值观，建设和谐校园

大力弘扬学校的办学理念、育人目标和教学准则，以校园风云人物、榜样模范的先进事迹感染大学生，使其形成健康积极、奋进拼搏的大学精神，积极融入团结、自由、平等的和谐校园氛围，坚定德智体美劳全面发展的学习信念，树立远大的人生理想和抱负，能将自己的价值观和校园主体价值观相融合。

（二）抓好两翼建设，即强化"三风"建设和加强网络文化建设

强化校风、教风、学风建设，以校风促教风，以教风引学风，促进校风、教风、学风的互动，将校园主体价值观的内涵通过校风、教风、学风具象化和人格化，引导学生自觉规范自己的思想言行、遵守课堂规则和考试准则、端正学习态度、培养自身兴趣爱好。

加强网络文化建设。净化校园网络文化，加强对网络文化的检查力度，对学生进行网络法制教育，端正学生的网络使用立场，使其明确自己的权利和义务，自觉规范网络言论和行为，抵制不良思想意识的侵袭。

（三）落实三个基本点

引入和吸收传统文化、时代文化和西方外来文化，做到取其精华、去其糟粕，三者融合交流促进，活跃校园精神文化氛围，丰富校园精神文化内容。将传统文化中自强不息的拼搏精神、和而不同的和谐思想、民为邦本的民主精神、天人合一的共生理念传递给学生，让学生接受传统文化的熏染，这样其精神世界就能得以丰富。引入拼搏奋进、求实创新、合作共赢的时代文化，鼓励学生积极地融入社会，与时代接轨，努力成长为社会发展的高端建设人才，实现人生价值。学生要积极学习西方人权平等、民主自由、法制观念、可持续发展等先进的文化意识，同时还要提防唯利主义、享乐主义、自我主义对自己思想的腐蚀与冲击，学校要引导学生正确辨别和认识西方文化思潮，摈弃拿来主义，树立正确的世界观、人生观和价值观。

四、拓展校园行为文化，增强高校思想政治教育的吸引力

行为文化是校园文化的动态层面，它是校园文化在师生身上的具体体现，是师生员工的行为习惯、生活方式、各类群体、社团的活动及其相互作用、相互影响所形成的一种关系氛围。

校园行为文化建设的主要功能是通过知、情、意、行的作用广泛而深入地影响学生思想品德的形成和发展。校园行为文化产生和根植于学校的教育环境之中，对学生具有教育、激励、凝聚、陶冶、娱乐等方面的积极作用。它对学生个体的影响是通过它所创造的良好精神氛围和与之相适应的和谐的物质环境，在潜移默化之中感染人的情绪，陶冶人的情操，美化人的心灵，完成对理想人格的塑造。

校园行为文化为高校思想政治教育提供了周到的服务体系，为提升思想政治教育的吸引力提供了有效的激励机制。拓展校园行为文化建设，可以通过丰富多样的活动帮助学生提高自身修养，约束行为举止，树立正确的价值取向，调节心理；能推动学校德育工作的

开展；还可以健全完善的网络文化管理、公寓文化管理和文体活动管理体系，为生活娱乐和社团活动的开展提供管理范例，从而使学生可以在自由、开放的校园文化氛围中学习和成长。

拓展校园行为文化建设，增强思想政治教育的影响力具体需要做到以下四个方面。

（一）增强校园活动的独特性、品牌性和持久性

校园活动不应杂乱无章地开展。高校应该要做精品活动，不断创新活动内容，创新活动载体，提高活动的思想含量和文化含量，并结合地域特色和传统文化，以学生喜闻乐见的形式开展特色活动、品牌活动，形成学校传统。例如，举办大学生艺术节，组织体育赛事、党团知识竞赛、团活比赛、各类征文比赛等活动，这样就能将思想政治教育的内容与精品特色活动有机结合，让学生在参与活动中可以提升自己的内在修养，让思想政治教育的功效能够提升。

（二）活跃社团文化

高校社团涵盖学术、文化、体育等各个方面，为学生发掘自己的兴趣爱好、增强交际能力、开阔眼界、陶冶情操提供了广阔的平台。学校应给予各类社团管理指导和经费支持，让学生群体能够根据自身性格特征和兴趣爱好选择社团日常活动内容，从而实现学生的自我教育、自我管理和自我服务。同时，各社团之间还应加强合作，就社团人事管理、社团日常活动和社团育人理念等问题交流经验，以增强校园社团文化的创新力和竞争力，并最终建设高层次、高品位、高质量的特色社团。

（三）强化寝室文化

帮助学生营造温馨团结的寝室氛围，引导寝室成员相互包容、互敬互谅，从而使其可以增强自己的集体归属感和荣誉感，自觉爱护寝室设施，共同守护温暖的港湾。同时，还以开展寝室文化月活动，激励和监督学生自觉约束自己的行为举止，形成良好的生活作风，提高自身的思想道德水平。

（四）拓宽文化载体，增加宣传渠道

只有将课程载体、活动载体、制度载体、文化载体、物质载体等充分结合起来，利用网络、手机、校报、广播、宣传栏、标语、书刊、新闻等传播渠道，寓教于乐，将思想政治教育活动寓于集知识性、思想性、趣味性、文化性于一身的校园活动中，才能不断为校园行为文化建设提供动力支持，思想政治教育的影响力才能得以扩大。

参考文献

[1] 陆群. 网络中国：网络悄悄改变我们的生活［M］. 北京：兵器工业出版社，1997.

[2] 张耀灿，郑永廷，刘书林. 现代思想政治教育学［M］. 北京：人民出版社，2001.

[3] 姚志平. 高校党建新论［M］. 长春：吉林人民出版社，2003.

[4] 胡钰. 建立思想政治教育网站的几点思考［J］. 思想理论教育导刊，2003（06）.

[5] 沈壮海. 思想政治教育应在破除旧观念中创新［J］. 中国高等教育，2003（21）.

[6] 曾凡龙，谌海燕. 大学生心理健康［M］. 上海：上海交通大学出版社，2004.

[7] 王威孚，王培根，王世超. 高校党建与人力资源开发［M］. 武汉：武汉理工大学出版社，2004.

[8] 胡树祥. 网络思想政治教育研究［M］. 成都：成都电子科技大学出版社，2005.

[9] 张耀灿. 现代思想政治教育学［M］. 北京：人民出版社，2006.

[10] 葛金国. 校园文化理论意蕴与实务操作［M］. 合肥：安徽大学出版社，2006.

[11] 李宣海. 中共上海市科技教育工作委员会. 中共党史教育读本［M］. 上海：上海人民出版社，2006.

[12] 王传中，朱伟. 辅导员工作指南［M］. 武汉：武汉大学出版社，2009.

[13] 李开翼. 大学生国家安全教育研究［D］. 苏州：苏州大学，2009.

[14] 徐贵权，邵广侠. 思想政治教育学原理［M］. 长春：吉林大学出版社，2010.

[15] 贾雪峰. 高校思想政治教育评估困境及其改良路径——兼论思想政治教育有效性及其评估方法［J］. 思想政治教育研究，2009（05）.

[16] 敖凌航，张少平. 大学生心理健康［M］. 武汉：武汉大学出版社，2011.

[17] 丛媛. 大学生心理健康［M］. 北京：中国电力出版社，2011.

[18] 李敏. 大学生网络心理健康现状分析及对策研究［M］. 徐州：中国矿业大学出版社，2011.

[19] 黄永宜，周志强，魏钢. 试析网络思想政治教育由必要性到规律性研究的视角转换［J］. 思想教育研究，2011（06）.

[20] 田克勤. 加强和改进高校中共党史教育的几点思考［J］. 思想理论教育，2011（07）.

[21] 胡树祥，谢玉进. 论网络思想政治教育研究的深化［J］. 学校党建与思想教育，2011（12）.

[22] 龚平. 当代马克思主义理论创新与探索［M］. 成都：西南交通大学出版社，2012.

[23] 宋元林. 中国传统文化与思想政治教育研究［M］. 长沙：湖南大学出版社，2012.

[24] 吴高臣. 大学教学改革研究［M］. 北京：首都师范大学出版社，2012.

[25] 陈力予. 关于高校党史教育几个问题的探讨 [J]. 党史研究与教学, 2012 (01).

[26] 贾文岩. 高校思想政治教育在网络舆论健康环境构建中的作用 [J]. 思想理论教育导刊, 2012 (08).

[27] 杨智勇. 民族地区高校国家安全教育研究 [D]. 延吉: 延边大学, 2013.

[28] 杨绍安, 王安平, 刘惠. 现代思想政治教育学原理 [M]. 重庆: 西南大学出版社, 2013.

[29] 孙迎光. 思想政治教育新论 [M]. 上海: 上海三联书店, 2014.

[30] 戈毅. 加强高校大学生中共党史教育研究 [D]. 太原: 太原科技大学, 2014.

[31] 毛璐. 高校思想政治教育与当代大学生政治社会化研究 [D]. 长沙: 湖南师范大学, 2014.

[32] 喻冰, 侯微. 中国化马克思主义理论概论 [M]. 沈阳: 东北大学出版社, 2014.

[33] 孙宜晓. 论社会思潮冲击下的高校思政课教学改革 [J]. 淮北师范大学学报 (哲学社会科学版), 2014 (02).

[34] 陈新星. 高校辅导员与大学生心理危机预防 [J]. 思想教育研究, 2014 (11).

[35] 李国顺. 改革开放条件下大学生国家安全教育研究 [D]. 郑州: 河南大学, 2015.

[36] 李俊奎. 思想政治教育学导论 [M]. 哈尔滨: 黑龙江人民出版社, 2015.

[37] 梁剑宏. 大数据时代思想政治教育环境新论 [M]. 北京: 光明日报出版社, 2015.

[38] 刘彤, 王雪梅, 陆薇. 新建本科院校应用型转型与创新创业培养体系研究 [M]. 成都: 西南交通大学出版社, 2015.

[39] 武巍. 高校党建与思想教育实践 [M]. 沈阳: 辽宁大学出版社, 2015.

[40] 严毛新. 高校创业教育 "语义泛化" 现象及内涵拓展 [J]. 教育发展研究, 2015 (02).

[41] 王焰新. 高校创新创业教育的反思与模式构建 [J]. 中国大学教学, 2015 (04).

[42] 习近平. 劳动光荣创造伟大 [J]. 党史纵横, 2015 (05).

[43] 王占仁. 高校创新创业教育观念变革的整体构想 [J]. 中国高教研究, 2015 (07).

[44] 陈昊. 大学生心理健康教育 [M]. 上海: 上海交通大学出版社, 2016.

[45] 陈小梅. 大学生心理健康教育 [M]. 上海: 上海交通大学出版社, 2016.

[46] 陈妮娅. 大学生心理健康教育 [M]. 厦门: 厦门大学出版社, 2016.

[47] 陈娟, 林颖, 陈应娣. 大学生思想政治教育新论 [M]. 北京: 海洋出版社, 2016.

[48] 张鹏远. 高校网络思想政治教育育人价值的实现途径研究 [D]. 哈尔滨: 哈尔滨理工大学, 2016.

[49] 曾本君. 大学生心理健康教育 [M]. 成都: 电子科技大学出版社, 2016.

[50] 徐永春. 中国传统文化与思想政治教育 [M]. 北京: 光明日报出版社, 2016.

[51] 吴琼. 高校思想政治教育范式转换研究 [M]. 北京: 北京交通大学出版社, 2016.

[52] 伍林生. 当代大学生思想政治教育工作热点问题透析 [M]. 成都: 西南交通大学出版社, 2016.

[53] 徐永赞. 学校思想政治教育接受规律研究 [M]. 石家庄: 河北人民出版社, 2016.

[54] 谢守成, 刘宏达. 大学生思想政治教育理论、政策与实务 [M]. 武汉: 湖北人民出版社, 2016.

[55] 唐亚阳. 网络思想政治教育学 [M]. 北京: 人民出版社, 2016.

[56] 谭仁杰. 中国梦与高校德育 [M]. 武汉：武汉大学出版社，2016.

[57] 韩东博. 大学生心理健康教育 [M]. 北京：中国传媒大学出版社，2016.

[58] 郭忠芳，周华. 大学生心理健康教育与训练 [M]. 北京：北京理工大学出版社，2016.

[59] 沈壮海. 思想政治教育有效性研究（第3版）[M]. 武汉：武汉大学出版社，2016.

[60] 李红娇，黄军利，范韶维. 大学生心理健康教育 [M]. 徐州：中国矿业大学出版社，2016.

[61] 黄有霖. 大学生就业与创业指导（第2版）[M]. 厦门：厦门大学出版社，2016.

[62] 崔艳. 大学生心理健康教育 [M]. 沈阳：东北财经大学出版社，2016.

[63] 张登沥. 大学生公共安全教育 [M]. 上海：上海交通大学出版社，2017.

[64] 于丹丹. 心理健康教育 [M]. 北京：北京理工大学出版社，2017.

[65] 汪宗田，张洁，王佩. 大学生思想政治教育研究 [M]. 北京：社会科学文献出版社，2017.

[66] 陶磊. 思想政治教育公共性研究 [M]. 南京：东南大学出版社，2017.

[67] 宋妍. 高校创新创业教育与思想政治教育关系研究 [D]. 长春：东北师范大学，2017.

[68] 孙茂华. 论主体间性下的高校思想政治教育 [M]. 北京：北京交通大学出版社，2017.

[69] 刘秉亚. "微时代" 高校思想政治教育创新研究 [M]. 成都：西南交通大学出版社，2017.

[70] 张宝君. "精准供给" 视域下高校创新创业教育的现实反思与应对策略 [J]. 高校教育管理，2017（01）.

[71] 周国桥. 高校校园文化建设管理研究 [M]. 天津：天津科学技术出版社，2018.

[72] 李书. 大学生心理健康教育 [M]. 武汉：华中科技大学出版社，2018.

[73] 杨泰. 思想政治教育视域下高校总体国家安全观教育研究 [D]. 沈阳：沈阳建筑大学，2018.

[74] 王会勇，姚兵，赵永军. 当代思想政治教育体系构建及其有效性研究 [M]. 北京：九州出版社，2018.

[75] 彭晓琳，陈钧. 创新驱动下的高校服务育人模式研究——成都学院学生事务管理改革的理论与实践 [M]. 北京：光明日报出版社，2018.

[76] 罗薇. 思想道德修养与法律基础讲演录 [M]. 苏州：苏州大学出版社，2018.

[77] 刘建锋. 高校思想政治教育理论与改革模式研究 [M]. 西安：世界图书出版公司，2018.

[78] 河南大学高等教育科学研究所. 高等教育研究（第29辑）[M]. 郑州：河南大学出版社，2018.

[79] 付洪. 深刻理解中国特色社会主义进入新时代 [J]. 时事报告，2018（03）.

[80] 王建敏. 新时代思想政治教育的特征及实现路径 [J]. 马克思主义与现实，2018（05）.

[81] 陈胜国. 新时代高校思想政治教育创新发展研究 [M]. 北京：印刷工业出版

社，2019.

[82] 于航. 总体国家安全观视域下大学生国家安全意识教育研究［D］. 长春：东北师范
大学，2019.

[83] 倪铁军. 高校校园文化建设成果文库校园文化建设的理论与实践［M］. 北京：光明
日报出版社，2019.

[84] 韩振峰. 思想政治教育热点问题研究新进展［M］. 北京：北京交通大学出版
社，2019.

[85] 李琼瑛. 新时代大学生心理健康教育［M］. 北京：北京交通大学出版社，2019.

[86] 丁德敏. 高校思想政治教育协同机制研究［D］. 南京：南京林业大学，2019.

[87] 符丹，王淑珍. 心理教育在高校思想政治教育中的价值意蕴与实现路径［J］. 成都
中医药大学学报（教育科学版），2019（02）.

[88] 李永慧. 大学生心理危机干预困境与应对策略［J］. 中国学校卫生，2019（04）.

[89] 蒋沐沐. 高校思政教育中党史教育的功能优势及实践途径［J］. 喀什大学学报，
2019（04）.

[90] 董晓辉. 国家安全教育融入高校思想政治理论课的新思考［J］. 思想理论教育导刊，
2019（08）.

[91] 徐世甫. 网络育人：新时代高校思想政治教育新范式［J］. 中国高等教育，2019
（09）.

[92] 刘译阳，边恕. 高校创新创业教育存在的问题、原因及对策［J］. 现代教育管理，
2019（09）.

[93] 雷虹艳. 新时代高校学生思想政治教育与党建工作的协调发展研究［J］. 学校党建
与思想教育，2019（21）.

[94] 刘建锋，石静. 大学生心理健康教育［M］. 上海：上海交通大学出版社，2020.

[95] 李喆. 地方高校创新创业教育研究［M］. 济南：山东人民出版社，2020.

[96] 刘丽红，曲霞. 论高校创新创业教育与劳动教育的同构共生［J］. 中国青年社会科
学，2020（01）.

[97] 任欢欢，刘志宽. 党史教育在思政工作中重要价值研究综述［J］. 教育评论，2020
（03）.

[98] 蔡文成，张晓阳. 新时代高校中共党史教育教学的逻辑论析［J］. 高校辅导员，
2020（06）.

[99] 宋娜. 新时代高校党史教育的创新路径［J］. 科教文汇（上旬刊），2021（02）.

[100] 胡玉宁. 党史教育融入高校思想政治理论课的内容、方法与路径研究［J］. 北京教
育（德育），2021（04）.

[101] 张聪. 党史教育：思想政治课的重要使命［J］. 天津师范大学学报（基础教育
版），2021（02）.

[102] 任欢欢. 党史教育在高校思政课教学中的实现路径研究［J］. 教育评论，2021
（03）.

[103] 杨希燕. 以党史教育促进大学生思想政治工作质量有效提升［J］. 学校党建与思想
教育，2021（12）.